Fälle
BGB AT

2018

Oliver Strauch
Rechtsanwalt und Repetitor

ALPMANN UND SCHMIDT Juristische Lehrgänge Verlagsges. mbH & Co. KG
48143 Münster, Alter Fischmarkt 8, 48001 Postfach 1169, Telefon (0251) 98109-0
AS-Online: www.alpmann-schmidt.de

Strauch, Oliver
Fälle
BGB AT
7., überarbeitete Auflage 2018
ISBN: 978-3-86752-596-1

Verlag Alpmann und Schmidt Juristische Lehrgänge
Verlagsgesellschaft mbH & Co. KG, Münster

Unterstützen Sie uns bei der Weiterentwicklung unserer Produkte.
Wir freuen uns über Anregungen, Wünsche, Lob oder Kritik an:
feedback@alpmann-schmidt.de

Benutzerhinweise

Die Reihe „Fälle" ermöglicht sowohl den Einstieg als auch die Wiederholung des jeweiligen Rechtsgebiets **anhand von Klausurfällen**. Denn unser Gehirn kann **konkrete Sachverhalte** besser speichern als abstrakte Formeln. Während des Studiums besteht die Gefahr, dass man zu abstrakt lernt, sich verzettelt und letztlich gänzlich den Überblick über das wirklich Wichtige verliert.

Ferner erfordern Prüfungsaufgaben regelmäßig das Lösen von konkreten Fällen. Hier muss dann der Kandidat beweisen, dass er das Erlernte auf den konkreten Fall anwenden kann und die spezifischen Probleme des Falles entdeckt. Außerdem muss er zeigen, dass er die richtige Mischung zwischen Gutachten- und Urteilsstil beherrscht und an den Problemstellen überzeugend argumentieren kann. Diese Fähigkeiten vermittelt Ihnen unser „Basiswissen **Methodik der Fallbearbeitung** – Wie schreibe ich eine Klausur?".

Nutzen Sie die jahrzehntelange Erfahrung unseres Repetitoriums. Seit mehr als 60 Jahren wenden wir konsequent die Fallmethode an. Denn ein **prüfungsorientiertes Lernen** muss „hart am Fall" ansetzen. Schließlich sollen Sie keine Aufsätze oder Dissertationen schreiben, sondern eine überzeugende Lösung des konkret gestellten Falles abgeben. Da wir nicht nur Skripten herausgeben, sondern auch in mündlichen Kursen Studierende ausbilden, wissen wir aus der täglichen Praxis, „wo der Schuh drückt".

Die Lösung der „Fälle" ist kompakt und vermeidet – so wie es in einer Klausurlösung auch sein soll – überflüssigen, dogmatischen „Ballast". Die Lösungen sind komplett **durchgegliedert** und im **Gutachtenstil** ausformuliert, wobei die unproblematischen Stellen unter Beachtung des Urteilsstils kurz ausfallen – so wie es gute Klausurlösungen erfordern.

Beispiele für die Gewichtung der **Punktvergabe** in einer Semesterabschlussklausur finden Sie hier:

goo.gl/uXJx4p

goo.gl/E0KMJX

goo.gl/LmdtkF

Wir vermitteln in der Reihe „Fälle" die Wissensanwendung. Sie **ersetzt nicht die Erarbeitung der gesamten Rechtsmaterie** und ihrer Struktur. Übergreifende Aufbauschemata finden Sie in unseren „Aufbauschemata". Ferner empfehlen wir Ihnen unser „Basiswissen" für den erfolgreichen Start ins jeweilige Rechtsgebiet: verständlich dargestellt und durch zahlreiche Beispiele, Übersichten und Aufbauschemata anschaulich vermittelt. Eine darauf aufbauende Darstellung des Stoffes auf Examensniveau liefern unsere „Skripten". Sofern die RÜ zitiert wird, handelt es sich um unsere Zeitschrift „RechtsprechungsÜbersicht", in der monatlich aktuelle, examensverdächtige Fälle gutachterlich gelöst erscheinen.

Viel Erfolg!

INHALTSVERZEICHNIS

1. Teil: Tatbestand einer Willenserklärung

Fall 1: Willenserklärung ohne Erklärungsbewusstsein (Trierer Weinversteigerung)
(Vgl. BGH, Urt. v. 07.06.1984 – IX ZR 66/83, BGHZ 91, 324 ff.)

S besucht die Mosel und nimmt in Trier an einer Weinversteigerung teil. Als er hinter dem Auktionator seinen alten Freund A stehen sieht, hebt er erfreut die Hand, um auf sich aufmerksam zu machen. Daraufhin erteilt ihm Auktionator W den Zuschlag, da – was S nicht bekannt ist – bei der Trierer Weinversteigerung Gebote durch Handheben abgegeben werden.

Muss S den Wein abnehmen?

W könnte einen Anspruch gegenüber S auf Abnahme des Weines aus § 433 Abs. 2 haben.

A. Der **Anspruch** ist **entstanden**, wenn sich die Parteien i.S.d. § 433 geeinigt haben und der Einigung keine Wirksamkeitshindernisse entgegenstehen.

I. Eine **Einigung** zwischen S und W i.S.d. § 433 erfordert zwei übereinstimmende, empfangsbedürftige Willenserklärungen in der Form eines Angebots und einer inhaltlich damit übereinstimmenden Annahme, §§ 145 ff. Bei einer Versteigerung i.S.d. § 156 liegt das Angebot im Gebot und die Annahme im Zuschlag.[1] Es handelt sich daher bei Gebot und Zuschlag um Willenserklärungen.

1. Hier könnte **S** dem W ein **Angebot** (Gebot) zum Abschluss eines Kaufvertrags gemäß § 433 unterbreitet haben.

Durch ein Angebot wird einem anderen die Schließung eines Vertrags derart angetragen, dass dieser nur noch zustimmen braucht, also der Vertrag mit einem bloßen „Ja" des anderen zustande kommen kann.[2] Ein Angebot setzt sich als Willenserklärung aus einem äußeren (objektiven) und einem inneren (subjektiven) Erklärungstatbestand zusammen.

a) Zunächst müsste der **äußere Erklärungstatbestand** gegeben sein.

Dies ist der Fall, wenn aus der Sicht eines objektiven Erklärungsempfängers neben einem **Handlungswillen** des Erklärenden (= willensgesteuertes Tätigwerden) ein **Rechtsbindungswille** (= Wille, im rechtlich relevanten Bereich zu handeln) sowie ein konkreter **Geschäftswille** erkennbar ist.
Das Heben der Hand gilt bei einer Versteigerung als Abgabe eines Angebots. Ein verständiger Dritter in der Situation des Erklärungsempfängers W durfte das Handheben daher als willensgesteuertes Tätigwerden verbunden mit dem Willen, im rechtlich relevanten Bereich zu handeln und getragen vom konkreten Geschäftswillen zum Kauf des Weines deuten. Mithin liegt der äußere Erklärungstatbestand vor.

---

1 BGH NJW 1998, 2350.

2 Palandt/Ellenberger § 145 Rn. 1; Brox/Walker, BGB AT, Rn. 165.

Fehlt der **Geschäftswille** im inneren Erklärungstatbestand, so liegt zwar keine einwandfreie Willenserklärung vor. Aber dennoch existiert die Willenserklärung. Dies ergibt sich aus § 119 Abs. 1: Der Erklärende will zwar in ganz bestimmter Weise rechtserheblich handeln, seine Erklärung deckt sich aber nicht mit seinem Geschäftswillen. Die Willenserklärung besteht also, ist aber anfechtbar.

b) Fraglich ist jedoch, ob auch der **innere Erklärungstatbestand** vorliegt.

Das ist der Fall, wenn das nach außen als Willenserklärung zu deutende Verhalten des S ihm subjektiv auch als Willenserklärung zugerechnet werden kann. Hierfür muss der Erklärende jedenfalls **Handlungswillen** (= willensgesteuertes Tätigwerden) und **Erklärungsbewusstsein** (= Bewusstsein, in irgendeiner Weise rechtserheblich zu handeln) haben.

S war ortsfremd und mit den Versteigerungsgebräuchen nicht vertraut. Das Heben der Hand war von ihm zum Zwecke des Grußes gewollt (Handlungswille), erfolgte jedoch nicht in dem Bewusstsein, in irgendeiner Weise rechtserheblich zu handeln. Ihm fehlte daher das Erklärungsbewusstsein. Umstritten ist, welche rechtlichen Folgen sich aus dem Fehlen des Erklärungsbewusstseins ergeben.

aa) Nach der **Willenstheorie** erfordert eine wirksame Willenserklärung immer Erklärungsbewusstsein, da sie ansonsten gemäß § 118 analog nichtig ist.[3]

Dies ergebe sich zum einen aus einem Vergleich mit den Anfechtungsregeln. So setze auch eine Anfechtung nach § 119 Abs. 1 voraus, dass die Willenserklärung abgegeben sei und daher, dass der Erklärende wenigstens Erklärungsbewusstsein habe. Zum anderen könne nur eine Willenserklärung nach § 118 nichtig sein, bei der der Erklärende immerhin die Möglichkeit erkannt habe, rechtserheblich zu handeln. Dasselbe müsse erst recht für eine Erklärung gelten, bei der der Erklärende noch nicht einmal die Möglichkeit erkennt, rechtserheblich zu handeln. Zudem besage der Grundsatz der Privatautonomie, dass der Einzelne über seine rechtlichen Verhältnisse selbst bestimmt. Dies sei aber gar nicht möglich, falls der Einzelne sich nicht bewusst ist, dass sein Handeln „irgendetwas rechtlich Erhebliches" ist.

Hiernach liegt mangels Erklärungsbewusstseins des S der innere Erklärungstatbestand nicht vor.

bb) Nach der **Erklärungstheorie** liegt trotz Fehlens des Erklärungsbewusstseins dann eine wirksame Willenserklärung vor, wenn sie als solche dem Erklärenden zugerechnet werden kann.[4]

Für diese Zurechnung sei es Voraussetzung, dass der Erklärende bei pflichtgemäßer Sorgfalt hätte erkennen können, dass sein Verhalten als Willenserklärung zu deuten ist. Dies wird damit begründet, dass zwischen dem, der rechtlich gar nichts will, also kein Erklärungsbewusstsein hat, und dem, der rechtlich etwas ganz anderes will und sich in einem Inhaltsirrtum befindet, kein Unterschied bestehe. Schließlich wären beide „bei der Abgabe einer Willenserklärung über deren Inhalt im Irrtum" (§ 119 Abs. 1 Var. 1). Das Fehlen des Erklärungsbewusstseins stelle daher einen besonderen Fall des Inhaltsirrtums nach § 119 Abs. 1 Var. 1 dar. Eine Anfechtung müsse umso eher zulässig sein, je größer die Abweichung zwischen Wille und Erklärung sei. Dies gelte nicht nur bei Abweichung von Geschäftswille und Erklärung,

---

3 RGZ 68, 322, 324 f.; 79, 303, 305; 122, 138, 140 ff.; 157, 228, 233; Staudinger/Singer, Vorbem. zu §§ 116–144 Rn. 37 ff.

4 BGHZ 91, 324; 329 f.; 152, 63, 70; Palandt/Ellenberger, Vorbem. zu § 116 Rn. 17; Habersack JuS 1996, 585.

sondern erst recht bei Abweichung von Erklärungsbewusstsein und Erklärung und bei Abweichung von Handlungswille und Erklärung.

Bei Beachtung pflichtgemäßer Sorgfalt hätte S sich über die Verhaltensregeln auf einer Auktion informiert und daher leicht erkennen können, dass seine Handbewegung als Abgabe eines Gebots aufgefasst wird. Ihm ist sein Verhalten somit als Willenserklärung zurechenbar, sodass trotz Fehlens des Erklärungsbewusstseins der innere Erklärungstatbestand nach dieser Ansicht gegeben ist.

cc) Da beide Ansichten zu unterschiedlichen Ergebnissen kommen, ist eine **Streitentscheidung** erforderlich. Aus Gründen des Verkehrs- und Vertrauensschutzes ist der Erklärungstheorie zu folgen, da schließlich das Fehlverhalten nicht beim berechtigt vertrauenden Empfänger, sondern beim Erklärenden liegt. Er muss die Folgen seines Fehlverhaltens durch Anfechtung beseitigen und ggf. den Vertrauensschaden nach § 122 ersetzen. Auch aus der Privatautonomie folgt nicht nur die Selbstbestimmung des Einzelnen, sondern auch die Verantwortlichkeit für sein Tun. Somit liegt der innere Erklärungstatbestand und damit auch ein Angebot des S vor.

Merke: Sofern die Ansichten zu unterschiedlichen Ergebnissen führen, ist eine Streitentscheidung erforderlich!

2. Die **Annahme** des Angebots des S **durch W** erfolgt (konkludent) mit Zuschlag zugunsten des S.

Somit haben sich S und W i.S.d. § 433 geeinigt und damit einen Kaufvertrag geschlossen.

II. Ferner müsste die Einigung zwischen S und W auch **wirksam** sein.

Als rechtshindernde Einwendung (= Nichtigkeitsgrund) kommt nur die Anfechtung der von S abgegebenen Willenserklärung gemäß § 142 Abs. 1 in Betracht.

Zwar hätte S seine Willenserklärung gemäß oder analog § 119 Abs. 1 anfechten könnten, da sein geäußerter Erklärungstatbestand nicht mit seinem inneren Erklärungstatbestand, also der Äußerung übereinstimmt, die er mit dem Handheben abgeben wollte. Aber S hat die Anfechtung gegenüber W nicht gemäß § 143 Abs. 1 erklärt, sodass die Anfechtung gemäß § 142 Abs. 1 nicht durchgreift.

Mithin ist die Einigung von S und W wirksam und somit der Anspruch aus § 433 Abs. 2 entstanden.

B. Ferner ist der **Anspruch nicht untergegangen**.

C. Des Weiteren ist der **Anspruch** auch **durchsetzbar**.

Somit hat W gegenüber S einen Anspruch auf Abnahme des Weines aus § 433 Abs. 2.

Fall 2: Invitatio ad offerendum

K vertreibt in seinem kleinen Laden Wohnaccessoires, die er regelmäßig über das Internet bei entsprechenden Fachhändlern für Wohnzubehör bestellt. So entdeckt er auf der Internetseite des V einen neuen „Retro-Kronleuchter" für 750 €, der gerade auf den Markt gekommen ist. Im Online-Shop des V sind alle zum Verkauf stehenden Waren genau beschrieben und mit Preisen versehen. K füllt das zur Verfügung stehende Bestellformular aus und sendet es per Mausklick als E-Mail an V. Nachdem V die E-Mail des K gelesen hat, holt er umgehend einen Leuchter aus seinem Lager und übergibt diesen einem Paketdienst, der den Leuchter prompt zum Laden des K bringt. K hat mittlerweile jedoch einen noch günstigeren Leuchter entdeckt und verweigert die Annahme.

V fragt sich, ob er die Abnahme des Leuchters und Zahlung des Kaufpreises i.H.v. 750 € verlangen kann.

V könnte gegen K einen Anspruch auf Abnahme und Zahlung des Kaufpreises aus § 433 Abs. 2 haben.

A. Der **Anspruch** ist **entstanden**, wenn sich die Parteien i.S.d. § 433 geeinigt haben und dieser Einigung auch keine Wirksamkeitshindernisse entgegenstehen.

I. In Betracht kommt hier eine **Einigung** zwischen V und K i.S.d. § 433 durch zwei übereinstimmende Willenserklärungen in Form eines Angebots und einer inhaltlich damit übereinstimmenden Annahme, §§ 145 ff.

1. Ein **Angebot des V** könnte bereits in der Präsentation des „Retro-Kronleuchters" im Internet liegen.
Durch ein Angebot wird einem anderen der Abschluss eines Vertrags derart angetragen, dass der Vertrag mit einem bloßen „Ja" des Anderen zustande kommen kann. Ein Angebot setzt sich als Willenserklärung aus einem äußeren (objektiven) und einem inneren (subjektiven) Erklärungstatbestand zusammen. Der äußere Erklärungstatbestand liegt vor, wenn aus der Sicht eines objektiven Erklärungsempfängers neben Handlungswillen des Erklärenden (= willensgesteuertes Tätigwerden) ein Rechtsbindungswille (= Wille, im rechtlich relevanten Bereich zu handeln) sowie ein konkreter Geschäftswille erkennbar ist.
Ob das Einstellen der Ware bereits auf einen Rechtsbindungswillen schließen lässt oder bloß als eine Aufforderung zur Angebotsabgabe **(invitatio ad offerendum)** zu verstehen ist, ist im Wege der Auslegung zu ermitteln (§§ 133, 157).

a) Nach einer Ansicht[5] besteht bei **Warenanpreisungen im Internet kein Unterschied zu Schaufensterauslagen oder zu einer Zeitungsannonce**, also zu klassischen Fällen der Aufforderung zur Angebotsabgabe, sodass eine an §§ 133, 157 orientierte Auslegung ergebe, dass auch eine Warenanpreisung auf einer Internetseite als bloße invitatio ad offerendum und nicht als verbindliches Angebot zu werten sei.

---

5 AG Butzbach NJW-RR 2003, 54; Palandt/Ellenberger § 145 Rn. 2; Staudinger/Bork § 145 Rn. 9; Köhler/Arndt, Recht im Internet, S. 65; Woitkewitsch/Pfitzer MDR 2007, 61, 63.

Die Rechtsfigur der invitatio ad offerendum solle dem Anbieter ermöglichen, die Bonität des Käufers zu prüfen, bevor er sich vertraglich binde. Wäre die Internetseite ein verbindliches Angebot, läge in der Formularbestellung seitens des Kunden die Annahme. Der Kaufvertrag wäre ohne eine Überprüfungsmöglichkeit durch den Verkäufer hinsichtlich der Zahlungsfähigkeit des Kunden zustande gekommen. Darüber hinaus wäre der Anbieter in diesem Fall verpflichtet, an den Kunden zu liefern, auch wenn sein Warenvorrat bereits erschöpft wäre (Gefahr der Doppelverpflichtung). Bei einer invitatio hingegen bestünde für den Verkäufer die Gelegenheit, die Lagerbestände zu überprüfen.

b) Eine andere Ansicht[6] wendet sich gegen die **pauschale Gleichbehandlung von Schaufensterauslagen bzw. Zeitungsinseraten mit der Warenpräsentation im Internet**. Eine invitatio ad offerendum liege nur vor, wenn der Vorbehalt fehlender Verbindlichkeit ausdrücklich kenntlich gemacht werde (z.B. durch entsprechenden Vermerk). Nur so könne der Kunde die fehlende Bindungswirkung der Präsentation erkennen. Andernfalls dürfe er von einem verbindlichen Angebot ausgehen. Da es technisch möglich ist, Bestellungen aus dem Online-Shop direkt mit den Lagerbeständen abzugleichen, sei – im Unterschied zu den klassischen Fällen der invitatio – eine Überprüfung der Verfügbarkeit durchaus möglich und daher werde so auch ein direkter Zugriff auf das Warenlager suggeriert. Darüber hinaus sei eine Bonitätsprüfung des Kunden bei den im Internet in der Regel verwendeten Zahlungsmodalitäten wie Vorkasse, Nachnahme oder Kreditkartenzahlung von vornherein entbehrlich.

Mangels Hinweis auf die Unverbindlichkeit des Angebots und mit Blick auf die Sicht eines objektiven Erklärungsempfängers liegt dieser Ansicht nach bereits in der Warenpräsentation ein Verkaufsangebot des V.

c) Da beide Ansichten zu unterschiedlichen Ergebnissen kommen, ist eine **Streitentscheidung** erforderlich. Der erstgenannten Ansicht ist schon allein aus Gründen der Rechtssicherheit zu folgen. Denn es besteht auch im Internet ein Bedürfnis für die Rechtsfigur der invitatio ad offerendum. Selbst wenn die Überprüfung der Liefermöglichkeit des Händlers durch Verknüpfung der Internetseite mit der Datenbank seiner Lagerbestände technisch machbar ist, so können jedoch während der Online-Bestellung gleichzeitig anderweitige Kundenbestellungen (z.B. per Post oder Telefon) den Warenvorrat erschöpfen. Die Gefahr der Doppelverpflichtung bleibt also bestehen. Zudem ist die Bonitätsprüfung bei den im Internethandel üblichen Zahlungsweisen keinesfalls entbehrlich, da es jedenfalls der Verifizierung der mitgeteilten Daten (z.B. Kreditkartendaten) bedarf.

Danach ergibt sich aus der Sicht eines vernünftigen Erklärungsempfängers, dass V mit der Präsentation noch kein verbindliches Verkaufsangebot abgeben will, sondern den Kunden auffordert, ein Angebot abzugeben.

2. In der Bestellung des **K** liegt ein **Angebot** auf Abschluss eines Kaufvertrags über den Kronleuchter zum Preis von 750 €.

Vertragsschluss bei Bestellungen im Internet:

- Die Präsentation von Artikeln stellt in der Regel eine invitatio ad offerendum dar.
- Die automatisierte Antwort-E-Mail ist in der Regel bloß eine (Pflicht-)Mitteilung vom Antragseingang (vgl. § 312 i Abs. 1 S. 1 Nr. 3), kann aber auch Annahmeerklärung oder neues Angebot sein (vgl. § 150 Abs. 2).
- Sofern die Antwort-E-Mail nur eine Mitteilung des Antragseingangs ist, kommt der Vertrag erst mit der Lieferung der bestellten Ware zu den dann maßgeblichen Bedingungen zustande (vgl. BGH NJW 2004, 3699 ff. = RÜ 2005, 71 ff.).

6 Muscheler/Schewe Jura 2000, 565, 568; Kimmelmann/Winter JuS 2003, 532 f.

3. Ferner müsste V dieses Angebot auch angenommen haben.
Die **Annahme** ist eine empfangsbedürftige Willenserklärung, durch die der Angebotsempfänger gegenüber dem Anbietenden sein Einverständnis mit dem Vertragsschluss erklärt.[7] Die Annahme eines Angebots kann ausdrücklich oder auch konkludent durch schlüssiges Verhalten erklärt werden.[8] V hat das Angebot des K nicht ausdrücklich angenommen, jedoch die Ware dem Paketdienst zum Transport ausgehändigt. Damit bringt er konkludent zum Ausdruck, das Angebot des K zu akzeptieren.
Zwar bedarf die Annahmeerklärung als empfangsbedürftige Willenserklärung zum Wirksamwerden grundsätzlich des Zugangs bei K, § 130 Abs. 1 S. 1. Nach **§ 151 S. 1** ist der **Zugang** der Annahmeerklärung jedoch **entbehrlich**, wenn er nach der Verkehrssitte nicht zu erwarten ist. Hier könnte man davon ausgehen, dass die Verkehrssitte auch unter Unternehmern den expliziten Zugang der Annahme erfordert. Dafür spricht insbesondere, dass der Besteller wissen will, ob er bereits vertraglich gebunden ist. Hat er ein verbindliches Angebot abgegeben, muss er jedoch ohnehin mit einer Bindung rechnen. Es wäre im Massengeschäft vielmehr nur üblich, dass der Verkäufer explizit seine Ablehnung kundtut. Im Übrigen ist es aber im Geschäftsverkehr üblich, dass die Annahme erst durch die Zusendung der Ware geschieht. Will der Besteller in der Zwischenzeit wissen, ob er wirklich vertraglich gebunden ist, ist es ihm zuzumuten, sich beim Verkäufer zu erkundigen. Nach der Verkehrssitte ist ein Zugang der Annahme somit nicht zu erwarten. Nach § 151 S. 1 kommt der Vertrag daher bereits mit der Annahmeerklärung des V, d.h. der Aushändigung der Ware an den Paketdienst, zustande.
Somit liegt eine Einigung zwischen K und V i.S.d. § 433 vor.

II. Des Weiteren ist die Einigung mangels rechtshindernder Einwendungen (= Nichtigkeitsgründe) auch wirksam.

B. Ferner ist der **Anspruch nicht untergegangen** und zudem auch **durchsetzbar.**

Somit hat V gegen K einen Anspruch auf Abnahme und Zahlung des Kaufpreises aus § 433 Abs. 2.

---

7 Brox/Walker, BGB AT, Rn. 176.
8 Vgl. BGHZ 111, 97, 101; Giesen, BGB Allgemeiner Teil: Rechtsgeschäftslehre, Rn. 61.

Fall 3: Misslungenes Scheingeschäft
(BGH, Urt. v. 26.05.2000 – V ZR 399/99, BGHZ 144, 331 ff.)

Mit notariellem Vertrag vom 17.03.2013 erwarb K von V eine noch zu vermessende Teilfläche eines 3.600 m^2 großen Grundstücks zum Preis von 43.200 €. Das Grundstück verkaufte K mit notariellem Vertrag vom 17.03.2014 weiter an B und ließ es zugleich formwirksam an ihn auf. Als Kaufpreis wurde auch hier ein Betrag von 43.200 € beurkundet. B zahlte in der Folgezeit 10.000 € an. K behauptet, der Vertrag sei nichtig, weil er mit einem Verhandlungsgehilfen des B in Wirklichkeit einen Preis von 385.000 € vereinbart habe. Auf Anraten seines Steuerberaters sei jedoch nur ein Preis von 43.200 € beurkundet worden, um die Folgen eines Weiterverkaufs zu einem höheren Preis innerhalb von zwei Jahren zu umgehen. B widerspricht dem K und legt zutreffend dar, dass er hiervon nichts wusste und daher stets von einem Kaufpreis von 43.200 € ausgegangen ist. Enttäuscht verlangt K die Rückabwicklung des Vertrags und Herausgabe des Grundstücks von B.

Zu Recht?

K könnte gegen B einen Anspruch auf Herausgabe des Grundstücks aus § 812 Abs. 1 S. 1 Var. 1 haben.

A. Der **Anspruch** müsste **entstanden** sein.

I. Das setzt zunächst einmal voraus, dass B gemäß § 812 Abs. 1 S. 1 Var. 1 **etwas erlangt** hat.

Unter „etwas" ist jeder vermögenswerte (rechtliche) Vorteil zu verstehen. Infolge der Grundstücksübereignung erlangt B nach §§ 873 Abs. 1, 925 von K Eigentum und Besitz am Grundstück und damit einen Vermögensvorteil in diesem Sinne.
Somit hat B etwas erlangt.

II. Ferner müsste B diesen Vermögensvorteil auch **durch Leistung des Anspruchstellers** K erlangt haben.

Unter einer Leistung ist jede bewusste und zweckgerichtete Mehrung fremden Vermögens zu verstehen, deren Zweck bei § 812 Abs. 1 S. 1 Var. 1 (condictio indebiti) auf die Erfüllung einer, wenn auch nur vermeintlich bestehenden, Verbindlichkeit gerichtet ist.

Durch die Grundstücksübereignung mehrt K bewusst und zweckgerichtet das Vermögen des B zur Erfüllung seiner vertraglichen Verpflichtung zur Übergabe und Übereignung aus § 433 Abs. 1 S. 1.
Folglich hat B den Vermögensvorteil auch durch eine Leistung des K erlangt.

III. Ferner müsste die Leistung des K **ohne rechtlichen Grund** erfolgt sein.

Der Leistungszweck besteht bei § 812 Abs. 1 S. 1 Var. 1 in der Erfüllung einer (ggf. vermeintlichen) Verbindlichkeit, sodass die Leistung immer dann ohne rechtlichen Grund erfolgt, wenn der Zweck, die Verbindlichkeit zu erfüllen, nicht erreicht wird. Dies ist wiederum der Fall, wenn die Verbindlichkeit erst gar nicht besteht oder – bei bestehender Verbindlichkeit – keine Erfüllungswirkung eintritt.[9]

Zwar haben sich K und B notariell beurkundet über den Verkauf des Grundstücks i.S.d. § 433 zu einem Kaufpreis i.H.v. 43.200 € geeinigt, aber K hat hinsichtlich des Kaufpreises zwei verschiedene Erklärungen abgegeben.

Fraglich ist insofern, ob die Einigung i.S.d. § 433 auch wirksam ist.

1. Die von K im Rahmen des notariell beurkundeten Kaufvertrags abgegebene Willenserklärung (Angebot oder Annahme) könnte **gemäß § 117 Abs. 1 nichtig** sein. Im Falle des § 117 Abs. 1 soll lediglich der äußere Schein eines Rechtsgeschäfts hervorgerufen werden, entgegen der Wortfassung von § 117 Abs. 1 liegt aber tatbestandlich schon keine Willenserklärung vor. Insofern ist das Fehlen des Rechtsbindungswillens kennzeichnend für das Scheingeschäft.[10]

Bei § 116 S. 2 fehlt es trotz Kenntnis des anderen Teils an der Einverständlichkeit des Handelns. Bei Wissen und Wollen beider Beteiligten, dass die abgegebene Erklärung nicht gewollt ist, gilt ausschließlich § 117.

Nach § 117 Abs. 1 müssten also beide Parteien eine empfangsbedürftige Willenserklärung einverständlich nur zum Schein abgegeben haben, indem sie sich auf einen Kaufpreis für das Grundstück in Höhe von 43.200 € einigten. B ist jedoch stets von dem beurkundeten Kaufpreis ausgegangen und kannte auch den Ratschlag des Steuerberaters des K nicht. Insofern ist keine Willensübereinstimmung zum Abschluss eines Scheingeschäfts bei K und B vorhanden. Genau ein solcher Wille muss bei den Vertragsparteien aber vorhanden sein und nur aus ihm ergibt sich wertungsmäßig die von § 117 Abs. 1 festgelegte Nichtigkeitsfolge. Die rechtsgeschäftlichen Erklärungen der Parteien können keine rechtsgeschäftlichen Folgen haben, wenn die Handelnden sie übereinstimmend nicht wollen. Insoweit wird § 117 auch als Konkretisierung der negativen Kehrseite der Privatautonomie bezeichnet.

Es handelt sich daher hier um einen Fall des sog. **misslungenen Scheingeschäfts**, d.h. ein **Scheingeschäft, bei dem der Erklärungsempfänger den vom Erklärenden beabsichtigten Scheincharakter des Geschäfts nicht kennt**. Sofern der Erklärungsempfänger den vom Erklärenden beabsichtigten Scheincharakter des Geschäfts kennt, also wenn er z.B. weiß, dass der Grundstückskaufvertrag unter Angabe eines geringeren als des vereinbarten Preises beurkundet wird, dann ist das beurkundete Geschäft als Scheingeschäft gemäß § 117 Abs. 1 nichtig und das gewollte Geschäft wegen §§ 125 S. 1, 311 b Abs. 1 S. 1 formnichtig. Dann besteht aber die Möglichkeit der Heilung durch Auflassung und Eintragung des verdeckten Geschäfts, § 311 b Abs. 1 S. 2.

Folglich ist die von K im Rahmen des notariell beurkundeten Kaufvertrags abgegebene Willenserklärung nicht gemäß § 117 Abs. 1 nichtig.

2. Jedoch könnte die von K im Rahmen des notariell beurkundeten Kaufvertrags abgegebene Willenserklärung **gemäß § 118 nichtig** sein.

---

9 BGHZ 50, 227, 231 f.; Erman/Westermann/Buck-Heeb § 812 Rn. 44; Reuter/Martinek § 4 II 4b, S. 107 ff.
10 BGHZ 36, 84, 87.

a) Nach § 118 ist eine nicht ernstlich gemeinte Willenserklärung, die in der Erwartung abgegeben wird, der Mangel der Ernstlichkeit werde nicht verkannt werden, **grundsätzlich** nichtig.

aa) Eine nicht ernstlich gemeinte Willenserklärung ist hier durch die Erklärung des K in Bezug auf den Vertrag über 43.200 € gegeben.

bb) Ferner müsste die Willenserklärung in der Erwartung abgegeben worden sein, der Mangel der Ernstlichkeit werde nicht verkannt werden. Dies erfordert eine subjektive Erwartung des Erklärenden und liegt damit auch dann vor, wenn die fehlende Ernstlichkeit objektiv nicht erkennbar ist. Für B, der von den wahren Motiven des K bei Abschluss des notariell beurkundeten Kaufvertrags keine Kenntnis hatte und dies auch aus den Umständen nicht hätte erkennen können, war die fehlende Ernstlichkeit objektiv nicht erkennbar. Somit hat K die Willenserklärung auch in der Erwartung abgegeben, der Mangel der Ernstlichkeit werde nicht verkannt werden.
Also ist die von K abgegebene Willenserklärung grundsätzlich gemäß § 118 nichtig.

b) Jedoch könnte die Nichtigkeit einer „Scherzerklärung" mit der Beurkundungsfunktion des § 311 b und dem Gedanken des Verkehrsschutzes unvereinbar sein, sodass **ausnahmsweise** die Willenserklärung wegen Verstoßes gegen Treu und Glauben (§ 242) nicht nichtig ist.[11]

§ 311 b Abs. 1 S. 1 verfolgt den Zweck, den Veräußerer und den Erwerber von Grundstückseigentum vor übereilten Verträgen zu bewahren und ihnen reifliche Überlegungsfreiheit sowie sachkundige und unparteiische Beratung durch den Notar zu gewähren **(Warn-, Belehrungs- und Kontrollfunktion)** sowie den Inhalt der Vereinbarung klar und genau festzustellen und die Beweisführung zu sichern **(Beweisfunktion)**. Diese Funktionen erstrecken sich zwar auch auf die Frage, ob die zu beurkundenden Willenserklärungen ernstlich gemeint sind. Deswegen schreibt auch § 17 Abs. 2 BeurkG dem Notar vor, dass bei Zweifeln, ob das Geschäft dem Gesetz oder dem wahren Willen der Beteiligten entspricht, die Bedenken mit den Beteiligten erörtert werden sollen. Auch soll der Notar gemäß § 17 Abs. 2 a BeurkG das Beurkundungsverfahren so gestalten, dass die Einhaltung der vorgenannten Pflicht gewährleistet ist. Das rechtfertigt aber nicht, die Nichtigkeitsfolge des § 118 zu verneinen. Denn die Beurkundung schützt nicht davor, dass die Erklärungen der Parteien einen anderen Inhalt haben können als sich aus ihrem Wortlaut erschließt. Insbesondere ist es möglich, dass eine nicht ernstlich gemeinte Willenserklärung – ohne einen Belehrungsvermerk des Notars nach § 17 Abs. 2 BeurkG – beurkundet wird. Schließlich setzt § 118 lediglich voraus, dass der Erklärende subjektiv der Ansicht war, die mangelnde Ernstlichkeit werde erkannt werden, nicht dagegen, dass die Nichternstlichkeit dem Empfänger oder dem Notar hat auffallen müssen. Auch die Anwendung der zur sog. **falsa demonstratio non nocet** entwickelten Grundsätze auf beurkundungspflichtige Rechtsgeschäfte zeigt, dass es bei notariellen Urkunden keinen Verkehrsschutz davor gibt, dass den beurkundeten Erklärungen ein anderer Inhalt zukommen kann als er sich aus dem Wortlaut erschließt.

---

11 BGHZ 144, 331, 334.

Deswegen ist es kein Wertungswiderspruch, wenn eine von dem Notar und dem Vertragspartner als solche nicht erkannte, nicht ernstlich gemeinte Willenserklärung nicht gelten soll. Das Vertrauen in die Gültigkeit der Erklärung wird insoweit allein durch § 122 geschützt.

Mithin ist die von K im Rahmen des notariell beurkundeten Kaufvertrags abgegebene Willenserklärung gemäß § 118 nichtig.

3. Jedoch könnte **gemäß § 117 Abs.** 2 eine nicht notariell beurkundete Einigung i.S.d. § 433 **als verdecktes Geschäft wirksam** sein.
Dies scheitert jedoch bereits daran, dass keine zwei sich inhaltlich deckenden Willenserklärungen bestehen und damit keine Einigung vorliegt. Die Willenserklärung des B ist auf einen Vertrag zu einem Kaufpreis von 43.200 € gerichtet, während sich die Willenserklärung des K auf einen Vertrag zu einem Kaufpreis von 385.000 € bezieht.

Somit erfolgte die Leistung des K ohne rechtlichen Grund.

Beachte: Möglich wäre auch eine condictio ob rem (§ 812 Abs. 1 S. 2, Var. 2) gewesen, da die Heilung des formnichtigen verdeckten Geschäfts den mit der Leistung bezweckten Erfolg darstellt.

IV. Nach § 812 Abs. 1 S. 1 Var. 1 muss B das Grundstück an K Zug um Zug gegen Zahlung von 10.000 € (Gegenanspruch des B gegen K aus § 812 Abs. 1 S. 1 Var. 1) herausgeben. Der Anspruch ist folglich entstanden.

B. Des Weiteren ist der **Anspruch nicht untergegangen**. Rechtsvernichtenden Einwendungen sind nicht ersichtlich.

C. Ferner ist der **Anspruch** auch **durchsetzbar**.

K hat daher gegen B einen Anspruch auf Herausgabe des Grundstücks Zug um Zug gegen Zahlung von 10.000 € aus § 812 Abs. 1 S. 1 Var. 1.

2. Teil: Wirksamwerden von Willenserklärungen

Fall 4: Abhandengekommene Willenserklärung

V möchte eine Einliegerwohnung in seinem Haus vermieten. Nach einigen Besichtigungsterminen mit verschiedenen potentiellen Mietern ist er sich so gut wie sicher, dass er an M vermieten möchte. Er besorgt sich ein Mietvertragsformular, trägt alle erforderlichen Daten ein und unterschreibt. Dann steckt er das Formular in einen unfrankierten Briefumschlag, den er an M adressiert. Da er seinen Entschluss nochmals überdenken will, lässt er den Briefumschlag vorerst unfrankiert auf seinem Schreibtisch liegen. Noch am gleichen Tag entdeckt seine Haushälterin H den Brief auf dem Schreibtisch. Sie denkt, V habe den Brief in der ganzen Hektik vergessen, frankiert den Brief und wirft ihn in den Postkasten. Der Brief kommt kurze Zeit später bei M an, der hocherfreut das Mietvertragsformular unterzeichnet und an V zurückschickt. In der Zwischenzeit hat V es sich jedoch anders überlegt.

Muss V die Wohnung an M vermieten?

Welche Rechte hat M, falls V nicht an ihn vermieten muss?

A. M könnte gegen V einen Anspruch auf Überlassung der Mietwohnung aus §§ 535 Abs. 1 S. 1, 549 haben.

I. Dazu müssten sich M und V zunächst einmal i.S.d. § 535 geeinigt haben.

1. Ein **Angebot des V** liegt mit dem Mietvertragsformular über die Wohnung vor.

2. Das Angebot des V müsste als empfangsbedürftige Willenserklärung im Rechtsverkehr auch **wirksam** geworden sein. Eine empfangsbedürftige Willenserklärung wird durch **Abgabe und Zugang** wirksam (vgl. **§ 130 Abs. 1 S. 1**).

Wirksamwerden und Wirksamkeit sind zu unterscheiden. Eine empfangsbedürftige Willenserklärung wird durch Abgabe und Zugang wirksam; eine Einigung ist wirksam, wenn keine Nichtigkeitsgründe (z.B. §§ 134, 138, 142 Abs. 1, etc.) entgegenstehen.

Zunächst müsste V das Angebot (= empfangsbedürftige Willenserklärung) abgegeben haben. Abgegeben ist eine empfangsbedürftige Willenserklärung, wenn sie als ein an den Empfänger gerichteter, verbindlicher Regelungsakt bewusst verlautbart ist und der Erklärende alles getan hat, was bei normalem Verlauf der Dinge geeignet ist, den Zugang der Erklärung zu bewirken.

V hat bewusst und willentlich das Mietvertragsformular mit allen erforderlichen Daten ausgefüllt und an M adressiert. Er hat sein Angebot insofern willentlich entäußert und als verbindlichen Regelungsakt bewusst verlautbart.

Es ist jedoch umstritten, ob er auch alles getan hat, damit seine Willenserklärung M auch zugehen kann.

a) Nach einer Ansicht[12] erfolgt die Abgabe einer schriftlichen Willenserklärung erst mit deren Begebung durch ihren Ersteller **in Richtung auf den Erklärungsempfänger** (arg. ex § 130 Abs. 2). Bis dahin gelte sie als noch nicht existent, es liege nur der Schein einer Willenserklärung vor. Schon mangels Abgabe, jedenfalls aber wegen Fehlens des notwendigen Abga-

12 BGHZ 65, 13 f.; BGH NJW-RR 2006, 847.

bewillens (Handlungswille hinsichtlich der Abgabe) könne die sog. abhandengekommene Willenserklärung nicht wirksam werden.

Vorliegend hat V den Brief weder frankiert noch zur Post bzw. zum Postkasten gebracht. Dies geschah eigenmächtig durch H. Die gegen den Willen des V von H in den Verkehr gebrachte Willenserklärung ist daher dieser Ansicht nach von V nicht abgegeben worden.

b) Nach anderer Ansicht[13] ist die nicht vom Erklärungsverfasser in den Verkehr gebrachte verkörperte Willenserklärung als von diesem abgegeben anzusehen, wenn der Verfasser das Inverkehrbringen aus Gründen, die in seinem Herrschafts- und Organisationsbereich liegen, zu vertreten hat.

V hätte die Versendung des Briefes durch deutlichen Hinweis an H, sich nicht um seine geschäftlichen Angelegenheiten zu kümmern, vermeiden können. Zudem beschäftigt ein verantwortungsbewusster Vermieter kein Personal, das ohne seine Einwilligung in Briefen enthaltene Angebote versendet bzw. hätte er solche Briefe nicht einfach auf seinem Schreibtisch liegen lassen dürfen. Folglich hat V nach dieser Ansicht das Angebot abgegeben.

c) Nach einer weiteren Ansicht[14] fehlt es bei der sog. abhandengekommenen Willenserklärung an der Abgabe der Willenserklärung. Die abgabefertig gemachte und von einer anderen Person als dem Erklärenden abgesandte Erklärung solle jedoch – ungeachtet des Fehlens der Abgabe – in diesem Falle als abgegeben gelten. Dies folge daraus, dass der Fall der abhandengekommenen Willenserklärung dem der ohne Erklärungsbewusstsein abgegebenen Willenserklärung gleichstehe.

Auch nach dieser Ansicht hätte V die Willenserklärung abgegeben.

d) Die Ansichten kommen zu unterschiedlichen Ergebnissen, sodass eine Streitentscheidung erforderlich ist. Gegen die letzte Ansicht spricht, dass das fehlende Erklärungsbewusstsein bezüglich des Erklärungsinhalts eben nicht dem Fehlen des Abgabewillens entspricht. Bei der verkörperten Willenserklärung fallen die Entstehung des Erklärungszeichens und seine Geltung nicht zusammen. Die Folge der letzten Ansicht ist also, dass man die verkörperte Willenserklärung als bereits im Zeitpunkt ihrer Verkörperung abgegeben fingiert. Eine Fiktion widerspricht jedoch der Funktion der Willenserklärung als autonomem Akt des rechtsgeschäftlichen Handelns. Gegen die zweite Ansicht spricht, dass die Geltung einer rechtsgeschäftlichen Regelung auf die Verletzung pflichtgemäßer Sorgfalt gestützt wird. Dies begründet, sofern das Gesetz nicht ein anderes bestimmt, aber letztlich nur eine Haftung auf Schadensersatz. Außerdem würde eine Zurechnung des versehentlichen Inverkehrbringens gegen die gesetzliche Wertung des § 172 Abs. 1 verstoßen. So muss sich nach § 172 Abs. 1 der Aussteller einer Urkunde deren Inhalt nur dann zurechnen lassen, wenn er sie einem anderen ausgehändigt hat, also wenn er sie willentlich in den Rechtsverkehr entäußert hat.

Mithin ist der erstgenannten Ansicht zu folgen, sodass V seine Willenserklärung nicht abgegeben hat.

---

13 Vgl. Palandt/Ellenberger § 130 Rn. 4.

14 Flume, AT II, § 14 Ziff. 2; Medicus/Petersen, BGB AT, Rn. 266 f.

II. Somit ist das Angebot des V mangels Abgabe nicht wirksam geworden, sodass auch eine Einigung zwischen V und M i.S.d. § 535 nicht vorliegt.

Eine nicht abgegebene Willenserklärung kann auch nicht zugehen.

Mangels Mietvertrags zwischen V und M besteht auch kein Anspruch des M gegenüber V auf Überlassung der Mietwohnung aus §§ 535 Abs. 1 S. 1, 549.

B. M könnte gegenüber V jedoch einen Anspruch auf Schadensersatz aus **§ 122 analog** haben.

Dazu müssten die Analogievoraussetzungen vorliegen.

I. Es müsste eine **planwidrige Regelungslücke** vorliegen.

1. Eine **Regelungslücke** liegt vor. Schließlich gibt es keine Regelung von Ansprüchen zugunsten des „vermeintlichen" Vertragspartners, der auf die Gültigkeit der Erklärung vertraut.

2. Auch die **Planwidrigkeit der Regelungslücke** ist gegeben. Vorliegend sind keine Gründe ersichtlich, warum der Erklärungsempfänger, der mangels Abgabe nicht Vertragspartner wird, gegenüber dem Erklärungsempfänger, der wegen Anfechtung (§§ 119, 120) nicht Vertragspartner wird, anders behandelt werden sollte.

II. Ferner müsste auch eine **vergleichbare Interessenlage** bestehen.

Nach Sinn und Zweck des § 122 soll der auf die Gültigkeit der Willenserklärung vertrauende Geschäftsgegner geschützt werden. Die Vorschrift beruht daher auf dem Gedanken der Veranlassungshaftung.[15] Die Veranlassung geht bei sorgfaltspflichtwidrig nicht überwachten und deshalb in Verkehr gebrachten Willenserklärungen gleichermaßen wie bei Anfechtung nach §§ 119, 120 vom Erklärenden aus.

Mithin besteht auch eine Vergleichbarkeit der Interessenlage und somit liegen die Analogievoraussetzungen vor.

III. Des Weiteren müssten die **Voraussetzungen von § 122 analog** vorliegen. Dies ist mit Blick auf die im unter A. gemachten Ausführungen der Fall; von V wurde sorgfaltspflichtwidrig eine Willenserklärung in Verkehr gebracht, die als sog. abhandengekommene Willenserklärung ihm gegenüber als nicht abgegeben gilt.

IV. Das bedeutet, dass M von V nach § 122 analog den Schaden ersetzt verlangen kann, den er dadurch erlitten hat, dass er auf die rechtliche Verbindlichkeit der Erklärung vertraute. Dies umfasst neben den aufgewandten Kosten (z.B. Portokosten, Transportkosten, etc.) insbesondere die im Vertrauen auf die Gültigkeit des Geschäfts erbrachten Leistungen, aber auch die Nachteile durch das Nichtzustandekommen eines möglichen anderen Geschäfts.[16]

Somit hat M gegenüber V einen Anspruch auf Schadensersatz aus § 122 analog.

C. Darüber hinaus könnte M gegenüber V einen Anspruch auf Schadensersatz wegen vorvertraglicher Pflichtverletzung aus **§§ 280 Abs. 1, 331 Abs. 2, 241 Abs. 2 (c.i.c.)** haben.

---

15 BGH NJW 1969, 1380.

16 BGH NJW 1984, 1950.

I. Zwischen M und V ist infolge der Wohnungsbesichtigung und den damit einhergehenden Vertragsverhandlungen ein vorvertragliches Schuldverhältnis nach **§ 311 Abs. 2 Nr. 1** entstanden.

II. Indem V das Mietvertragsformular vollständig ausfüllt und damit seine Willenserklärung endgültig konzipiert, obliegt ihm schon vor Abschluss des Vertrages die Pflicht auf **Rechte, Rechtsgüter und Interessen des anderen Teils gemäß § 241 Abs. 2** zu achten. Infolge der unsorgfältigen Aufbewahrung[17] des verschlossenen und adressierten Briefumschlages, der nach entsprechender Frankierung von jedermann verschickt werden kann, nimmt V auf die **Vermögensinteressen des M**, der mit dem Abschluss eines Mietvertrages nach Gegenzeichnung rechnet, jedoch keine Rücksicht. Folglich hat V gegenüber M seine vorvertragliche Schutzpflicht verletzt.

III. Jedoch müsste V die Verletzung der vorvertraglichen Schutzpflicht gemäß § 280 Abs. 1 auch **zu vertreten** haben.

Auch wenn das **Vertretenmüssen des V gemäß § 280 Abs. 1 S. 2 grundsätzlich vermutet** wird, kann V sich exkulpieren. Er hat die Versendung des Briefes durch die ihm nach § 278 zurechenbare H weder vorsätzlich veranlasst noch war es für ihn vorhersehbar, dass H ungefragt den Briefumschlag vom Schreibtisch nimmt, frankiert und in den Postkasten einwirft.

Mit entsprechender Begründung wäre hier ein anderes Ergebnis gut vertretbar.

Mithin hat V auch die im Verkehr erforderliche Sorgfalt nicht außer Acht gelassen und somit nicht fahrlässig i.S.d. § 276 Abs. 2 gehandelt.

Somit hat V die Pflichtverletzung **nicht zu vertreten**.

IV. Folglich hat M gegenüber V keinen Anspruch auf Schadensersatz aus §§ 280 Abs. 1, 311 Abs. 2, 241 Abs. 2.

17 Vgl. dazu Bork, Allgemeiner Teil des Bürgerlichen Gesetzbuchs, Rn. 615.

Fall 5: Falschübermittlung

K aus Münster ist schlecht zu Fuß und bittet daher seinen Nachbarn N, für ihn zwei Briefe in den Postkasten zu werfen. Der eine Brief enthält eine Glückwunschkarte für seinen Neffen in Bonn, der andere eine Warenbestellung bei V in Hamburg. Als N sich auf den Weg macht, fällt K plötzlich ein, dass er momentan gar nicht so recht liquide ist und mit der Bestellung besser noch ein wenig warten sollte. Vom Fenster ruft er N nach, dass er nur den Brief nach Bonn einwerfen solle, den Brief nach Hamburg aber zurückbringen solle. Aufgrund des einsetzenden Regens verhört sich N und wirft nur den Brief nach Hamburg ein, den anderen Brief nimmt er wieder mit und gibt ihn zurück. Tage später entdeckt K das Malheur und widerruft per Telefax seine Warenbestellung in Hamburg. V hatte jedoch bereits vor Ankunft des Fax die schriftliche Annahme der Bestellung an K abgesandt, die kurz darauf auch bei K eintrifft.

V fragt sich, ob er von K die Abnahme der Ware und die Zahlung des Kaufpreises verlangen kann.

V könnte gegen K einen Anspruch auf Abnahme und Zahlung des Kaufpreises aus § 433 Abs. 2 haben.

A. Der **Anspruch** ist **entstanden**, wenn sich V und K i.S.d. § 433 geeinigt haben und dieser Einigung auch keine Wirksamkeitshindernisse entgegenstehen.

I. Dazu müssten V und K einen Kaufvertrag gemäß § 433 geschlossen haben.

1. Ein **Angebot des K** liegt mit seiner Warenbestellung vor.

2. Das Angebot des K müsste als empfangsbedürftige Willenserklärung aber auch im Rechtsverkehr **wirksam geworden** sein.

a) Dazu müsste K das Angebot **abgegeben** haben.
Abgegeben ist eine empfangsbedürftige Willenserklärung, wenn sie als ein an den Empfänger gerichteter, verbindlicher Regelungsakt bewusst verlautbart ist und der Erklärende alles getan hat, was bei normalem Verlauf der Dinge geeignet ist, den Zugang der Erklärung zu bewirken.
K hat sein Angebot bewusst niedergeschrieben und insofern auch willentlich entäußert. Ferner hat er durch die Übergabe an N, verbunden mit der Weisung, sie in den Postkasten zu werfen, damit die Post sie übermitteln kann, alles Erforderliche getan, um den Zugang der Willenserklärung bei V zu bewirken. Bei Einschaltung eines Boten genügt somit für die Abgabe die Übermittlung der Willenserklärung an den Boten, sodass dieser sie weiterleiten kann. Folglich hat K die Willenserklärung auch abgegeben. Zwar hat K nach der Abgabe seinen Willen geändert und versucht, die Willenserklärung zurückzuerhalten, was jedoch an der bereits erfolgten Abgabe nichts ändert. Dies folgt nicht zuletzt aus § 130 Abs. 1, wonach das Wirksamwerden einer abgegebenen Willenserklärung nur dadurch abgewendet werden kann, dass der Erklärende entweder den Zugang beim Erklärungsempfänger tatsächlich verhindert (§ 130 Abs. 1 S. 1) oder aber dem Erklärungsempfänger gegenüber vor oder gleichzeitig mit dem Zugang die Willenserklärung widerruft (§ 130 Abs. 1 S. 2).

Somit hat K das Angebot abgegeben.

b) Fraglich ist jedoch, ob K sich das von N fälschlicherweise übermittelte Vertragsangebot überhaupt zurechnen lassen muss.

aa) Bei Übermittlung einer Willenserklärung durch einen Boten ist dies nur dann der Fall, wenn dem Boten entsprechende **Botenmacht erteilt** worden ist. Wenn der Bote ohne Botenmacht die Willenserklärung des Geschäftsherrn übermittelt, liegt eine Scheinübermittlung vor, die dem Geschäftsherrn dann nicht zuzurechnen ist.

Indem K den N bittet, die Briefe in den Postkasten einzuwerfen, ermächtigt er ihn zur Übermittlung und räumt ihm daher Botenmacht ein, sodass K sich grundsätzlich das von N fälschlicherweise übermittelte Vertragsangebot zurechnen lassen muss.

bb) Etwas anderes könnte jedoch dann gelten, wenn die **Botenmacht** des N, die mit der Vertretungsmacht vergleichbar und daher widerruflich bzw. nachträglich abänderbar ist (vgl. § 168), von K **widerrufen** wurde.

Indem K dem N vom Fenster aus zurief, dass er nur den Brief nach Bonn einwerfen, den Brief nach Hamburg aber zurückbringen solle, könnte K die vorherige Erteilung der Botenmacht gegenüber N widerrufen haben. Der Widerruf selbst als Willenserklärung wird jedoch nur wirksam, wenn er N zugegangen ist (§ 130 Abs. 1 S. 1). Als mündliche empfangsbedürftige Willenserklärung ist das der Fall, wenn der Erklärungsempfänger sie wahrnimmt **(Vernehmungstheorie)**.[18] Eine nicht oder falsch verstandene Erklärung muss aber im Interesse des Verkehrsschutzes wirksam sein, wenn der Erklärende nach den für ihn erkennbaren Umständen davon ausgehen durfte, dass der Empfänger sie richtig und vollständig verstanden habe **(abgeschwächte Vernehmungstheorie)**.[19]

Der einsetzende Regen führte dazu, dass N sich verhört hat. K hat den Regen bemerkt und auch selbst akustisch vernommen. Folglich wusste er um die Hörschwierigkeiten des N, sodass er vorliegend das Vernehmungsrisiko trägt. Mithin ist der Widerruf N nicht zugegangen, sodass der Widerruf des K nicht wirksam ist und die Botenmacht des N fortbesteht. Folglich muss sich K das von N fälschlicherweise übermittelte Vertragsangebot zurechnen lassen.

c) Darüber hinaus müsste das Angebot V auch i.S.d. § 130 Abs. 1 S. 1 **zugegangen** sein.

Zugegangen ist eine empfangsbedürftige Willenserklärung unter Abwesenden, wenn sie so in den Machtbereich des Empfängers gelangt ist, dass dieser unter normalen Verhältnissen die Möglichkeit hat, vom Inhalt der Erklärung Kenntnis zu nehmen. Der Brief mit dem Angebot des K ging bei V in Hamburg ein, sodass das Angebot auch zugegangen ist.

d) Ferner liegt **kein rechtzeitiger Widerruf der Willenserklärung** des K gemäß §130 Abs. 1 S. 2 vor. Schließlich geht das Widerrufstelefax erst **nach** Zugang des Angebots zu, sodass nur ein verspäteter und damit rechtlich wirkungsloser Widerruf vorliegt.

---

18 BGH WM 1989, 652 ff.; BAG ZIP 1982, 1467 ff.

19 Palandt/Ellenberger § 130 Rn. 14; Brox/Walker, BGB AT, Rn. 156; Wolf/Neuner, BGB AT, § 33 Rn. 38.

Somit ist das Angebot des K im Rechtsverkehr auch wirksam geworden.

3. Eine ausdrückliche **Annahme** des V liegt vor.

4. Die Annahme des V ist als empfangsbedürftige Willenserklärung durch Abgabe und Zugang **im Rechtsverkehr** auch **wirksam** geworden.

II. Fraglich ist jedoch, ob die Einigung insgesamt wirksam ist.

K könnte sein Angebot gemäß **§ 142 Abs. 1** wirksam angefochten haben, sodass sein Angebot und damit die ganze Einigung i.S.d. § 433 von Anfang an (ex tunc) nichtig ist.

1. Eine **Anfechtungserklärung i.S.d. § 143 Abs. 1** liegt im Widerruf der Warenbestellung durch K per Telefax (Auslegung nach §§ 133, 157).

2. Ferner müsste auch ein **Anfechtungsgrund** vorliegen.

a) Mangels unrichtiger Übermittlung durch N liegt keine Falschübermittlung durch einen Boten gemäß § 120 vor.

b) Auch ein **Inhaltsirrtum gemäß § 119 Abs. 1** liegt mangels Irrtum des K im Zeitpunkt der Abgabe nicht vor.

Somit ist die Einigung insgesamt wirksam und damit ist der Anspruch aus § 433 Abs. 2 entstanden.

B. Mangels Eingreifen von rechtsvernichtenden Einwendungen ist der **Anspruch nicht untergegangen**.

C. Ferner greifen zugunsten des K keine rechtshemmenden Einwendungen (= Einreden) ein, sodass der **Anspruch** auch **durchsetzbar** ist.

Somit hat V gegen K einen Anspruch auf Abnahme und Zahlung des Kaufpreises aus § 433 Abs. 2.

Fall 6: Fahrlässige Zugangsverhinderung

Architekt A hat sich auf die Planung und den Bau von Einfamilienhäusern spezialisiert. Zu diesem Zweck kauft er immer wieder günstig Fliesen ein, um sie gewinnbringend an seine Kunden weiterzuverkaufen. Auch Bauherr B lässt sein Haus von A errichten und will die Fliesen bei ihm kaufen. Am 10.01.2016 hinterlässt A dem B auf dem Anrufbeantworter folgende Nachricht: „Sehr geehrter B, sie müssen schleunigst die Fliesen auswählen, damit wir mit der Bauphase zügig vorankommen. Informieren Sie mich schriftlich bis spätestens zum 15.01.2016, ob Sie die günstigen weißen Fliesen, die ich Ihnen neulich gezeigt habe, verlegen lassen möchten. Gruß A." B ist begeistert und formuliert umgehend schriftlich, dass er die weißen Fliesen unbedingt haben möchte. Er legt das Schreiben am 11.01.2016 in sein Faxgerät, um es an A zu senden. Obwohl er das Gerät ordnungsgemäß bedient und auch der Sendebericht „O.K." vermerkt, erhält A das Telefax nicht. Denn A hatte vergessen, Papier in sein Faxgerät einzulegen und über einen Nachrichtenspeicher verfügt das Gerät nicht. Als A den B am 20.01.2016 telefonisch darüber informiert, dass er die weißen Fliesen nun jemand anderem verkauft hat, weil er bis zum 15.01.2016 nichts gehört habe, ist B, der die Fliesen ja immer noch haben möchte, schockiert. Er klärt ihn über sein Telefax auf, woraufhin A entgegnet, dass so etwas schon mal passieren könne und B besser eine E-Mail hätte schicken sollen.

Kann B von A Lieferung der weißen Fliesen verlangen?

B könnte gegen A einen Anspruch auf Lieferung der weißen Fliesen aus § 433 Abs. 1 S. 1 haben.

A. Der **Anspruch** ist **entstanden**, wenn sich A und B i.S.d. § 433 geeinigt haben und dieser Einigung auch keine Wirksamkeitshindernisse entgegenstehen.

I. Zunächst müssten A und B also einen Kaufvertrag gemäß § 433 geschlossen haben.

1. Mit Nachricht vom 10.01.2016 auf dem Anrufbeantworter des B hat **A** dem B ein **Angebot** zum Abschluss eines Kaufvertrags über weiße Fliesen unterbreitet.

B hat die Nachricht des A auch abgehört, sodass das Angebot des A durch Abgabe und Zugang im Rechtsverkehr wirksam geworden ist.

2. B hat mit Schreiben vom 11.01.2016 zum Ausdruck gebracht, dass er unbedingt die von A angebotenen Fliesen haben will. Somit hat B das Angebot des A auch **angenommen**.

3. Die Annahme des B müsste als empfangsbedürftige Willenserklärung im Rechtsverkehr auch wirksam geworden sein, § 130 Abs. 1 S. 1.

a) Dazu müsste B die Annahme **abgegeben** haben.
Abgegeben ist eine empfangsbedürftige Willenserklärung, wenn sie als ein an den Empfänger gerichteter, verbindlicher Regelungsakt bewusst verlautbart ist und der Erklärende alles getan hat, was bei normalem Verlauf der Dinge geeignet ist, den Zugang der Erklärung zu bewirken.

Bei schriftlichen Erklärungen ist die Erklärung nicht schon mit Abschluss der Niederschrift, sondern erst dann abgegeben, wenn der Erklärende alles getan hat, damit das Schriftstück an den Empfänger gelangt. Dabei braucht der Annehmende die Erklärung nicht persönlich zu überbringen. Er kann, um den Zugang zu bewirken, Hilfspersonen oder Hilfsmittel einschalten.
B wollte die Annahme unter Verwendung seines Faxgeräts gegenüber A erklären. Er hat das Gerät ordnungsgemäß bedient und durfte daher davon ausgehen, dass ein Ausdruck der Erklärung auf dem Gerät des A erfolgt. Insofern hat er das seinerseits Erforderliche getan, um den Zugang bei A zu bewirken und folglich die Annahme auch abgegeben.

b) Ferner müsste die Annahme dem A auch **zugegangen** sein.
Das ist der Fall, wenn sie derart in seinen Machtbereich gelangt ist, dass er unter gewöhnlichen Umständen davon Kenntnis nehmen kann. Auf die tatsächliche Kenntnisnahme kommt es dabei nicht an. Der Zugang einer schriftlichen Erklärung kann auch dadurch bewirkt werden, dass der Erklärungsempfänger eine Empfangsvorrichtung wie Briefkasten, (E-Mail-)Postfach oder Telefax bereithält.

aa) Zur Empfangnahme von schriftlichen Willenserklärungen hält A vorliegend ein Faxgerät bereit, sodass die gefaxte Annahme des B vom **11.01.2016** eigentlich auch zugehen müsste. Jedoch ist die Erklärung bei A nie ausgedruckt worden, sodass sie auch nicht in dessen Herrschaftsbereich gelangt ist und ihm daher am 11.01.2015 nicht zugegangen ist.

Beachte:
1. Sobald sich eine (prozessuale) Erklärung abrufbar im Speicher eines Telefaxgeräts befindet, gilt sie als zugegangen (BGHZ 167, 214, 219 ff.).

2. Sobald sich eine E-Mail abrufbar im elektronischen Empfängerbriefkasten befindet, gilt sie als zugegangen (LG Nürnberg-Fürth CR 2003, 293 ff.).

bb) Die telefonische Erklärung des B vom **20.01.2016**, die A richtig verstanden und auch bewusst wahrgenommen **(Vernehmungstheorie)** hat, geht ihm als mündliche empfangsbedürftige Willenserklärung unter Anwesenden zu.
Fraglich ist jedoch, ob die Annahme A gegenüber auch **rechtzeitig i.S.d. § 146** erfolgt ist.

Gemäß § 148 kann der Antragende eine Frist bestimmen, innerhalb derer die Annahme des Angebots erfolgen muss. A hatte B gebeten, sich bei ihm schriftlich bis zum 15.01.2016 zu melden, ob er die weißen Fliesen haben möchte. Darin liegt die Bestimmung einer Annahmefrist, wobei A für die Fristwahrung den Zugang der Annahme als maßgebend bestimmt hat. Soweit die Annahme A erst am 20.01.2016 telefonisch erklärt wird, ist die Annahmeerklärung des B verspätet. Das bedeutet, dass mit Ablauf der Annahmefrist das Angebot gemäß §§ 146, 148 grundsätzlich erlischt. Die verspätete Annahme gilt nach § 150 Abs. 1 als neuer Antrag.

Nach h.M. ist ein erneuter Zustellungsversuch nur entbehrlich bei einer grundlosen Annahmeverweigerung oder arglistigen Zugangsverhinderung (BGHZ 137, 205, 209).

cc) Die Annahme des B könnte nach den Grundsätzen von Treu und Glauben (§ 242) gleichwohl als rechtzeitig zugegangen gelten **(Rechtzeitigkeitsfiktion)**, wenn A im Zusammenhang mit dem Zugang der Annahmeerklärung des B eine Obliegenheitsverletzung trifft und B seinerseits alles Erforderliche für den Zugang getan hat.

Zwar besteht grundsätzlich keine Pflicht des Empfängers, den Zugang von Willenserklärungen an sich zu ermöglichen. Jedoch muss im Rahmen bestehender oder angebahnter vertraglicher Beziehungen derjenige, der mit dem Zugang rechtserheblicher Erklärungen zu rechnen hat, geeignete

Vorkehrungen treffen, dass ihn derartige Erklärungen erreichen können.[20] Bei Hinweis auf einen Telefaxanschluss ist sogar erforderlich, dass man sicherstellt, dass das Gerät auch einsatzbereit ist. Als A ein befristetes Angebot gegenüber B abgegeben hatte, musste er mit dem Zugang einer Annahmeerklärung rechnen und dafür Sorge tragen, dass sein Faxgerät auch empfangsbereit ist. A hat vergessen, Papier im Faxgerät nachzulegen und damit eine Obliegenheit verletzt. B hingegen hat alles Erforderliche und ihm Zumutbare getan, damit seine Erklärung den Adressaten erreichen kann. Dazu gehört auch, dass er nach Kenntnis von dem nicht erfolgten Zugang unverzüglich einen erneuten Zustellungsversuch unternimmt. Die erneute Zustellung wirkt dann auf den Zeitpunkt des ersten Zustellungsversuchs zurück. B hat A hier umgehend über sein Schreiben aufgeklärt, als dieser ihn am 20.01.2015 unterrichtete, dass er es nie bekommen hat.
Dem Empfänger A ist daher nach Treu und Glauben (§ 242) der Einwand abgeschnitten, das Schreiben des B sei nicht rechtzeitig zugegangen.

Mithin gilt die Annahme des B als rechtzeitig zugegangen und ist somit im Rechtsverkehr auch wirksam geworden.

c) Ferner ist weder vor noch gleichzeitig mit Zugang ein **Widerruf gemäß § 130 Abs. 1 S. 2** erfolgt.

Somit liegt eine Einigung von A und B gemäß § 433 vor und mithin ein wirksamer Kaufvertrag.

II. Zudem bestehen gegen die Wirksamkeit des Vertrages keine Bedenken; etwaige Nichtigkeitsgründe sind nicht ersichtlich.

Somit ist der Anspruch aus § 433 Abs. 1 S. 1 entstanden.

B. Des Weiteren greifen keine rechtsvernichtenden Einwendungen ein, sodass der **Anspruch** bislang **nicht untergegangen** ist.

C. Ferner sind von A keine rechtshemmenden Einwendungen **(= Einreden)** erhoben worden, sodass der **Anspruch** auch **durchsetzbar** ist.

Folglich hat B gegen A einen Anspruch auf Lieferung der weißen Fliesen aus § 433 Abs. 1 S. 1.

---

20 BGHZ 67, 271, 278.

Fall 7: Zugang bei minderjährigem Empfänger

Nachdem der 16-jährige S sich in einschlägigen Internetforen über den Kauf von gebrauchten Handys informiert hatte, ersuchte er den Mobilfunkanbieter G telefonisch um die Übersendung eines schriftlichen Angebots für ein kaum gebrauchtes Handy zum Sonderpreis von 100 €. Schon wenige Tage später kam das entsprechende Angebot per Post. Da S seit Beginn seiner Lehre nicht mehr zu Hause wohnte, bat er seine Eltern um schriftliche Zustimmung und finanzielle Unterstützung beim Erwerb. Tags darauf bekam S ein Schreiben des G, in dem dieser sein Angebot zurückzog. Kurze Zeit später stimmten seine Eltern schriftlich dem Erwerb zu und legten einen Verrechnungsscheck bei. Mit diesem Schreiben und dem Scheck ging S, der das Handy immer noch haben wollte, zu G und erklärte die Annahme des Angebots.

Kann S von G die Übergabe und Übereignung des Handys verlangen?

S könnte gegen G einen Anspruch auf Übergabe und Übereignung des Handys aus § 433 Abs. 1 S. 1 haben.

A. Der **Anspruch** ist **entstanden**, wenn sich S und G i.S.d. § 433 geeinigt haben und dieser Einigung auch keine Wirksamkeitshindernisse entgegenstehen.

I. Zunächst müssten S und G also einen Kaufvertrag gemäß § 433 geschlossen haben.

1. G hat S ein schriftliches **Angebot** über das Handy zum Sonderpreis von 100 € unterbreitet.

2. Darüber hinaus müsste das Angebot des G als empfangsbedürftige Willenserklärung im Rechtsverkehr auch wirksam geworden sein, § 130 Abs. 1 S. 1.

a) Zunächst müsste G das Angebot **abgegeben** haben.
Abgegeben ist eine empfangsbedürftige Willenserklärung, wenn sie als ein an den Empfänger gerichteter, verbindlicher Regelungsakt bewusst verlautbart ist und der Erklärende alles getan hat, was bei normalem Verlauf der Dinge geeignet ist, den Zugang der Erklärung zu bewirken. Bei schriftlichen Erklärungen ist die Erklärung nicht schon mit Abschluss der Niederschrift, sondern erst dann abgegeben, wenn der Erklärende alles getan hat, damit das Schriftstück an den Empfänger gelangt.
Indem G ein schriftliches Angebot in Richtung auf den Empfänger S auf den Weg gebracht hat, hat er alles Erforderliche getan, um den Zugang des Schreibens bei S zu bewirken und demnach hat G sein Angebot abgegeben.

b) Ferner müsste das Angebot S auch zugegangen sein, § 130 Abs. 1 S. 1.
Das ist der Fall, wenn es so in seinen Machtbereich gelangt ist, dass er unter gewöhnlichen Umständen davon Kenntnis nehmen kann. Auf die tatsächliche Kenntnisnahme kommt es dabei nicht an. Demgemäß gehen Briefe mit Aushändigung an den Empfänger zu; nach der Verkehrsanschauung ist jedoch bereits durch den Einwurf des Briefes in den Briefkasten des Empfängers der Zugang bewirkt, sobald mit der nächsten Entnahme zu rech-

nen ist. Ist ein beschränkt Geschäftsfähiger Adressat einer Willenserklärung, so wird gemäß **§ 131 Abs. 2 S. 1, Abs. 1** die Willenserklärung erst wirksam, wenn sie dem gesetzlichen Vertreter zugeht. Jedoch genügt der Zugang an den beschränkt Geschäftsfähigen gemäß § 131 Abs. 2 S. 2, wenn die Erklärung ihm lediglich einen rechtlichen Vorteil bringt oder der gesetzliche Vertreter seine Einwilligung erteilt hat.
Als S das Schreiben des G dem Briefkasten entnimmt und kurz darauf dessen Inhalt zur Kenntnis nimmt, ist er gemäß § 106 beschränkt geschäftsfähig und eine Einwilligung seiner Eltern liegt nicht vor. Insofern müsste das Angebot einen lediglich rechtlichen Vorteil (vgl. § 107) beinhalten, um ihm gegenüber wirksam geworden zu sein. Auch wenn die Annahme des S wegen der damit verbundenen unmittelbar nachteiligen rechtlichen Folgen, insbesondere der Kaufpreiszahlungsverpflichtung aus § 433 Abs. 2, **nicht lediglich rechtlich vorteilhaft** ist, bringt das Vertragsangebot als solches stets einen lediglich rechtlichen Vorteil mit sich. Der Empfänger ist schließlich nicht verpflichtet, es anzunehmen.
Das bedeutet, dass allein wegen dieser lediglich rechtlichen Vorteilhaftigkeit bereits durch den Einwurf in den Briefkasten, verbunden mit der späteren Ent- und Kenntnisnahme, das Angebot des G dem S zugegangen ist.

Gemäß § 130 Abs. 1 S. 2 wird eine empfangsbedürftige Willenserklärung dann nicht wirksam, wenn dem Empfänger vor oder gleichzeitig mit dem Zugang ein Widerruf zugeht. Maßgeblich ist also, wann das Angebot und wann der Widerruf zugegangen ist.

c) Ferner dürfte G seine Willenserklärung nicht wirksam gemäß **§ 130 Abs. 1 S. 2** widerrufen haben. Zwar hat G sein Angebot gegenüber S schriftlich zurückgezogen und damit widerrufen, jedoch geschah dies erst nach Zugang seines Angebots bei S und damit zu spät. Folglich hat G seine Willenserklärung nicht wirksam widerrufen, sodass sein Angebot im Rechtsverkehr wirksam geworden ist.

3. Eine Annahmeerklärung des S gegenüber G ist mündlich erfolgt.

4. Die Annahme des S ist auch im Rechtsverkehr wirksam geworden, sodass G und S sich i.S.d. § 433 geeinigt und damit einen Kaufvertrag abgeschlossen haben.

II. Darüber hinaus müsste die Einigung auch wirksam sein.
Die Minderjährigkeit des S (§ 106) steht als Nichtigkeitsgrund der Wirksamkeit der Einigung nicht entgegen. Er hat seine Annahme mit Einwilligung seiner Eltern, die ihn gemäß §§ 1626, 1629 wirksam gesetzlich vertreten haben, nach § 107 erklärt.
Somit ist die Einigung wirksam und mithin der Anspruch entstanden.

B. Der **Anspruch** ist mangels rechtsvernichtender Einwendungen **nicht untergegangen** und darüber hinaus greifen auch keine Einreden zugunsten des G ein, sodass der **Anspruch** des S auch **durchsetzbar** ist.

Somit hat S gegen G einen Anspruch auf Lieferung des Handys aus § 433 Abs. 1 S. 1.

3. Teil: Der Vertragsschluss

Fall 8: Rechtzeitigkeit der Annahme

Buchhändler B annonciert am 03.07.2016 in der Zeitung seines Wohnorts, dass er Geschichtsbücher aus seinem Antiquariat gegen Meistgebot abgebe. Bereits am 05.07.2016 schreibt A an B, dass er ihm 270 € für die Bücher biete. Der Brief trifft am 07.07.2016 bei B ein. Da B in der Folgezeit leider keine lukrativeren Angebote mehr erhält, schreibt er A am 21.07.2016, dass er mit dem Gebot des A einverstanden sei. Als A den Brief am 23.07.2016 erhält, staunt er doch sehr. Er hatte gar nicht mehr damit gerechnet, der Höchstbietende zu sein, und sich schon nach anderen alten Geschichtsbüchern umgesehen. An den Büchern von B ist er daher nicht mehr interessiert.

Kann B die Bücher an A für 270 € verkaufen?

B könnte gegen A einen Anspruch auf Abnahme der Bücher und Zahlung des Kaufpreises aus § 433 Abs. 2 haben.

I. Dazu müssten sich A und B zunächst i.S.d. § 433 geeinigt haben.

Eine Einigung besteht aus zwei übereinstimmenden, empfangsbedürftigen Willenserklärungen in Form eines Angebots und einer inhaltlich damit übereinstimmenden Annahme, §§ 145 ff.

1. Die **Zeitungsannonce des B** vom 03.07.2016 ist lediglich eine Aufforderung, ein Angebot abzugeben (**invitatio ad offerendum**). Sie stellt somit selbst kein Angebot dar.

2. Indem A dem B mit Schreiben von 05.07.2016 die Bücher für 270 € anbietet, hat **A** gegenüber B ein **Angebot** zum Abschluss eines Kaufvertrags abgegeben.

3. Mit Schreiben vom 21.07.2016 hat B sich mit dem Angebot des A einverstanden erklärt und somit seine Annahme erklärt.

4. Fraglich ist jedoch, ob die Annahme des B im Rechtsverkehr auch wirksam geworden ist, § 130 Abs. 1 S. 1.

a) Dazu müsste die Willenserklärung des B zunächst abgegeben worden sein. Indem B die Annahme schriftlich auf den Weg gebracht hat, hat er sie endgültig willentlich entäußert und mithin abgegeben.

b) Ferner müsste die Annahme A auch zugegangen sein.
Das ist der Fall, wenn sie so in seinen Machtbereich gelangt ist, dass er unter gewöhnlichen Umständen davon Kenntnis nehmen kann. A hat die Annahme vom 21.07.2016 am 23.07.2016 bewusst und willentlich zur Kenntnis genommen, sodass sie ihm auch zugegangen ist.

c) Fraglich ist jedoch, ob die Annahme A gegenüber auch **fristgerecht i.S.d. § 146** erfolgt ist. Der Anbietende ist gemäß § 145 grundsätzlich an sein Angebot gebunden, aber nicht für unbegrenzte Zeit. Zwar hat A hier sein Angebot nicht nach § 148 befristet *(vgl. Fall 6)*, aber immerhin ein Angebot unter Abwesenden abgegeben. Dies kann nach § 147 Abs. 2 nur bis zu dem Zeitpunkt angenommen werden, in welchem der Anbietende den

Der Wortlaut des § 145 spricht von „Antrag“. Antrag ist ein Synonym für Angebot bzw. Offerte.

Eingang der Antwort unter regelmäßigen Umständen erwarten darf. Die gesetzliche Annahmefrist setzt sich zusammen aus der Zeit für die Übermittlung des Antrags an den Empfänger, dessen Bearbeitungs- und Überlegungszeit sowie aus der Zeit für die Übermittlung an den Anbietenden.[21] Der Anbietende muss hierfür die Zeit für die Übermittlung seines Angebots, eine angemessene Überlegungsfrist und die Zeit für die Übermittlung der Annahme einkalkulieren.

Für die Beförderungsdauer von Angebot und Annahme durfte A, der mittels Brief anbot und daher auch eine Annahme per Brief erwarten durfte, maximal je drei Tage ansetzen (übliche Brieflaufzeit). Bei der Berechnung einer angemessenen Überlegungszeit sind die Natur des abzuschließenden Vertrags und die dem Gegner erkennbaren Umstände zu berücksichtigen. B war grundsätzlich zum Vertragsschluss bereit, brauchte also keine größeren Überlegungen anzustellen oder gar Dispositionen zu treffen. Er brauchte sich nur für das Höchstgebot zu entscheiden. Außerdem ist bei Zeitungsannoncen zu erwarten, dass sich Interessenten recht schnell melden. Insofern erscheint aus Gründen des Verkehrsschutzes eine Überlegungszeit von einer Woche angemessen. Das bedeutet hier, dass nach Ablauf von dreizehn Tagen seit Absendung das Angebot des A als erloschen anzusehen ist. Eine wirksame Annahme war danach nicht mehr möglich.

Folglich ist die Annahme A gegenüber nicht fristgerecht i.S.d. § 146 erfolgt.

II. Somit haben sich B und A nicht über den Abschluss eines Kaufvertrags i.S.d. § 433 geeinigt.

Folglich hat B gegen A keinen Anspruch auf Abnahme und Zahlung des Kaufpreises aus § 433 Abs. 2.

---

21 BGH NJW 1996, 921.

Fall 9: Tod des Anbietenden

Um stets schnell unterwegs zu sein, hat Leasingnehmer L beim Leasinggeber G einen neuen Jaguar C-X16 geleast. Beide vereinbarten im schriftlichen Leasingvertrag, dass G, der den Wagen zuvor vom Hersteller H gekauft hatte, seine Rechte aus dem Kaufvertrag an L abtritt. Im Zuge dessen obliegt nun L die Pflicht, den Wagen regelmäßig zur Inspektion zu bringen. Als die erste Inspektion ansteht, schickt daher L dem U, der Inhaber einer Jaguar-Vertragswerkstatt ist, eine E-Mail und bittet ihn, den Wagen in der nächsten Woche zur Wartung abzuholen. Noch bevor die E-Mail des L im E-Mail Postfach des U abrufbar gespeichert worden ist, verstirbt L, der von seiner Frau F beerbt wird. Als U der F auf die nunmehr gelesene E-Mail hin vorschlägt, den Wagen in der nächsten Woche abzuholen, reagiert F gereizt. Sie hat nie viel von den schnellen Autos Ihres Mannes gehalten und hat auch von einer Inspektion nichts gewusst. Sie verzichtet daher gegenüber U auf jedwede Inspektion und will den Wagen am liebsten schnell loswerden.

U fragt sich, ob F nach Durchführung der Arbeiten zur Entrichtung der vereinbarten Vergütung für die Inspektion verpflichtet wäre.

U könnte gegen F einen Anspruch auf die Entrichtung der vereinbarten Vergütung (Werklohn) aus §§ 631 Abs. 1, (632) i.V.m. §§ 1922, 1967 haben.

A. Der **Anspruch** müsste zunächst **entstanden** sein.

Ein Anspruch des U aus §§ 631 Abs. 1, (632) gegen F, die als Erbin des L im Wege der Universalsukzession gemäß § 1922 die Rechtsnachfolge des L antritt, setzt voraus, dass U und L sich mit dem Inhalt eines Werkvertrags geeinigt haben und der Einigung keine Wirksamkeitshindernisse entgegenstehen.

I. In Betracht kommt hier eine Einigung zwischen U und L i.S.d. § 631 durch zwei übereinstimmende Willenserklärungen in Form eines Angebots und einer inhaltlich damit übereinstimmenden Annahme, §§ 145 ff.

1. Die **E-Mail des L** könnte ein an U gerichtetes **Angebot** auf Abschluss eines Werkvertrages sein.
Durch ein Angebot wird einem anderen die Schließung eines Vertrags derart angetragen, dass der Vertrag mit einem bloßen „Ja" des anderen zustande kommen kann.
In der E-Mail bittet L den U um die Inspektion bzw. Wartung seines Wagens und trägt U mithin an, den von ihm herbeizuführenden Erfolg einer ordnungsgemäßen Werkleistung zu schulden.
Mithin liegt ein Angebot des L an U auf Abschluss eines Werkvertrags i.S.d. § 631 vor.

2. Ferner müsste das Angebot des L im Rechtsverkehr gegenüber U wirksam geworden sein, § 130 Abs. 1 S. 1.

a) Dazu müsste L sein Angebot, also seine empfangsbedürftige Willenserklärung, **abgegeben** haben.
Abgegeben ist eine empfangsbedürftige Willenserklärung, wenn sie als ein an den Empfänger gerichteter, verbindlicher Regelungsakt bewusst ver-

lautbart ist und der Erklärende alles getan hat, was bei normalem Verlauf der Dinge geeignet ist, den Zugang der Erklärung zu bewirken.
L hat die E-Mail an U bewusst und willentlich abgesandt und insofern in den Rechtsverkehr mit Richtung auf den Empfänger entäußert.

Mithin hat L sein Angebot abgegeben.

b) Ferner müsste das Angebot U auch zugegangen sein.
Das ist der Fall, wenn es so in seinen Machtbereich gelangt ist, dass er unter gewöhnlichen Umständen davon Kenntnis nehmen kann. Willenserklärungen an einen Empfänger, der im Rechtsverkehr mit seiner E-Mail-Adresse auftritt, gehen zu, wenn sie in seinem E-Mail Postfach oder dem seines Providers abrufbar gespeichert sind.[22]

Die Regelung des § 130 Abs. 2 wird für das Vertragsangebot durch § 153 noch erweitert. Das Angebot bleibt annahmefähig.

U hat die E-Mail des L zwar tatsächlich zur Kenntnis genommen, sodass sie ihm auch zugegangen ist. Aber L verstarb, noch bevor die E-Mail im Postfach des U abrufbar gespeichert war. Das bedeutet, dass zum Zeitpunkt des Todes des L die E-Mail noch nicht zugegangen war. Nach § 130 Abs. 2 ist es für das Wirksamwerden einer Willenserklärung jedoch ohne Einfluss, wenn der Erklärende zwischen Abgabe und Zugang stirbt.
Folglich ist das Angebot des L dem U auch wirksam zugegangen.

c) Zudem dürfte kein Widerruf des Zugangs der Willenserklärung nach **§ 130 Abs. 1 S. 2** vorliegen.
Eine Widerrufserklärung der F, die auf jedwede Inspektion gegenüber U verzichtet, liegt zwar vor, geht aber nicht vorher oder gleichzeitig mit der Willenserklärung zu (s.o.) und ist daher gemäß § 130 Abs. 1 S. 2 verspätet. Somit liegt kein Widerruf des Zugangs der Willenserklärung vor.

3. Ferner müsste **U** das Angebot des L auch **angenommen** haben.
Indem U gegenüber F, der Rechtsnachfolgerin des L gemäß § 1922, erklärt, den Wagen in der nächsten Woche abzuholen, hat er das Angebot des L auf Abschluss eines Werkvertrags angenommen.

Fraglich ist jedoch, ob U zu diesem Zeitpunkt noch ein annahmefähiges Angebot vorlag.

Handelt es sich um ein Vertragsangebot, so bleibt dieses gemäß **§ 153** weiter annahmefähig; gleichgültig, ob Tod oder Geschäftsunfähigkeit vor oder nach dem Zugang des Antrags eingetreten sind.[23] Die Annahme muss in diesem Fall gegenüber dem Erben oder gesetzlichen Vertreter erklärt werden. Jedoch ist § 153 nicht anwendbar, wenn ein anderer Wille des Anbietenden vorliegt. Dies bedarf der Auslegung gemäß §§ 133, 157 und ist in der Regel anzunehmen, wenn Gegenstände oder Leistungen für den persönlichen Gebrauch bestellt werden. Als Indiz kann insoweit gelten, ob andere Personen die Bestellungen verwerten bzw. verwenden können.

Wie aus den Umständen zu entnehmen ist, war der Jaguar C-X16 in erster Linie für L gedacht. Jedoch schließt dies die Verwendung durch F bzw. die Verwertung zum Verkehrswert nicht aus, sodass ein anderer Wille des Anbietenden nicht erkennbar ist.

---

22 Palandt/Ellenberger § 130 Rn. 7 a; Ultsch NJW 1997, 3007 f.
23 OLG Hamm NJW-RR 1987, 342.

Mithin liegt zum Zeitpunkt der Annahme durch U auch noch ein annahmefähiges Angebot vor.

4. Die Annahme des U ist durch Abgabe und Zugang im Rechtsverkehr wirksam geworden, § 130 Abs. 1 S. 1.

II. Mangels entgegenstehender Anhaltspunkte ist die Einigung auch wirksam. Nichtigkeitsgründe sind nicht ersichtlich.

Mithin ist der Werklohnanspruch des U entstanden.

B. Des Weiteren sind Erlöschensgründe (= rechtsvernichtende Einwendungen) nicht ersichtlich, sodass der **Anspruch** auch **nicht untergegangen** ist.

C. Ferner müsste der **Werklohnanspruch** auch **durchsetzbar** sein.

Die Einrede aus § 320 wird trotz der gegenseitigen Verknüpfung von Leistung und Gegenleistung nicht von Amts wegen berücksichtigt, sondern muss vom Schuldner geltend gemacht werden.

Dies ist dann nicht der Fall, wenn der F ein Leistungsverweigerungsrecht zusteht.
F, die nicht vorleistungspflichtig ist und auf die Inspektion verzichtet, steht gemäß §§ 320, 322 (Einrede des nicht erfüllten Vertrags) solange ein Leistungsverweigerungsrecht zu, solange U die ihm aus dem Werkvertrag obliegende Pflicht zur Wartung des Wagens nicht erfüllt hat.

Somit hat U gegen F zurzeit keinen durchsetzbaren Anspruch auf die Entrichtung des Werklohns aus §§ 631 Abs. 1, (632) i.V.m. §§ 1922, 1967.

Fall 10: Zusendung unbestellter Waren und Bedeutung von Schweigen im Rechtsverkehr

Der bekannte Buchkritiker R bekommt von dem ihm fremden Verlag V ein Buch über „Flugunfähige Seevögel der Südhalbkugel" zugesandt. Im beigefügten Schreiben heißt es: „Sollten Sie das Buch nicht innerhalb von zwei Wochen zurückschicken, so gehen wir davon aus, dass Sie es zum Subskriptionspreis von 19,95 € kaufen." R weiß mit dem Buch nichts anzufangen und will auch nicht für das Rückporto aufkommen. Er legt das Buch einfach beiseite und wartet ab. Als er nach drei Wochen eine Rechnung erhält, teilt R dem Verlag mit, dass er nicht zahlen werde. Er habe das Buch aber zur Abholung bereit gelegt.

Kann V von R Zahlung verlangen?

V könnte gegen R einen Anspruch auf Zahlung des Kaufpreises i.H.v. 19,95 € aus § 433 Abs. 2 haben.

A. Dazu müssten die Parteien sich i.S.d. § 433 geeinigt haben und der Einigung dürften keine Wirksamkeitshindernisse entgegenstehen.

I. In Betracht kommt hier zunächst eine **Einigung** zwischen V und R i.S.d. § 433 durch zwei übereinstimmende Willenserklärungen in Form eines Angebots und einer inhaltlich damit übereinstimmenden Annahme, §§ 145 ff.

1. V könnte mit der Zusendung des Buches ein **Angebot** gemacht haben. Dann müsste die Zusendung eine Willenserklärung darstellen. Die Zusendung des Buches und das Begleitschreiben des V enthalten aus Sicht eines objektiven Erklärungsempfängers die Erklärung, dass V das Buch zum Preis von 19,95 € verkaufen will. Dieser objektive Erklärungsinhalt entspricht auch dem tatsächlichen Willen des V.

2. Ferner müsste das Angebot des V als empfangsbedürftige Willenserklärung durch Abgabe und Zugang im Rechtsverkehr wirksam geworden sein, § 130 Abs. 1 S. 1.
V hat seine Willenserklärung mit der Versendung des Buches als einen an den Empfänger gerichteten, verbindlichen Regelungsakt bewusst verlautbart und alles getan, um den Zugang der Erklärung zu bewirken (Abgabe). Der Zugang i.S.d. § 130 Abs. 1 S. 1 erfolgte dann spätestens mit der Kenntnisnahme des Buches nebst des Begleitschreibens durch R.
Somit ist das Angebot des V wirksam geworden.

3. Fraglich ist jedoch, ob **R** dieses Angebot auch **angenommen** hat.

R hat das Angebot **nicht ausdrücklich** angenommen; es fehlt insoweit an einer Annahmeerklärung.

Er könnte es jedoch **durch schlüssiges Verhalten (konkludent)** angenommen haben.

Gegen die Möglichkeit einer konkludenten Annahme könnte von vornherein § 241 a Abs. 1 sprechen. Dann müssten die Voraussetzungen des § 241 a vorliegen. V hat das Buch R unaufgefordert zugesandt und somit eine unbestellte Sache geliefert. V ist gemäß § 14 Unternehmer und R, der nicht in seiner Eigenschaft als Buchkritiker und damit nicht gewerblich tätig wird, ist gemäß § 13 Verbraucher. Auch liegt keine der in § 241 a Abs. 2

und Abs. 3 genannten Ausnahmen vor, sodass die Voraussetzungen von § 241 a gegeben sind.

Ihrem Wortlaut nach will die Vorschrift des § 241 a jedoch nur verhindern, dass „durch die Lieferung unbestellter Sachen“ Ansprüche entstehen. Bei einem konkludenten Vertragsschluss werden die vertraglichen Ansprüche aber gerade nicht „durch die Lieferung“ begründet, sondern aufgrund des in einem bestimmten Verhalten zum Ausdruck kommenden Willens der einen oder anderen Partei. § 241 a schließt daher die Möglichkeit nicht aus, ein durch Zusendung einer Ware gemachtes Angebot konkludent anzunehmen.

Der Verbraucher ist jedoch unabhängig von einem Vertragsschluss grundsätzlich berechtigt, die Sache zu benutzen und zu verbrauchen, sodass auch Zueignungs- und Gebrauchshandlungen, abweichend von § 151, keine Annahmeerklärung darstellen.[24] Eine Annahme nach § 151 S. 1 setzt eine nach außen erkennbare Betätigung eines tatsächlich vorhandenen Annahmewillens voraus. Dabei ist mangels Erklärungsbedürftigkeit der Willensbetätigung nicht auf den Empfängerhorizont (§ 157) abzustellen. Vielmehr kommt es darauf an, ob vom Standpunkt eines unbeteiligten objektiven Dritten aus das Verhalten des Angebotsempfängers aufgrund aller äußeren Indizien auf einen „wirklichen Annahmewillen“ (§ 133) schließen lässt. Erforderlich ist weiterhin, dass der Angebotsempfänger bei Vornahme der nach objektiven Gesichtspunkten als Annahme anzusehenden Handlung das sog. Erklärungsbewusstsein hatte, ihm also bewusst war, dass sein Verhalten als Ausdruck eines Annahmewillens gedeutet werden könnte.[25]

Vorliegend hat R das Buch bloß beiseitegelegt. Hiervon kann und darf ein objektiver Beobachter nicht auf den Willen des R zum Vertragsschluss schließen.

Selbst bei Ingebrauchnahme oder Verbrauch der Sache wird ein zusätzliches Erklärungsverhalten für die Annahme gefordert.

Somit ist das Verhalten des R nicht als Annahme zu werten. Davon abgesehen, wäre eine Annahme als solche auch nicht im Rechtsverkehr wirksam geworden.

4. R könnte das **Angebot durch Schweigen angenommen** haben, sofern dieses im vorliegenden Fall rechtserheblich wäre.

Bloßes Schweigen hat im Rechtsverkehr jedoch grundsätzlich keine Erklärungsbedeutung. Für das Vorliegen des objektiven Tatbestands einer Willenserklärung ist zunächst das Vorliegen einer Verlautbarung des Willens nach außen erforderlich. Gerade dies fehlt jedoch beim Schweigen.
Dies gilt ausnahmsweise nicht, wenn die Beteiligten vereinbaren, dass dem Schweigen die Bedeutung eines Erklärungszeichens zukommen soll (beredetes Schweigen) oder das Gesetz das Schweigen als rechtlich relevantes Verhalten wertet. Schweigen stellt zwar auch dann keine Willenserklärung dar, es wird ihm aber die Wirkung einer solchen zugerechnet.

Beredtes Schweigen (z.B. Schweigen bei Abstimmungen; Vereinbarung, dass Schweigen zu sich wiederholenden Vertragsangeboten von Parteien als Zustimmungserklärung behandelt wird)

24 Palandt/Grüneberg § 241 a Rn. 6.
25 BGH NJW-RR 1986, 415 ff.

Normiertes Schweigen (z.B. §§ 108 Abs. 2 S. 2, 177 Abs. 2 S. 2, § 362 Abs. 1 S. 1 HGB oder kraft richterlicher Rechtsfortbildung, wie beim Schweigen auf ein sog. kaufmännisches Bestätigungsschreiben)

V hat dem Schweigen des R auf ein Angebot des V gerade nicht einvernehmlich den Erklärungswert einer Annahme zugeschrieben. Die einseitige Bestimmung des Schweigens durch V als Annahmeerklärung des R kann also keinen Vertragsschluss bewirken. Auch liegt kein Tatbestand des Schweigens als rechtlich relevantes Verhalten vor. Zudem wird eine derartige Qualifikation des Verhaltens des R von § 241 a Abs. 1 ausdrücklich ausgeschlossen.

II. Mithin hat R das Angebot des V nicht angenommen, sodass sich V und R nicht über den Abschluss eines Kaufvertrags i.S.d. § 433 geeinigt haben.

B. Somit hat V gegen R keinen Anspruch auf Zahlung des Kaufpreises i.H.v. 19,95 € aus § 433 Abs. 2.

Fall 11: Schweigen auf ein kaufmännisches Bestätigungsschreiben/ Auftragsbestätigung

Die H-GmbH ist Herstellerin von Gartengeräten und hat sich neben der Herstellung auch auf Lieferung und Aufbau dieser Geräte spezialisiert. Geschäftsführer G führt die wichtigen Kundengespräche selbst. Anlässlich einer Unterredung mit dem Unternehmer B, einem Großkunden der H, bespricht man die Herstellung und Lieferung neuer Geräte. Kurze Zeit später geht bei B ein Schreiben des G ein, in dem er die von H zu erbringenden Leistungen entsprechend dem Inhalt der Verhandlungen aufführt und bestätigt. Nach Lieferung und Aufbau der Gartengeräte verlangt die H-GmbH von B Zahlung in Höhe von 10.000 €. B ist der Ansicht, dass gar kein Vertrag zustande gekommen ist und er daher auch nicht zahlen müsse.
Verlangt die H-GmbH die Zahlung von B zu Recht?

Die H-GmbH könnte gegenüber B einen Anspruch auf Zahlung i.H.v. 10.000 € aus §§ 651 S. 1, 433 Abs. 2 haben.

A. Dazu müssten die Parteien sich mit dem Inhalt eines Werklieferungsvertrags i.S.d. § 651 geeinigt haben und der Einigung dürften keine Wirksamkeitshindernisse entgegenstehen.

I. Eine Einigung besteht aus zwei übereinstimmenden, empfangsbedürftigen Willenserklärungen in Form eines Angebots und einer inhaltlich damit übereinstimmenden Annahme, §§ 145 ff.

1. Ein direktes **Angebot der H-GmbH** liegt zwar nicht vor, aber ihr Geschäftsführer G hat durch sein Schreiben eine eigene Willenserklärung im Namen der H-GmbH mit Vertretungsmacht nach § 35 Abs. 1 S. 1 GmbHG abgegeben. Somit hat G die H-GmbH gemäß § 164 Abs. 1 S. 1wirksam vertreten, sodass ein Angebot der H-GmbH (vertreten durch G) vorliegt.

2. Ferner müsste **B** das Angebot der H-GmbH **angenommen** haben.

Zunächst haben die Parteien nur Vertragsverhandlungen geführt. Anhaltspunkte dafür, dass während ihrer Unterredung oder später eine Willenseinigung über die wesentlichen Vertragsbestandteile eines Werklieferungsvertrags durch Angebot und Annahme zustande gekommen ist, liegen nicht vor.

a) Der Werklieferungsvertrag könnte jedoch durch Schweigen des B auf das **kaufmännische Bestätigungsschreiben** zustande gekommen sein.

aa) Dazu müssten die Parteien **Kaufleute** sein oder in größerem Umfang wie Kaufleute am Wirtschaftsleben teilnehmen.
Die H-GmbH ist als solche gemäß §§ 6 Abs. 2 HGB, 13 Abs. 3 GmbHG Formkaufmann und damit kraft Gesetzes Kaufmann. B ist Unternehmer und Großkunde der H-GmbH und nimmt insofern auch in größerem Umfang am Wirtschaftsleben teil.

bb) Zwischen den Parteien müssen **mündliche oder fernmündliche Vertragsverhandlungen** stattgefunden haben. Bei rein schriftlichen Verhandlungen, z.B. per E-Mail oder Telefax ist kein Raum für das kaufmännische Bestätigungsschreiben.

Beachte:
Ein als **Auftragsbestätigung** bezeichnetes Schreiben kann sowohl ein Vertragsangebot als auch eine Vertragsannahme enthalten, aber auch ein kaufmännisches Bestätigungsschreiben sein. Dies ist im Wege der Auslegung zur ermitteln (§§ 133, 157).

Die Parteien haben vorliegend mündliche Vertragsverhandlungen geführt.

cc) Dem Inhalt nach muss es sich um ein **echtes Bestätigungsschreiben** handeln, d.h., es muss ein Vertragsschluss bestätigt worden sein.
Das Schreiben muss also dem Inhalt nach davon ausgehen, dass der Vertrag bereits geschlossen worden ist. Indem hier von „zu erbringenden" Leistungen ausgegangen wird, wird letztlich ein Vertragsschluss bestätigt. Die H-GmbH hält sich für verpflichtet, die Leistungen zu erbringen.
Ferner muss das Schreiben den wesentlichen Inhalt der Vertragsverhandlungen wiedergeben. Abweichungen von den Verhandlungen sind nur zulässig, soweit der Absender mit der Billigung rechnen kann.[26] Keine Wirkung entfaltet das kaufmännische Bestätigungsschreiben, wenn der Versender bewusst unrichtig – also arglistig – vom Verhandlungsergebnis abweicht oder wenn der Inhalt so stark vom Ergebnis abweicht, dass mit einem Einverständnis vernünftigerweise nicht gerechnet werden konnte. Hier stehen sämtliche Vertragsbestandteile eines Werklieferungsvertrags i.S.d. § 651 fest, sodass dem Inhalt nach auch ein echtes Bestätigungsschreiben vorliegt.

dd) Weiterhin müsste das Schreiben auch **alsbald zugegangen** sein. Der Beweis obliegt dem Versender eines kaufmännischen Bestätigungsschreibens. Der enge zeitliche Zusammenhang dürfte im Allgemeinen mit einer Zeitspanne von etwa drei Tagen zwischen den Verhandlungen und dem kaufmännischen Bestätigungsschreiben gegeben sein. Der Zugang ist hier nur kurze Zeit später erfolgt, sodass das Schreiben auch alsbald zugegangen ist.

ee) Schließlich dürfte B auch nicht unverzüglich widersprochen haben. Mit Blick darauf, dass er auf das Schreiben der H-GmbH gar nicht reagierte, ist auch diese Voraussetzung erfüllt.

b) Folglich liegen die Voraussetzungen eines kaufmännischen Bestätigungsschreibens vor. Mithin kommt der Werklieferungsvertrag durch Schweigen des B auf das kaufmännische Bestätigungsschreiben der H-GmbH zustande.

II. Mangels entgegenstehender Anhaltspunkte war die **Einigung** zwischen der H-GmbH und B auch **wirksam** und somit ist der Anspruch aus §§ 651 S. 1, 433 Abs. 2 entstanden.

B. Ferner ist der **Anspruch nicht untergegangen.**

C. Zudem greifen zugunsten des B keine rechtshemmenden Einwendungen (= Einreden) ein, sodass der **Anspruch** auch **durchsetzbar** ist.

Folglich hat die H-GmbH gegenüber B einen Anspruch auf Zahlung i.H.v. 10.000 € aus §§ 651 S. 1, 433 Abs. 2.

---

26 BGH NJW 1994, 1288 ff.

Fall 12: Auslegung von Willenserklärungen (Haakjöringsköd-Fall) (RGZ 99, 147 ff.)

V bot dem K eine Schiffsladung mit 214 Fass „Haakjöringsköd" (Haifischfleisch), verladen auf den Dampfer Jessica in Hamburg, zum Kauf an. K nahm dieses Angebot an. Beide gingen jedoch davon aus, dass es sich dabei um Walfischfleisch handelte. Als V routinemäßig im Hafen die Fässer öffnete und bemerkte, dass die Fässer Haifischfleisch enthielten, teilte er dies K mit. K verlangte darauf von V Lieferung von 214 Fass Walfischfleisch. V fand inzwischen heraus, dass das norwegische Wort Haakjöringsköd in Wirklichkeit Haifischfleisch bedeutet. Umgehend ging er zu K und sagte ihm, dass er doch genau das bekommen habe, was er ihm dem Kaufvertrag nach schuldete.

Kann K noch von V die Lieferung der 214 Fass Walfischfleisch verlangen?

K könnte gegen V einen Anspruch auf Lieferung von 214 Fass Walfischfleisch aus § 433 Abs. 1 S. 1 haben.

A. Dazu müssten die Parteien sich über den Kauf von Walfischfleisch i.S.d. § 433 geeinigt haben und der Einigung dürften keine Wirksamkeitshindernisse entgegenstehen.

I. In Betracht kommt hier eine **Einigung** zwischen V und K i.S.d. § 433 durch zwei übereinstimmende Willenserklärungen in Form eines Angebots und einer inhaltlich damit übereinstimmenden Annahme, §§ 145 ff.

1. Ein **Angebot des V** gegenüber K zum Kauf von 214 Fass „Haakjöringsköd" liegt vor.

Fraglich ist jedoch, welchen Inhalt diese empfangsbedürftige Willenserklärung hat.

Der Inhalt der Erklärung ist im Wege der Auslegung zu ermitteln.

Die Auslegung einer Willenserklärung soll den **wirklichen Willen** des Erklärenden feststellen, ohne an dem buchstäblichen Sinn des Ausdrucks zu haften (sog. **natürliche Auslegung, § 133**). Auch wenn also bei der Auslegung einer Erklärung grundsätzlich vom Willen des Erklärenden auszugehen ist, bleibt das Verkehrsschutzinteresse des Erklärungsempfängers zu berücksichtigen. Wer rechtsgeschäftlich handelt, hat sich im Rechtsverkehr verständlicher Erklärungszeichen zu bedienen. Der Erklärende trägt das Risiko eines Missverständnisses im Rechtsverkehr aufgrund einer Mehrdeutigkeit seiner Erklärung. Das bedeutet, dass der **objektive Erklärungssinn** einer Willenserklärung zu ermitteln ist (sog. **normative Auslegung, § 157**). Bei der Auslegung einer Willenserklärung ist also nach dem objektiven Empfängerhorizont darauf abzustellen, wie der Erklärungsempfänger die Erklärung nach Treu und Glauben und mit Rücksicht auf die Verkehrssitte verstehen musste.

In die Auslegung nach § 133 sind die Grundsätze des § 157 zu integrieren. Das bedeutet: § 133 gilt nicht nur für Willenserklärungen, sondern auch für Verträge.

Einer solchen Auslegung nach dem objektiven Empfängerhorizont geht jedoch immer das tatsächliche Verständnis vor, wenn es sich mit dem wirklichen Willen deckt. Maßgeblich ist dann das von den Parteien tatsächlich Gewollte. Eine objektive Falschbezeichnung schadet dann nicht **(falsa demonstratio non nocet)**. Erst wenn der übereinstimmende wirkliche Wille der Parteien nicht feststellbar ist, ist nach dem objektiven Empfängerhorizont zu entscheiden.

Nach dem Wortlaut des Vertragsangebots hat V dem K die Lieferung von „Haakjöringsköd", also von Haifischfleisch, angeboten. Ein objektiver Erklärungsempfänger in der Situation des K hätte diese Erklärung nach Treu und Glauben und mit Rücksicht auf die Verkehrssitte im Handelsverkehr dahingehend verstehen dürfen, dass V an ihn Haifischfleisch verkaufen wollte. Nach dem objektiven Empfängerhorizont (§ 157) läge demnach ein Angebot des V zum Verkauf von Haifischfleisch vor. Jedoch sind V und K übereinstimmend davon ausgegangen, dass hier von V Walfischfleisch angeboten werden sollte. Die Erforschung des wahren Willens nach § 133 ergibt also, dass von V Walfischfleisch angeboten werden sollte.

Mithin liegt hier ein Angebot des V über 214 Fass Walfischfleisch vor.

2. Das Angebot ist im Rechtsverkehr auch durch Abgabe und Zugang wirksam geworden, § 130 Abs. 1 S. 1.

3. Ferner müsste K dieses Angebot auch angenommen haben.

Mit Blick auf obige Erwägungen existierte hier eine tatsächliche Übereinstimmung zwischen V und K hinsichtlich des Abschlusses eines Kaufvertrags über Walfischfleisch. Der objektive Erklärungsgehalt ist daher unmaßgeblich und die übereinstimmende Falschbezeichnung der Parteien unschädlich **(falsa demonstratio non nocet)**.

4. Die Annahme ist im Rechtsverkehr auch durch Abgabe und Zugang wirksam geworden, § 130 Abs. 1 S. 1.

Mithin liegt eine Einigung i.S.d. § 433 über Walfischfleisch vor.

II. Die Einigung ist mangels Eingreifen von Nichtigkeitsgründen auch wirksam, sodass folglich der Anspruch des K entstanden ist.

B. Ferner ist der **Anspruch nicht untergegangen** und es greifen zugunsten des V keine rechtshemmenden Einwendungen (= Einreden) ein, sodass der **Anspruch auch durchsetzbar** ist.

Somit hat K gegen V einen Anspruch auf Lieferung von 214 Fass Walfischfleisch aus § 433 Abs. 1 S. 1.

Fall 13: Versteckter Dissens (Weinsteinsäure-Fall)
(RGZ 104, 265 ff.)

A und B sind in der Chemie-Branche als Großhandelsunternehmer tätig. A telegrafierte an B: „100 kg Weinsteinsäure Gries bleifrei zu 68,50 € je kg." B antwortet: „Einverstanden." Beide Parteien gingen dabei davon aus, sich über den Verkauf 100 kg Weinsteinsäure Gries geeinigt zu haben. Jedoch hatte jeder die Ware verkaufen wollen und demgemäß die Gegenseite als Käufer angesehen.

Kann A von B Zahlung des Kaufpreises Zug um Zug gegen Lieferung von 100 kg Weinsteinsäure Gries verlangen?

A könnte gegenüber B einen Anspruch auf Zahlung des Kaufpreises Zug um Zug gegen Lieferung von 100 kg Weinsteinsäure Gries aus § 433 Abs. 2 haben.

A. Dazu müssten sich A und B i.S.d. § 433 geeinigt haben und der Einigung dürften keine Wirksamkeitshindernisse entgegenstehen.

I. In Betracht kommt hier zunächst eine Einigung zwischen A und B i.S.d. § 433 durch zwei übereinstimmende Willenserklärungen in Form eines Angebots und einer inhaltlich damit übereinstimmenden Annahme, §§ 145 ff.

A und B haben sich über die Übereignung von 100 kg Weinsteinsäure Gries bleifrei zu 68,50 € je kg geeinigt. Es könnte insoweit jedoch hinsichtlich der Verkäufer- und Käuferstellung an übereinstimmenden Willenserklärungen fehlen.

Dies ist im Wege einer an §§ 133, 157 orientierten Auslegung zu ermitteln.

Bei der Auslegung einer Willenserklärung ist grundsätzlich auf den objektiven Empfängerhorizont und damit darauf abzustellen, wie der Erklärungsempfänger die Erklärung nach Treu und Glauben und mit Rücksicht auf die Verkehrssitte verstehen musste. Es ist also zu ermitteln, wie B die Willenserklärung des A „100 kg Weinsteinsäure Gries bleifrei zu 68,50 € je kg", verstehen durfte. Dabei ist nicht auf die subjektive Vorstellung des B, sondern die objektiven Umstände abzustellen. Jedoch gibt die Willenserklärung des A keinen Aufschluss darüber, ob er die Ware an B verkaufen wollte oder zu dem genannten Preis von B kaufen wollte.

Die Auslegungsgrundsätze der „falsa demonstratio non nocet" *(vgl. Fall 12)* sind hier nicht anzuwenden, da keine übereinstimmende Falschbezeichnung der Parteien vorliegt.

Es liegt also auch nach Auslegung eine objektiv mehrdeutige Willenserklärung des A vor.

Fraglich ist, ob es sich im vorliegenden Fall um eine **unbewusst unvollständige Einigung i.S.d. § 155** und damit um einen versteckten Einigungsmangel handelt.

Nach § 155 gilt das Vereinbarte, sofern anzunehmen ist, dass der Vertrag auch ohne eine Bestimmung über diesen Punkt geschlossen sein würde. Es kommt also darauf an, ob der Vertrag an diesem Punkt scheitern sollte oder nicht.

Dies hängt letztlich stets von den Umständen des Falles ab. Beide Parteien haben hier Worte gebraucht, die scheinbar zueinander passten. Sie haben aber mit diesen Worten einen Sinn verbunden, der eine Einigung verhin-

Fälle des § 155:

- Vergessen oder Übersehen eines regelungsbedürftigen Punktes
- Erklärungsdissens durch Abgabe von äußerlich voneinander abweichenden Erklärungen, die auch dem Sinn nach auseinandergehen
- Verwendung mehrdeutiger Begriffe

derte. Das bedeutet, dass der Vertrag bei Kenntnis der wahren Sachlage nicht geschlossen worden wäre.[27] Haben sich die Parteien jedoch über wesentliche Elemente des Vertrags (essentialia negotii) nicht geeinigt, so ist § 155 unanwendbar und der Vertrag keinesfalls zustande gekommen.[28]

Hier wollten beide Parteien 100 kg Weinsteinsäure Gries bleifrei zu 68,50 € je kg verkaufen, sodass sie sich nicht i.S.d. § 433 über die Vertragsparteien und damit über wesentliche Elemente des Vertrags (essentialia negotii) geeinigt haben.

Mithin liegt **kein versteckter Dissens gemäß § 155** vor.

B. Somit haben sich A und B nicht i.S.d. § 433 geeinigt und daher keinen Kaufvertrag geschlossen.

Folglich hat A gegenüber B keinen Anspruch auf Zahlung des Kaufpreises Zug um Zug gegen Lieferung von 100 kg Weinsteinsäure aus § 433 Abs. 2.

---

27 I.E. ebenso: RGZ 104, 265 f.

28 Sog. Totaldissens; RGZ 104, 265, 266; Palandt/Ellenberger § 155 Rn. 1.

4. Teil: Stellvertretung und Vollmacht, §§ 164 ff.

1. Abschnitt: Eigene Willenserklärung

Fall 14: Abgrenzung Stellvertreter/Bote

K schickt seinen 6-jährigen Sohn S zum Kiosk des V, um dort für einen gemütlichen Abend eine Packung Chips, eine gemischte Tüte mit Weingummi und Lakritz und ein Flasche Limonade zu kaufen. Im Kiosk des V hat S nach langem Suchen, einigen Weingummiproben und vielen Ratschlägen des V endlich alles zusammen. Während S an der Kasse erklärt, er kaufe alles für K, packt V die Ware in eine Tüte.

Kann V von K Zahlung des Kaufpreises verlangen?

V könnte gegen K einen Anspruch auf Zahlung des Kaufpreises aus § 433 Abs. 2 haben.

A. Dazu müsste der **Anspruch** zunächst **entstanden** sein.
Das ist der Fall, wenn V und K sich mit dem Inhalt eines Kaufvertrags geeinigt haben und dieser Einigung keine Wirksamkeitshindernisse entgegenstehen.

I. In Betracht kommt eine Einigung zwischen K und V i.S.d. § 433 durch zwei übereinstimmende Willenserklärungen in Form eines Angebots und einer inhaltlich damit übereinstimmenden Annahme, §§ 145 ff.

1. Zunächst kommt ein **Angebot des V** durch seine Warenpräsentation im Kiosk in Betracht.
Die Warenauslagen im Kiosk des V stellen jedoch lediglich eine invitatio ad offerendum dar, sodass V der Rechtsbindungswille für ein Angebot fehlt. Mithin liegt kein Angebot des V vor.

2. Das **Angebot** könnte jedoch **K** gegenüber V abgegeben haben.
K hatte selbst keinen Kontakt zu V und hat ihm gegenüber daher auch direkt keine Willenserklärung abgegeben. Jedoch hat S gegenüber V erklärt, dass er die verschiedenen Waren für K kaufen will. Also hat S ein Angebot zum Abschluss eines Kaufvertrags gegenüber V abgegeben. Ein solches Angebot wirkt gemäß § 164 Abs. 1 S. 1 nur dann für und gegen K, wenn S ihn wirksam vertreten hat.
Dazu müssten die **Voraussetzungen einer wirksamen Stellvertretung** nach § 164 Abs. 1 S. 1 vorliegen.
Nach § 164 Abs. 1 S. 1 ist dafür zunächst eine **eigene, wirksame Willenserklärung** des S erforderlich.

a) Eine eigene Willenserklärung des Vertreters liegt vor, wenn der Erklärende selbst der rechtsgeschäftlich Handelnde ist. Der Bote übermittelt nur eine Willenserklärung seines Geschäftsherrn, sein Tun ist tatsächlicher, nicht rechtsgeschäftlicher Natur. Der **Bote** überbringt also eine fremde Willenserklärung, auf deren Inhalt er keinen Einfluss hat. Der **Vertreter** hingegen hat Handlungs- und Formulierungsspielraum; er entscheidet selbst über die Abgabe und den Inhalt der Willenserklärung, die daher seine eigene ist.

Für die Abgrenzung, ob eine eigene Willenserklärung vorliegt, ist das Auftreten nach außen hin entscheidend.[29]

Es ist daher durch eine an §§ 133, 157 orientierte Auslegung vom Empfängerhorizont her zu bestimmen, ob der Erklärende eine eigene oder eine fremde Willenserklärung übermitteln wollte.[30]

Erst wenn der Erklärende eine eigene Entscheidung hinsichtlich des Erklärungsinhalts treffen kann, die über die bloße Art und Weise oder Stilistik der Erklärung hinausgeht, ist er als Vertreter anzusehen.[31]

S hat im Kiosk des V die verschiedenen Artikel erst nach langem Suchen, einigen Proben und vielen Ratschlägen des V ausgesucht und mit zur Kasse genommen. Insofern ließ er aus Sicht eines objektiven Dritten eigenen Handlungsspielraum erkennen und gab daher eine eigene Willenserklärung ab.

Merke: „Und ist das Kindlein noch so klein, so kann es doch schon Bote sein!"

b) Fraglich ist jedoch, ob diese eigene Willenserklärung des S auch wirksam war. Die Wirksamkeit der Vertretererklärung des S richtet sich nach den §§ 105 ff., 164 ff. Das bedeutet, dass in der Person des S die Wirksamkeitsvoraussetzungen der Willenserklärung vorliegen müssen. Der Bote, der nur tatsächlich, aber eben nicht rechtsgeschäftlich handelt, braucht nicht geschäftsfähig zu sein. Der Vertreter hingegen muss nach § 165 zumindest beschränkt geschäftsfähig sein. Der 6-jährige S ist gemäß § 104 Nr. 1 geschäftsunfähig und damit seine Willenserklärung nach § 105 nichtig. Folglich war die Willenserklärung des S nicht wirksam.

II. Somit fehlt es an einer eigenen, wirksamen Willenserklärung des S, sodass S den K nicht gemäß § 164 Abs. 1 S. 1 wirksam vertreten hat und daher kein Angebot des K vorliegt.

Mithin fehlt es an einer Einigung von V und K i.S.d. § 433.

B. Folglich ist der Anspruch nicht entstanden, sodass V gegenüber K keinen Anspruch auf Zahlung des Kaufpreises aus § 433 Abs. 2 hat.

---

29 BGHZ 12, 327, 334; Staudinger/Schilken, Vorbem. zu § 164 Rn. 76.

30 Wolf/Neuner, BGB AT, § 49 Rn. 13, 16; Mock JuS 2008, 309.

31 Staudinger/Schilken Vorbem. zu § 164 Rn. 75; Mock JuS 2008, 309, 310.

2. Abschnitt: In fremdem Namen

Fall 15: Geschäft für den, den es angeht

Die 17-jährige Tochter T ist mit ihrem Vater V auf der Ostseeinsel Rügen im Urlaub. Gleich am ersten Ferientag bittet V die T, mit seinem Geld für das Frühstück die Brötchen zu besorgen. T macht sich sogleich auf den Weg zur örtlichen Bäckerei des B. Nachdem T bei B verschiedenste Brötchen ausgesucht hat, bezahlt sie diese mit dem Geld des V ohne das gegenüber B gesondert zu erwähnen. B übergibt T die Brötchen.

Wer ist Eigentümer der Brötchen geworden?

Ursprünglich gehörten die Brötchen der Bäckerei B.

B könnte das Eigentum an den Brötchen rechtsgeschäftlich auf V gemäß § 929 S. 1 übertragen haben.

I. Dann müssten sich beide über den Eigentumsübergang an den Brötchen **gemäß § 929 S. 1 geeinigt** haben. Der dingliche Vertrag über die Eigentumsübertragung i.S.d. § 929 S. 1 kommt durch zwei empfangsbedürftige Willenserklärungen, Angebot und Annahme, zustande.

1. V selbst hat keinerlei Kontakt zu B gehabt und diesem gegenüber daher direkt keine Willenserklärung (Angebot oder Annahme) abgegeben.

2. Aber T hat bei B verschiedenste Brötchen ausgesucht und sich diese gegen Bezahlung aushändigen lassen. Das bedeutet, dass T sich mit B – durch schlüssiges Verhalten (konkludent) – über den Eigentumsübergang an den Brötchen gemäß § 929 S. 1 geeinigt hat. Die im Rahmen der Einigung von ihr abgegebene Willenserklärung (Angebot oder Annahme) wirkt jedoch gemäß § 164 Abs. 1 S. 1 für und gegen V, wenn T ihn wirksam vertreten hat.

Dazu müssten die **Voraussetzungen einer wirksamen Stellvertretung** nach § 164 Abs. 1 S. 1 vorliegen.

a) Nach § 164 Abs. 1 S. 1 ist dafür zunächst eine **eigene, wirksame Willenserklärung** der T erforderlich.
Indem T die Brötchen bei B aussuchte, ließ sie aus Sicht eines objektiven Dritten eigenen Handlungsspielraum erkennen und gab daher eine eigene Willenserklärung ab. Zwar ist T als 17-jährige gemäß § 106 nur beschränkt geschäftsfähig, wodurch die Wirksamkeit ihrer Willenserklärung gemäß § 165 aber nicht beeinträchtigt wird. Eine eigene, wirksame Willenserklärung der T liegt damit vor.

b) Ferner müsste T die von ihr im Rahmen der Einigung abgegebene Willenserklärung **im Namen des Vertretenen** abgegeben haben. Der Wille, in fremdem Namen zu handeln, kann sich gemäß § 164 Abs. 1 S. 2 aus einer ausdrücklichen Erklärung oder aus den Umständen ergeben (sog. **Offenkundigkeitsprinzip**).

Die Erklärung der T erfolgte hier weder ausdrücklich im Namen des V noch ergab sich dies aus den Umständen. Somit ist das Offenkundigkeitsprinzip von T nicht gewahrt worden. Wenn der Wille, in fremdem Namen zu handeln, nicht erkennbar hervortritt, so hat dies nach § 164 Abs. 2 zur Folge,

dass der Mangel des Willens, im eigenen Namen zu handeln, nicht in Betracht kommt. Es liegt nach § 164 Abs. 2 also eigentlich ein Eigengeschäft der T und kein Fall der Stellvertretung vor.
Allerdings hat T – ohne es dem Erklärungsempfänger B offenkundig zu machen – für V die Brötchen erwerben wollen und damit eine Einigung nach § 929 S. 1 für den bewirken wollen, den sie angeht. Sie hat lediglich ein **Bargeschäft des täglichen Lebens** bewirkt und mithin gegenüber B nur ein **„Geschäft für den, den es angeht"** vorgenommen.

Eine anerkannte Ausnahme vom Offenkundigkeitsprinzip stellt das sog. **unternehmensbezogene Geschäft** dar, wonach im Zweifel der Betriebsinhaber Vertragspartner werden soll.[32]

Umstritten ist, ob ein „Geschäft für den, den es angeht" stets mit dem Offenkundigkeitsprinzip des Stellvertretungsrechts vereinbar ist.

aa) Das „Geschäft für den, den es angeht" ist nach einer Ansicht[33] mit dem Offenkundigkeitsprinzip des Stellvertretungsrechts bei allen Erfüllungsgeschäften vereinbar, bei denen dem Erklärungsempfänger sein Vertragspartner gleichgültig ist. Dies wird damit begründet, dass § 164 Abs. 1 S. 2 das Offenkundigkeitsprinzip nicht abschließend regele, wie man an der Ausnahme des § 135 Abs. 5 S. 2 AktG sehe. Dort habe der Gesetzgeber das Handeln für den, den es angeht, auch anerkannt. Außerdem verfolge das Offenkundigkeitsprinzip den Sinn und Zweck, den Erklärungsempfänger zu schützen, der seinen Vertragspartner selbst bestimmen darf. Dies sei aber dann nicht erforderlich, wenn ihm der Vertragspartner gleichgültig ist.

bb) Nach einer anderen Ansicht[34] ist das „Geschäft für den, den es angeht" mit dem Offenkundigkeitsprinzip des Stellvertretungsrechts nur bei Bargeschäften des täglichen Lebens und nur ausnahmsweise bei anderen Zug-um-Zug-Geschäften vereinbar. Dies wird – unter Bezug und Übernahme der Argumente der bejahenden Auffassung – damit begründet, dass in der Regel nur bei Bargeschäften des täglichen Lebens der Vertragspartner dem Erklärungsempfänger gleichgültig sein dürfte.
Der dingliche Eigentumserwerb an den Brötchen stellt, genauso wie der schuldrechtliche Kaufvertrag über die Brötchen, ein Bargeschäft des täglichen Lebens dar (s.o.), sodass jedenfalls im vorliegenden Fall das „Geschäft für den, den es angeht" mit dem Offenkundigkeitsprinzip des Stellvertretungsrechts vereinbar ist.

cc) Nach einer weiteren Ansicht[35] ist das „Geschäft für den, den es angeht" mit dem Offenkundigkeitsprinzip des Stellvertretungsrechts nicht vereinbar. Dies wird u.a. darauf gestützt, dass man die Ausnahme ansonsten zur Regel mache, obwohl es ja gerade gesetzlich geregelte Ausnahmefälle (z.B. § 135 Abs. 5 S. 2 AktG) gebe. Zudem sei es kaum praktikabel eine rechtlich verlässliche Wertgrenze zu ziehen, ab wann ein „Geschäft für den, den es angeht" vorliege. Dies gelte insbesondere für Bargeschäfte des täglichen Lebens. Ferner sei es vor Vertragsschluss nie feststellbar, ob dem Vertragspartner die Person des Geschäftsherrn gleichgültig sei und man insofern auf die genaue Bezeichnung des Vertretenen verzichten könne.

---

32 BGHZ 91, 148, 152.

33 RGZ 100, 190, 192 f.; 109, 167, 169 f.; 140, 223, 229; Staudinger/Wiegand § 929 Rn. 39; Medicus/Petersen, BGB AT, Rn. 920; Einsele JZ 1990, 1005, 1008 f.

34 BGHZ 129, 136, 149; 154, 276, 279; Palandt/Ellenberger § 164 Rn. 8; Wolf/Neuner, BGB AT, § 49, Rn. 47 ff.; Mock JuS 2008, 309, 312.

35 Flume, AT II, § 44 II Ziff. 2; Schellhammer, Schuldrecht, Rn. 2179.

dd) Auch wenn man der letzten Ansicht zugutehalten mag, dass jedenfalls beim Eigentumserwerb kein rechtes Bedürfnis für das „Geschäft für den, den es angeht" besteht, da die Übertragung der entsprechenden Sache vom Handelnden auf den Hintermann auch durch ein antizipiertes (vorweggenommenes) Besitzkonstitut zwischen beiden nach § 930 erreicht werden kann, so bedarf der Hintermann zumindest bei Bargeschäften des täglichen Lebens nicht des Schutzes des Offenkundigkeitsprinzips. Denn wenn es um Geschäfte geht, die schnell und unkompliziert mit verfügbaren Barmitteln bewirkt werden, ist dem Erklärungsempfänger der Vertragspartner stets gleichgültig. Es besteht daher auch kein Bedürfnis, den Zwang nach einem Eigengeschäft gemäß § 164 Abs. 2 aufrechtzuerhalten. Folglich ist der vermittelnden Auffassung zu folgen, die davon ausgeht, dass zumindest Bargeschäfte des täglichen Lebens mit dem Offenkundigkeitsprinzip vereinbar sind.

Somit ist im vorliegenden Fall das „Geschäft für den, den es angeht" mit dem Offenkundigkeitsprinzip vereinbar, sodass T die im Rahmen der Einigung von ihr abgegebene Willenserklärung auch im Namen des Vertretenen V abgegeben hat.

c) Ferner müsste T auch **mit Vertretungsmacht** gehandelt haben.
Indem V die T gebeten hat, mit seinem Geld für das Frühstück die Brötchen zu besorgen, hat er ihr dazu gemäß § 167 Abs. 1 Var. 1 Vollmacht, also rechtsgeschäftliche Vertretungsmacht (§ 166 Abs. 2), erteilt.
Folglich handelte T auch mit Vertretungsmacht.

Mithin hat T den V gemäß § 164 Abs. 1 S. 1 wirksam vertreten, sodass die von ihr im Rahmen der Einigung abgegebene Willenserklärung für und gegen V wirkt. Mithin hat V sich mit B gemäß § 929 S. 1 über den Eigentumsübergang an den Brötchen geeinigt.

II. Ferner müsste B dem V die Brötchen gemäß § 929 S. 1 übergeben haben. **Übergabe** ist die Übertragung des unmittelbaren Besitzes an einer Sache, der gemäß § 854 durch die Erlangung der tatsächlichen Gewalt über die Sache erworben wird. B hat hier T die Brötchen übergeben. Das heißt, dass grundsätzlich nur sie und eben nicht der V den unmittelbaren Besitz an den Brötchen erlangt hat. Allerdings steht T als Tochter des V zu diesem in einem sozialen Abhängigkeitsverhältnis, vermöge dessen sie in gewissem Umfang weisungsabhängig ist. Konkret bedeutet dies hier, dass sie den sich auf die Brötchen beziehenden Weisungen des V Folge zu leisten hat und damit gemäß § 855 Besitzdienerin des V ist. Nach § 855 ist jedoch nur der andere, also nur V, Besitzer. Mithin hat durch die Übergabe der Brötchen an T der V den (alleinigen) Besitz daran erlangt. Folglich hat B dem V die Brötchen gemäß § 929 S. 1 übergeben.

III. Darüber hinaus müsste B gemäß § 929 S. 1 zur Übertragung des Eigentums an den Brötchen auch **berechtigt** gewesen sein.
Als verfügungsbefugter Eigentümer der Brötchen war der Bäcker B zur Eigentumsübertragung auf den V auch nach § 929 S. 1 berechtigt.

Somit hat V das Eigentum an den Brötchen von B gemäß § 929 S. 1 erlangt.

Fall 16: Handeln unter fremdem Namen
(BGH, Urt. v. 11.05.2011 – VIII ZR 289/09, NJW 2011, 2421 ff. = RÜ 2011, 409 ff.)

Die B unterhielt beim Internetauktionshaus eBay ein passwortgeschütztes Konto unter dem Mitgliedsnamen „B". Unter Nutzung dieses Zugangskontos bot der Ehemann der B eine komplette „VIP-Lounge/Bar/Bistro/Gastronomieeinrichtung", die aus zahlreichen gebrauchten Einzelgegenständen bestand, mit einem Eingangsgebot von 1,00 € zum Verkauf an. Neun Tage vor Ablauf der Auktion gab M unter dem Mitgliedsnamen „M" ein Maximalgebot von 1.000 € zum Kauf der Einrichtungsgegenstände ab. Einen Tag später wurde die Auktion vorzeitig durch Rücknahme des Angebots beendet. M war zu diesem Zeitpunkt der Höchstbietende. In den Allgemeinen Geschäftsbedingungen von eBay, denen jedes reguläre Mitglied zustimmen muss, heißt es in § 2 Ziff. 9:

„Mitglieder haften grundsätzlich für sämtliche Aktivitäten, die unter Verwendung ihres Mitgliedskontos vorgenommen werden."

B verweigert die Lieferung der Gastronomieeinrichtung.

M verlangt Schadensersatz statt der Leistung i.H.v. 32.820 €, wobei er den Zeitwert der nicht gelieferten Gegenstände auf 33.820 € beziffert und hiervon den von ihm gebotenen Kaufpreis von 1.000 € in Abzug bringt. Er ist der Ansicht, die B müsse sich das Auftreten ihres Ehemannes schon deswegen zurechnen lassen, weil sie die Zugangsdaten für ihr Mitgliedskonto unsorgfältig aufbewahrt habe.

Zu Recht?

I. Ein Anspruch von M gegenüber B auf Schadensersatz statt der Leistung könnte sich zunächst aus **§§ 280 Abs. 1 u. 3, 281 Abs. 1 S. 1 Var. 1** ergeben.

Dann müsste zwischen den Parteien ein Schuldverhältnis bestehen, das die B zur Leistung der Einrichtung verpflichtet.

M könnte mit B einen Kaufvertrag i.S.d. § 433 abgeschlossen haben.

1. Ein Vertrag könnte gemäß **§ 156** zustande gekommen sein. Im vorliegenden Fall ist aber kein Zuschlag erteilt worden, sondern die Auktion wurde durch Rücknahme des Angebots beendet. Überdies sind Internetversteigerungen keine Versteigerungen i.S.d. § 156.[36]

2. Zwischen den Beteiligten könnte jedoch ein Vertrag durch **Angebot und Annahme** geschlossen worden sein. Mit der Einstellung der Gastronomieeinrichtung könnte hier ein der B zurechenbares Angebot abgegeben worden sein.

Bei einer Internetauktion stellt der Internettext ein verbindliches Angebot des Erklärenden dar. Das Angebot richtet sich an den, der innerhalb des festgelegten Gebotszeitraums das Höchstgebot abgibt *(vgl. Fall 2)*.

---

36 BGH NJW 2005, 53, 54; LG Bonn RÜ 2005, 113, 114; Palandt/Ellenberger § 156 Rn. 3; Brox/Walker, BGB AT, Rn. 217.

B selbst hat das Angebot nicht in das Internet eingestellt. Jedoch könnte die Erklärung des Ehemannes der B gemäß § 164 Abs. 1 S. 1 für und gegen B wirken, wenn ihr Ehemann sie wirksam vertreten hat. Dazu müssten die Voraussetzungen einer wirksamen Stellvertretung nach § 164 Abs. 1 S. 1 vorliegen.

a) Hierfür müsste zunächst eine **eigene, wirksame Willenserklärung** des Ehemannes vorliegen. Indem er aus freien Stücken und ohne jegliche Bestimmung durch andere die Gastronomieeinrichtung in das Internet einstellte, ließ er eigenen Handlungsspielraum erkennen und gab daher eine eigene Willenserklärung ab.

b) Ferner müsste er das Angebot auch **im Namen der Vertretenen** abgegeben haben.

Der Wille, im fremden Namen zu handeln, kann sich gemäß § 164 Abs. 1 S. 2 aus einer ausdrücklichen Erklärung oder aus den Umständen ergeben (sog. **Offenkundigkeitsprinzip**).
Der Ehemann der B wollte jedoch kein Rechtsgeschäft für B abschließen, sondern über seine eigene Identität täuschen. Bei der Nutzung des Mitgliedskontos der B handelte ihr Ehemann daher **nicht im fremden** Namen, sondern **unter fremdem** Namen. Es fehlt somit an der **Offenkundigkeit**. Die §§ 164 ff. sind daher nicht direkt anwendbar.[37]

Die Vorschriften der **§§ 164 ff.** könnten jedoch beim Handeln unter fremdem Namen **analog** anzuwenden sein. Dann müssten die Voraussetzungen für eine Analogie vorliegen.

aa) Dies ist dann der Fall, wenn eine **planwidrige Regelungslücke** und eine **vergleichbare Interessenlage** gegeben sind.

Im Wirtschaftsverkehr ist es üblich, dass zur Vertretung auch unter dem Namen einer anderen Person gehandelt wird. Gleichwohl findet sich keine Regelung im BGB. Demnach würde stets der Handelnde berechtigt und verpflichtet und nie der wahre Namensträger.

Der Erklärungsempfänger einer solchen Willenserklärung kann indes ein Interesse daran haben, nicht mit dem Handelnden zu kontrahieren, sondern mit dem Namensträger. Ziel der §§ 164 ff. ist es, dass der Geschäftsgegner sich mit der Person einigt, von der er ausgeht, dass diese der Vertragspartner wird.[38] Kommt es dem Erklärungsempfänger somit darauf an, dass der Namensträger der Vertragspartner wird, ist eine analoge Anwendung der §§ 164 ff. gerechtfertigt.[39] Er wird so in seinem berechtigten Vertrauen auf die Person des Vertragspartners geschützt. Zu unterscheiden sind also zwei Interessenlagen:

Ein Beispiel für eine Namenstäuschung ist die Buchung eines Hotelzimmers unter falschem Namen zwecks Treffen mit der Geliebten.

bb) Kommt es dem Erklärungsempfänger nicht auf die Identität des Namensträgers an, will er also mit der handelnden Person den Vertrag schließen, weil für ihn der Name keine geschäftsentscheidende Bedeutung hat, ist eine analoge Anwendung der §§ 164 ff. nicht gerechtfertigt. Nach der

37 So ausdrücklich MüKo-BGB/Schubert § 164 Rn. 137; Mittenzwei NJW 1986, 2472, 2475; a.A. Flume, BGB AT II, § 44 IV (S. 778).

38 Vgl. nur MüKo-BGB/Schubert § 164 Rn. 18 unter Verweis auf das Offenkundigkeitsprinzip.

39 Grundlegend BGH NJW 1966, 1069 f.; s. auch BGH RÜ 2011, 409, 410; Enneccerus-Nipperdey, BGB AT, 15. Aufl. Bd. I 2, § 183 III 2 (S. 1128).

Art des Geschäfts soll gerade der Handelnde, der meist physisch auch anwesend ist, Beteiligter des Rechtsgeschäfts sein. In diesem Fall liegt ein Eigengeschäft des Handelnden unter falscher Namensangabe vor (sog. **Namenstäuschung**).[40]

cc) Demgegenüber ist der Erklärungsempfänger in seinem Vertrauen darauf zu schützen, dass er mit dem Namensträger kontrahiert, wenn für ihn die Person/Identität des Namensträgers nach der Art des Rechtsgeschäfts von Bedeutung ist. Der Empfänger geht somit nicht davon aus, dass er mit dem Handelnden kontrahiert, sondern mit einer anderen Person. In diesem Fall liegt eine dem Normzweck der §§ 164 ff. vergleichbare Interessenlage vor (sog. **Identitätstäuschung**).[41] Die Normen sind dann analog anzuwenden.

dd) Ob eine bloße Namens- oder eine Identitätstäuschung vorliegt, ist im Wege einer nach **§§ 133, 157** orientierten **Auslegung** zu ermitteln. Maßgeblich ist, ob ein objektiver Empfänger in der Lage des M davon ausgehen musste und durfte, dass er mit dem Namensträger B oder mit dem Handelnden, dem Ehemann der B, kontrahiert.[42]

Gegen eine Namenstäuschung spricht hier bereits, dass der handelnde Ehemann und M nicht gleichzeitig physisch anwesend waren. M hatte daher keine Kenntnis davon, wer tatsächlich handelt. Er verließ sich bei Abgabe des Gebots darauf, dass er mit der Inhaberin des Ebay-Kontos, d.h. der B, kontrahiert. Bei derartigen Vertragsschlüssen auf Versteigerungsplattformen hat auch der Name des „Versteigerers" eine erhebliche Bedeutung für den Interessenten. So spielt beispielsweise die Verkäuferbewertung eine wichtige Rolle, um zu entscheiden, ob man ein Produkt erwirbt. Auch für die gesamte Vertragsdurchführung will der Interessent im Regelfall vor Abschluss der „Auktion" wissen, mit wem er einen Vertrag schließt. Demnach haben der Name und die Identität des Kontoinhabers eine erhebliche Bedeutung. Es liegt daher eine Identitätstäuschung vor, sodass die §§ 164 ff. entsprechend anzuwenden sind.[43]

c) Um B zu verpflichten, müsste der Ehemann der B nach § 164 Abs. 1 S. 1 auch **mit Vertretungsmacht** gehandelt haben.

Hier liegen weder eine gesetzliche Vertretungsmacht noch eine rechtsgeschäftliche Vertretungsmacht (Vollmacht, § 166 Abs. 2) vor. Auch die Voraussetzungen der gesetzlich geregelten Rechtsscheinvollmachten (§§ 170 ff.) sind nicht gegeben; jedoch könnten die Grundsätze einer Duldungs- und/oder Anscheinsvollmacht eingreifen.

aa) Eine **Duldungsvollmacht** liegt vor, wenn der Vertretene es willentlich geschehen lässt, dass ein anderer für ihn wie ein Vertreter auftritt, und der Geschäftspartner dieses Dulden nach Treu und Glauben dahin versteht und auch verstehen darf, dass der als Vertreter Handelnde zu den vorge-

---

40 BGH RÜ 2013, 409, 410; Hk-BGB/Dörner § 164 Rn. 9; MüKo-BGB/Schubert § 164 Rn. 138; BeckOK BGB/Schäfer, § 164 Rn. 33.

41 Hk-BGB/Dörner § 164 Rn. 9; Palandt/Ellenberger § 164 Rn. 10 f.; MüKo-BGB/Schubert § 164 Rn. 142. Zum Teil wird die Identitätstäuschung auch als „**Fremdgeschäft mit dem Namensträger**" bezeichnet, vgl. Vogel JURA 2014, 419, 421.

42 MüKo-BGB/Schubert § 164 Rn. 137 m.w.N.

43 BGH NJW 2011, 2421 f.

nommenen Erklärungen bevollmächtigt ist. Bei einem unter Verwendung einer fremden Identität getätigten Geschäft des Namensträgers finden diese Grundsätze mit der Maßgabe entsprechende Anwendung, dass hierbei auf dessen Verhalten abzustellen ist. Einen solchen Duldungstatbestand hat B jedoch nicht geschaffen. Schließlich hat B ihrem Ehemann die Zugangsdaten für ihr Mitgliedskonto bei eBay nicht offen gelegt und von dessen Vorgehen auch keine Kenntnis. Vielmehr hat dieser das von ihr eingerichtete Mitgliedskonto unter Verwendung der ihm zufällig bekannt gewordenen Zugangsdaten zum Verkauf des Gaststätteninventars genutzt.

bb) Eine **Anscheinsvollmacht** ist dagegen gegeben, wenn der Vertretene das Handeln des Scheinvertreters nicht kennt, er es aber bei pflichtgemäßer Sorgfalt hätte erkennen und verhindern können und wenn der Geschäftspartner annehmen durfte, der Vertretene kenne und billige das Handeln des Vertreters. Allerdings greifen die Rechtsgrundsätze der Anscheinsvollmacht in der Regel nur dann ein, wenn das Verhalten des einen Teils, aus dem der Geschäftsgegner auf die Bevollmächtigung des Dritten glaubt schließen zu können, von einer gewissen Dauer und Häufigkeit ist. Bei einem mit einer Identitätstäuschung verbundenen Handeln unter fremdem Namen ist bei Anwendung dieser Grundsätze auf das Verhalten des Namensträgers abzustellen.

Der Ehemann der B hat im vorliegenden Fall deren Zugangsdaten bei eBay zum ersten Mal genutzt.

Es fehlt daher an einem von der Beklagten geschaffenen Vertrauenstatbestand, auf den sich der Kläger hätte stützen können. Auf das Erfordernis einer gewissen Häufigkeit oder Dauer der unbefugten Verwendung ihres Mitgliedskontos kann nicht schon deswegen verzichtet werden, weil dieses im Internetverkehr aufgrund der bei eBay erfolgten Registrierung allein der Beklagten zugeordnet wird. Denn auch wenn den Zugangsdaten für die Internetplattform eBay eine Identifikationsfunktion zukommt, weil das Mitgliedskonto nicht übertragbar und das ihm zugeordnete Passwort geheim zu halten ist, kann hieraus nicht zuverlässig geschlossen werden, dass unter einem registrierten Mitgliedsnamen ausschließlich dessen tatsächlicher Inhaber auftritt.

Somit scheidet eine Anscheinsvollmacht aus.

Mithin handelt der Ehemann der B ohne Vertretungsmacht.

cc) Mangels Genehmigung durch B i.S.v. § 177 Abs. 1 i.V.m. § 184 Abs. 1 analog wirkt das Verkaufsangebot also nicht nach § 164 Abs. 1 S. 1 für und gegen B.

II. Somit besteht kein Schuldverhältnis zwischen M und B, das B zur Leistung der Einrichtung verpflichtet.

Daher hat M gegen B keinen Anspruch auf Schadensersatz statt der Leistung aus §§ 280 Abs. 1 u. 3, 281 Abs. 1 S. 1 Var. 1.

3. Abschnitt: Mit Vertretungsmacht

Fall 17: Grundfall zum Handeln mit Vertretungsmacht

E ist Anfang Januar 2016 als Einkäufer für Edelmetalle in der Goldschmiede des G eingestellt worden. Seine Aufgabe besteht darin, in den umliegenden Minen Metalle einzukaufen, die dann in der Schmiede des G zu Schmuckstücken verarbeitet werden. Zu diesem Zweck schrieb er mit Einverständnis und unter Gegenzeichnung des G alle Minen in der Umgebung an und erkundigte sich nach Angeboten und Konditionen. Dabei verwies er stolz auf seine Anstellung als Einkäufer für G.

Bereits im März 2016 kündigte E das Arbeitsverhältnis bei G jedoch wieder, da er einen besseren Job in Aussicht hatte. Letztlich wurde daraus aber nichts, sodass er kleinlaut wieder bei G vorsprach. G wollte von dem aus seiner Sicht unzuverlässigen E jedoch nichts mehr wissen und schickte ihn fort. Aus purer Boshaftigkeit kaufte E daraufhin beim Minenbetreiber M insgesamt 500 kg der von M angebotenen Edelmetalle im Namen des G ein. Offenbar hatte es G versäumt, die umliegenden Minenbetreiber über das Ausscheiden des E zu informieren.

Als M wenige Wochen später bei G die Metalle abliefern will, verweigert dieser die Abnahme und verweist auf das freiwillige Ausscheiden des E. M verlangt die Abnahme der Metalle und die Zahlung des Kaufpreises von G.

Zu Recht?

M könnte gegen G einen Anspruch auf Abnahme und Zahlung des Kaufpreises aus § 433 Abs. 2 haben.

A. Der **Anspruch** müsste **entstanden** sein.

I. Dies ist der Fall, wenn sich die Parteien i.S.d. § 433 geeinigt haben und der Einigung auch keine Wirksamkeitshindernisse entgegenstehen.

1. Ein ausdrückliches **Angebot des M** liegt vor.

2. Ferner müsste G das Angebot des M angenommen haben.
Eine Annahme ist die uneingeschränkte Zustimmung zu dem Angebot. Zwar hat G das Angebot des M selbst nicht angenommen, aber E hat das Angebot des M ausdrücklich angenommen. Die Annahme des E wirkt gemäß § 164 Abs. 1 S. 1 für und gegen G, wenn E den G wirksam vertreten hat. Dazu müssten die Voraussetzungen einer wirksamen Stellvertretung nach § 164 Abs. 1 S. 1 vorliegen.

a) E hat bei M insgesamt 500 kg Edelmetalle ausgesucht und so eigenen Handlungsspielraum erkennen lassen. Damit hat E eine **eigene, wirksame Willenserklärung** abgegeben.

b) E hat ausdrücklich **im Namen des G** gehandelt.

c) Ferner müsste E auch **mit Vertretungsmacht** gehandelt haben.

aa) Eine **gesetzliche angeordnete Vertretungsmacht** des E kommt hier nicht in Betracht.

Eine Vertretungsmacht kraft Gesetzes ergibt sich z.B. aus § 1629 BGB, § 35 Abs. 1 GmbHG, § 78 AktG, etc.

bb) Jedoch könnte E mit **rechtsgeschäftlicher Vertretungsmacht (Vollmacht, § 166 Abs. 2)** gehandelt haben.

Erteilung der Vollmacht, § 167

(1) Hier könnte G den E gemäß § 167 Abs. 1 bevollmächtigt haben, für ihn die Edelmetalle zu erwerben.

Nach § 167 Abs. 1 kann die Bevollmächtigung gegenüber dem Vertreter **(Innenvollmacht)** oder gegenüber dem Geschäftsgegner **(Außenvollmacht)** erfolgen. In beiden Fällen erfolgt die Erteilung der Vollmacht durch eine empfangsbedürftige Willenserklärung des Vertretenen, die ausdrücklich oder konkludent erfolgen kann.[44]

Zwischen E und G bestand ein wirksamer Arbeitsvertrag, kraft dessen G den E gemäß § 167 Abs. 1 Var. 1 bevollmächtigte, für ihn Edelmetalle einzukaufen.

Erlöschen der Vollmacht, § 168

(2) Allerdings könnte die Vollmacht gemäß § 168 wieder erloschen sein.

Danach bestimmt sich das Erlöschen der Vollmacht nach dem ihrer Erteilung zugrunde liegenden Rechtsgeschäft. Dies gilt aber nur, wenn die Bevollmächtigung selbst keine Regelung über ihr Erlöschen enthält. Hier enthielt die Bevollmächtigung selbst keine Regelung über ihr Erlöschen. Es kommt hinsichtlich des Erlöschens also auf das Grundverhältnis, den Arbeitsvertrag an.

Nach der Kündigung des E im März 2016 endete das Arbeitsverhältnis des E mit G und damit erlosch gemäß § 168 S. 1 auch die Vollmacht.

Wirksamkeit der Vollmacht trotz ihres Erlöschens (= Fortbestand im Rechtsverkehr), §§ 170–173

(3) Jedoch könnte die Vollmacht nach §§ 171 Abs. 2 trotz Erlöschens fortbestehen.

Dazu müsste G durch besondere Mitteilung an einen Dritten oder durch öffentliche Bekanntmachung kundgegeben haben, dass er einen anderen bevollmächtigt habe. Hier hat E durch Schreiben an die umliegenden Minenbesitzer stolz seine Stellung als Einkäufer mit Einverständnis unter Gegenzeichnung des Schreibens durch G kundgetan. Damit hat G letztlich die Bevollmächtigung des E durch „besondere Mitteilung" i.S.d. § 171 Abs. 1 kundgetan. Das bedeutet, dass in diesem Falle die Vertretungsmacht gemäß § 171 Abs. 2 so lange bestehen bleibt, bis die Kundgebung nicht in derselben Art und Weise widerrufen wurde, wie sie bekannt gemacht wurde. Dies ist – ebenso wie auch die §§ 170, 172 – Ausdruck des Rechtsscheingedankens, dass der Geschäftsgegner in seinem Vertrauen auf den Fortbestand der Vollmacht geschützt werden soll. Begrenzt wird dieser Schutz durch § 173, der bestimmt, dass der Geschäftsgegner sich nicht auf die Vorschriften der §§ 170, 171 Abs. 2, 172 Abs. 2 berufen kann, wenn er das Erlöschen der Vertretungsmacht kennt oder kennen muss.

Hier hat es G versäumt, die umliegenden Minenbesitzer über das Ausscheiden des E aus dem Arbeitsverhältnis und damit über das Erlöschen seiner Vollmacht zu informieren. Die Minenbesitzer wussten daher vom Erlöschen der Vollmacht nichts, noch hätten sie es wissen können. Mithin ist § 173 nicht einschlägig, sodass es bei der Regelung des § 171 Abs. 2 bleibt.

---

44 Bork, Allgemeiner Teil des Bürgerlichen Gesetzbuches, Rn. 1459 f.; Mock JuS 2008, 391, 392.

Folglich bleibt die Vollmacht des E trotz ihres Erlöschens nach § 171 Abs. 2 wirksam.

Somit hat E mit rechtsgeschäftlicher Vertretungsmacht gehandelt und damit hat E den G wirksam vertreten, sodass die Annahme des E gemäß § 164 Abs. 1 S. 1 für und gegen G wirkt.

Folglich hat G das Angebot des M angenommen, sodass zwischen beiden ein Kaufvertrag gemäß § 433 zustande gekommen ist.

II. Mangels Eingreifen von Nichtigkeitsgründen ist die **Einigung** zwischen M und G auch **wirksam**.

Somit ist der Anspruch des M gegenüber G auf Kaufpreiszahlung gemäß § 433 Abs. 2 entstanden.

B. Mangels entgegenstehender Anhaltspunkte ist der **Anspruch nicht untergegangen**.

C. Des Weiteren müsste der Anspruch des M auch **durchsetzbar** sein.

Das ist nicht der Fall, wenn G gegenüber M ein Leistungsverweigerungsrecht zusteht.

Zwar stünde G aufgrund des mit M geschlossenen, synallagmatischen Kaufvertrages grundsätzlich die Einrede des nicht erfüllten Vertrags aus §§ 320, 322 zu. Hier bietet M dem G jedoch die Lieferung der Metalle an und damit die Zug-um-Zug-Leistung aus dem synallagmatischen Vertrag.

Mithin steht G die Einrede des nicht erfüllten Vertrags nicht zu, sodass der Anspruch des M auch durchsetzbar ist.

M hat also gegen G einen Anspruch auf Abnahme und Zahlung des Kaufpreises aus § 433 Abs. 2.

Fall 18: Anscheins- und Duldungsvollmacht

Rechtsanwalt R betreibt seit langem eine erfolgreiche Kanzlei. Dies liegt nicht zuletzt an der unermüdlich arbeitenden Sekretärin S, die schon seit Jahren viele Aufgaben eigenverantwortlich erledigt und sogar manche Kanzleigeschäfte selbständig abschließt, ohne R davon zu informieren. R weiß zwar von diesen Geschäftsabschlüssen, beabsichtigt aber vorerst nicht dagegen einzuschreiten, um das Betriebsklima nicht unnötig zu stören.
Eines Tages bestellt S aus dem Prospekt des Versandhandels des V, bei dem R schon seit Jahren guter Kunde ist, im Namen des R riesige Mengen an Büromaterial. Nach Lieferung der Ware schickt V dem R eine Rechnung über 3.756,75 €. R ist zur Zahlung nicht bereit, da er S schließlich nicht bevollmächtigt habe.

Kann V von R Zahlung der 3.756,75 € verlangen?

V könnte gegenüber R einen Anspruch auf Zahlung des Kaufpreises i.H.v. 3.756,75 € aus § 433 Abs. 2 haben.

A. Dazu müsste der **Anspruch** zunächst **entstanden** sein.
Das ist der Fall, wenn V und R sich mit dem Inhalt eines Kaufvertrags geeinigt haben und dieser Einigung keine Wirksamkeitshindernisse entgegenstehen.

I. In Betracht kommt eine Einigung zwischen V und R i.S.d. § 433 durch zwei übereinstimmende Willenserklärungen in Form eines Angebots und einer inhaltlich damit übereinstimmenden Annahme, §§ 145 ff.

1. Ein **Angebot des V** zum Abschluss eines Kaufvertrages über Büroartikel könnte in dem Prospekt des Versandgroßhandels zu erblicken sein.

Mit dem Prospekt wollte V jedoch nur für seine Produkte werben; er kann und wollte damit nicht garantieren, dass seine beworbenen Produkte bei entsprechender Bestellung auch verfügbar sind. Insofern fehlt V der Rechtsbindungswille, sodass der Prospekt lediglich eine invitatio ad offerendum darstellt.

Ein Angebot des V liegt somit nicht vor.

2. Jedoch könnte **R** dem V ein **Angebot** zum Abschluss eines Kaufvertrags über das Büromaterial gemacht haben.

Durch ein Angebot wird einem anderen die Schließung eines Vertrags derart angetragen, dass der Vertrag mit einem bloßen „Ja" des anderen zustande kommen kann. Zwar hat R selbst keine Bestellung bei V aufgegeben, aber S hat dies getan und damit V ein Angebot zum Abschluss eines Kaufvertrags über das Büromaterial unterbreitet.

Dieses Angebot könnte gemäß § 164 Abs. 1 S. 1 für und gegen R wirken, wenn S den R wirksam vertreten hat. Dazu müssten die Voraussetzungen einer wirksamen Stellvertretung nach § 164 Abs. 1 S. 1 vorliegen.

a) S müsste gemäß § 164 Abs. 1 S. 1 eine **eigene Willenserklärung** abgegeben haben.

S hat aus dem Prospekt des V das Büromaterial ausgesucht und so eigenen Handlungsspielraum erkennen lassen.
Mithin hat S eine eigene, wirksame Willenserklärung abgegeben.

b) Des Weiteren müsste S die Willenserklärung auch **in fremdem Namen** abgegeben haben.
S hat das Büromaterial bei V im Namen des R bestellt und daher auch in fremdem Namen gehandelt.

c) Fraglich ist jedoch, ob S auch **mit Vertretungsmacht** handelte.

aa) Eine **gesetzlich angeordnete Vertretungsmacht** der S liegt nicht vor.

bb) S könnte aber mit **rechtsgeschäftlicher Vertretungsmacht (Vollmacht, § 166 Abs. 2)** gehandelt haben.

Vor der Prüfung einer Rechtsscheinvollmacht muss festgestellt werden, ob nicht eine **konkludent erteilte Vollmacht** vorliegt.

Ausdrücklich hat R die S zum Abschluss von Verträgen in seinem Namen nicht gemäß § 167 Abs. 1 bevollmächtigt.

Eine **konkludente** Vollmachtserteilung durch R käme dann in Betracht, wenn er durch sein Dulden nicht nur stillschweigend die bereits getätigten Geschäfte nach § 177 Abs. 1 genehmigen will, sondern darüber hinaus den Vertreter auch für die Zukunft für sich handeln lassen möchte. Dieser Wille muss aber erkennbar hervortreten; das bloße „Gewährenlassen" allein genügt für eine konkludente Vollmachtserteilung nicht.

Hier wusste R von den Geschäftsabschlüssen der S, aber beabsichtigte, vorerst nicht dagegen einzuschreiten. Er ließ sie gewähren, wollte ihr aber dadurch nicht für die Zukunft Vertretungsmacht einräumen. Somit liegt auch keine konkludente Vollmachtserteilung vor.

Folglich hat S nicht mit rechtgeschäftlicher Vertretungsmacht, also mit Vollmacht, des R gehandelt.

Über die gesetzlich geregelten Tatbestände der Vollmacht (§§ 164–173) hinaus besteht unter bestimmten Voraussetzungen eine **Rechtsscheinvollmacht**.

cc) In Betracht kommt aber eine **Vertretungsmacht** des S **kraft Rechtsscheins**.

(1) Dazu ist zunächst einmal erforderlich, dass durch das Handeln des Vertretenen der **Rechtsschein einer Bevollmächtigung gesetzt** worden ist.

Das ist insbesondere dann der Fall, wenn der Handelnde mehrmalig den Eindruck erweckt, dass er seinen Geschäftsherrn vertritt.

Die Voraussetzungen der Anscheins- und Duldungsvollmacht sind mit Ausnahme der Zurechenbarkeit des Rechtsscheins gleich. Bei der **Anscheinsvollmacht** weiß der Geschäftsherr nur nichts von den Handlungen seines vermeintlichen Vertreters, hätte diese aber bei pflichtgemäßer Sorgfalt erkennen und verhindern können.

R, der selber bei V Büromaterial bestellte, ließ S seit Jahren Geschäfte in seinem Namen, u.a. auch bei V, abschließen. Insofern hat R für Außenstehende, insbesondere auch für V, den Rechtsschein einer wirksamen Bevollmächtigung der S gesetzt.

(2) Ferner muss die Setzung des Rechtsscheins dem Vertretenen **zurechenbar** sein. Dies ist jedenfalls dann der Fall, wenn der geschäftsfähige[45] Vertretene es wissentlich geschehen lässt, dass ein anderer für ihn wie ein Vertreter auftritt, obwohl er die Möglichkeit zum Einschreiten hat (sog. **Duldungsvollmacht**).[46]
R ist mangels entgegenstehender Angaben geschäftsfähig, kannte das Handeln der S und schritt trotz vielfältiger Möglichkeiten nicht gegen das Handeln der S ein.

45 BGH NJW 1970, 806; Palandt/Ellenberger § 172 Rn. 9.

46 BGH NJW-RR 2004, 1275, 1277; Palandt/Ellenberger § 172 Rn. 9; Mock JuS 2008, 391, 394.

Mithin ist ihm die Setzung des Rechtsscheins auch zuzurechnen.

(3) Des Weiteren muss der **Gegner in schutzwürdiger Weise** auf das Vorliegen einer Vollmacht **vertraut** haben. Das Vertrauen setzt Kenntnis von den rechtsscheinbegründenden Tatsachen voraus, die bei Vertragsschluss vorliegen müssen.[47] Die Schutzbedürftigkeit des Vertrauens wird zugunsten des Gegners vermutet und entfällt gemäß **§ 173 analog** nur bei Kenntnis oder grob fahrlässiger Unkenntnis von der fehlenden Vollmacht.
V kannte R als Vertragspartner aus früheren Geschäften und er kannte S, die stets im Namen des R bei ihm Büromaterial bestellte. V vertraute insofern auf die vermeintliche Bevollmächtigung der S. Er hatte keine positive Kenntnis oder grob fahrlässige Unkenntnis vom Fehlen der Vollmacht, sodass sein Vertrauen insgesamt auch schutzwürdig ist.

Somit handelte S mit Vertretungsmacht kraft Rechtsscheins (Rechtsscheinvollmacht) und hat daher R wirksam vertreten, sodass ihr Angebot gemäß § 164 Abs. 1 S. 1 auch für und gegen R wirkt.

3. Zwar hat V das Angebot nicht ausdrücklich angenommen, jedoch die Ware geliefert und damit konkludent zum Ausdruck gebracht, das Angebot des R zu akzeptieren. Der Zugang der Annahmeerklärung ist beim Versandhandel nach der Verkehrssitte nicht zu erwarten und daher nach § 151 entbehrlich.

Somit ist es zwischen R und V zu einem Kaufvertragsabschluss gemäß § 433 gekommen.

II. Darüber hinaus greifen auch keine rechtshindernden Einwendungen (Nichtigkeitsgründe) ein, sodass der Kaufvertrag auch insgesamt wirksam und mithin der Kaufpreiszahlungsanspruch aus § 433 Abs. 2 entstanden ist.

B. Mangels entgegenstehender Anhaltspunkte ist der **Anspruch nicht untergegangen** und zudem auch **durchsetzbar**.

Somit hat V gegenüber R einen Anspruch auf Zahlung des Kaufpreises i.H.v. 3.756,75 € aus § 433 Abs. 2.

---

47 BGH NJW 2002, 2325 f.; Palandt/Ellenberger § 172 Rn. 9.

Fall 19: Handeln ohne Vertretungsmacht (Treuhänder-Fall)
(BGH, Urt. v. 20.10.1988 – VII ZR 219/87, BGHZ 105, 283 ff.; bestätigt durch BGH NJW 2009, 215 ff.)

Die K-GmbH wollte auf einem Grundstück ein Wohn- und Geschäftshaus nach Bauherrenmodell errichten. B, der als Treuhänder der noch zu werbenden Bauherren vorgesehen war, schloss daraufhin „in dieser Eigenschaft als Vertreter der Mitglieder der Bauherrengemeinschaft" einen Werkvertrag mit der K-GmbH über die schlüsselfertige Erstellung einer Wohnanlage zum Pauschalfestpreis von 2.899.500 €. Nach Beginn der Bauarbeiten verlangte die K-GmbH entsprechend der getroffenen Vergütungsvereinbarung im Werkvertrag von B als Vertreter der Bauherrengemeinschaft eine Abschlagszahlung von 165.300 €. Da ein Bankdarlehen nicht zur Verfügung gestellt wurde und Bauherren nicht gefunden werden konnten, zahlte B nicht.

Hat die K-GmbH gegenüber B einen Anspruch auf die Abschlagszahlung?

Für den Vertreter ohne Vertretungsmacht begründet § 179 eine schuldunabhängige gesetzliche Garantiehaftung nach Wahl des Geschäftsgegners auf Erfüllung oder Schadensersatz.

Die K-GmbH könnte gegen B einen Anspruch auf Abschlagszahlung i.H.v. 165.300 € aus § 179 Abs. 1 i.V.m. §§ 631 Abs. 1, (632) haben.

A. Der **Anspruch** der K-GmbH gegenüber B müsste **entstanden** sein.

I. Dazu müsste B zunächst **gemäß § 179 Abs. 1 als Vertreter einen Vertrag geschlossen** haben. Indem B „in seiner Eigenschaft als Vertreter der Mitglieder der Bauherrengemeinschaft" einen Werkvertrag mit der K-GmbH geschlossen hat, ist dies vorliegend der Fall.

II. Ferner müsste B seine **Vertretungsmacht nicht nachgewiesen** haben. Vollmachtloser Vertreter ist nach § 179 Abs. 1 nicht nur derjenige, der ohne rechtsgeschäftliche oder gesetzliche Vertretungsmacht im Namen eines Dritten tätig wird. Die Vorschrift ist vielmehr auch dann entsprechend anzuwenden, wenn jemand im Namen einer nicht vorhandenen Person vertragliche Vereinbarungen trifft, der angeblich Vertretene also gar nicht existiert.[48]

B tritt im Rahmen des Vertragsschlusses als Treuhänder im Namen noch nicht geworbener Mitglieder einer Bauherrengemeinschaft auf und schließt daher im Namen nicht vorhandener Personen einen Werkvertrag mit der K-GmbH.

Somit hat B seine Vertretungsmacht nicht nachgewiesen.

III. Ferner müssten die Vertretenen gemäß § 179 Abs. 1 die **Genehmigung verweigert** haben oder die Genehmigung müsste gemäß § 177 Abs. 2 als verweigert gelten.

Etwaige Geschäftsherrn des B existierten hier jedoch noch gar nicht, sodass sie den Vertrag weder i.S.d. § 184 genehmigen konnten noch i.S.d. § 177 Abs. 2 zur Erklärung über die Genehmigung aufgefordert werden konnten.

---

48 BGHZ 63, 45, 49; 105, 283, 285; BGH NJW 2009, 215.

Mithin liegt hier keine Genehmigung des von B geschlossenen Vertrags vor.

IV. Ferner dürfte die Haftung des B als vollmachtloser Vertreter **nicht gemäß § 179 Abs. 3 ausgeschlossen** sein.

Als Ausschlussgrund könnte hier § 179 Abs. 3 S. 1 in Betracht kommen. Danach haftet B nicht, wenn der Gegner (die K-GmbH) den Mangel der Vertretungsmacht kannte oder kennen musste. Die Haftung des Vertreters ohne Vertretungsmacht ist eine **gesetzliche Garantenhaftung**, die dem Vertreter das verschuldensunabhängige Risiko auferlegt, seine Erklärung, er habe die erforderliche Vertretungsmacht, sei richtig. Das Einstehenmüssen des vollmachtlosen Vertreters für die Rechtsfolgen dieser Erklärung beruht somit auf einer im Interesse der Verkehrssicherheit geregelten Vertrauenshaftung. Behauptet der Vertreter ausdrücklich oder schlüssig, die für die Vornahme des Rechtsgeschäfts erforderliche Vertretungsmacht zu haben, darf der Vertragspartner daran auch glauben. Insbesondere ist er **nicht ohne Weiteres zu Nachforschungen über Bestand und Umfang der Vertretungsmacht verpflichtet**; er kann schließlich den Mangel der Vertretungsmacht in der Regel nicht erkennen. Nur soweit Anhaltspunkte für ein Fehlen der Vertretungsmacht bestehen, kann dem Gegner zugemutet werden, den Vertreter zu Erklärungen über die angebliche Vertretungsmacht aufzufordern oder darüber Erkundigungen einzuziehen. Kommt er dem nicht nach, vernachlässigt er die im Verkehr erforderliche Sorgfalt und muss die Folgen selbst tragen.

Nur kann die Ausnahmeregelung des § 179 Abs. 3 S. 1 dann nicht entsprechend herangezogen werden, wenn ein Vertreter für eine (noch) nicht existente Person gehandelt hat. Weiß der Vertragspartner, dass der Vertretene nicht vorhanden ist, ist das dem Wissen von der fehlenden Vertretungsmacht nicht ohne Weiteres gleichzusetzen. Vielmehr ist von dem Inhalt der Erklärung auszugehen, die der Vertreter in einem solchen Fall abgibt und auf deren Richtigkeit der Vertragspartner vertraut. Erklärt der Vertreter neben der Behauptung, Vertretungsmacht zu haben, noch weitere Tatsachen, kann die ihn nach § 179 Abs. 1 grundsätzlich treffende Haftung nur dann in entsprechender Anwendung des § 179 Abs. 3 S. 1 ausgeschlossen werden, wenn der Vertragspartner auch die Unrichtigkeit dieser Umstände kennt.[49]

Wenn § 179 auch auf einen Fall entsprechend anzuwenden ist, in welchem der Vertretene nicht existiert und auch voraussichtlich nie existieren wird, dann kann die Erklärung des Vertreters ohne Vertretungsmacht dem angeblich Vertretenen nicht zugerechnet werden. Dies muss dem Vertragspartner, der die fehlende Vertretungsmacht kennt, bewusst sein.[50]

Im vorliegenden Fall behauptete B bei Abschluss des Werkvertrags mit der K-GmbH nicht nur, er handle als Treuhänder und somit als Vertreter noch nicht geworbener Mitglieder einer Bauherrengemeinschaft. Vielmehr erklärte er dadurch zusätzlich, die Bauherrengemeinschaft werde alsbald entstehen und damit Vertragspartner werden. Entscheidend für die

49 BGHZ 105, 283, 286 f.; BGH NJW 2009, 215, 216.
50 Stadler JuS 2009, 541, 543.

Schutzwürdigkeit der K-GmbH und die Haftung des B aus § 179 Abs. 1 ist daher, in welchem Umfang die K-GmbH auf die Richtigkeit der Behauptungen des B vertraute oder vertrauen durfte. Selbst wenn die K-GmbH aus den Erklärungen und dem Auftreten des B „als Vertreter der Mitglieder der Bauherrengemeinschaft" entnehmen konnte, dass die Bauherren noch nicht geworben waren, reicht das für einen Ausschluss der Haftung des B nach § 179 Abs. 3 S. 1 nicht aus. Entscheidend ist, ob die K-GmbH Kenntnis davon hatte, dass die Bauherrengemeinschaft in absehbarer Zeit nicht zustande kommen werde bzw. ob sie diese Kenntnis haben musste. Dies ist hier jedoch gerade nicht der Fall.

Daher kann der K-GmbH der durch § 179 Abs. 1 gebotene Vertrauensschutz nicht versagt werden, indem man die Haftung des B gemäß § 179 Abs. 3 S. 1 in vollem Umfang ausschließt.

Merke: Die Wahl der Erfüllung macht den Vertreter nicht zum Vertragspartner, gibt ihm aber tatsächlich dessen Stellung.

V. Das bedeutet, dass B der K-GmbH gemäß § 179 Abs. 1 nach deren Wahl auf Erfüllung oder Schadensersatz haftet.
Die K-GmbH nimmt B hier auf Zahlung aus dem Werkvertrag nach §§ 631 Abs. 1, (632), also auf Erfüllung, in Anspruch.

Somit ist der Anspruch entstanden.

B. Mangels entgegenstehender Anhaltspunkte ist der **Anspruch nicht untergegangen** und darüber hinaus auch **durchsetzbar**.

Folglich hat die K-GmbH gegen B einen Anspruch auf Abschlagszahlung i.H.v. 165.300 € aus § 179 Abs. 1 i.V.m. §§ 631 Abs. 1, (632).

5. Teil: Rechtshindernde Einwendungen (Nichtigkeitsgründe)

1. Abschnitt: Geschäftsfähigkeit, §§ 104 ff.

Fall 20: Vorübergehende Geistesstörung

Nach seiner Rückkehr aus Mexiko leidet Z unerkannt an einem neuartigen Grippevirus. Aufgrund akuter fieberhafter Wahnvorstellungen will er eine wirksam entstandene und bereits fällige Schadensersatzforderung aus § 823 Abs. 1 i.H.v. 5.000 € gegen das Pharmaunternehmen P dem G für nur 2.000 € „überlassen". G ist überzeugter Homöopath und freut sich daher über jede Forderung, die er gegenüber einem Pharmaunternehmen realisieren kann. G ist mit dem Angebot des Z sofort einverstanden und gibt ihm das Geld.

Einige Wochen später begibt sich G zu P und teilt ihm mit, dass er als neuer Gläubiger des P nun umgehend die Zahlung von Schadensersatz i.H.v. 5.000 € verlange. P, der sich gerade mit der lukrativen Erforschung und Produktion eines neuartigen Grippemittels beschäftigt und so auch von der Erkrankung des mittlerweile vollständig genesenen Z erfahren hat, weist aufgrund der Vorgeschichte jegliche Zahlungsverpflichtung gegenüber G zurück.

Kann G von P Zahlung von Schadensersatz i.H.v. 5.000 € verlangen?

G könnte gegenüber P einen Anspruch auf Schadensersatz i.H.v. 5.000 € aus abgetretenem Recht gemäß § 823 Abs. 1 (i.V.m. § 398) haben.

Die Abtretung (von Forderungen und Rechten) ist gemäß § 398 ein „Verfügungsgeschäft" und keine eigene Anspruchsgrundlage.[51]

A. Ein Anspruch des G **aus abgetretenem Recht** gegenüber P **entsteht**, wenn aufgrund wirksamer Einigung i.S.d. § 398 dem G (= neuer Gläubiger [Zessionar]) eine wirksam entstandene Forderung gegenüber P (= Schuldner) vom verfügungsbefugten Forderungsinhaber Z (= alter Gläubiger [Zedent]) abgetreten wird.

I. Dazu müssten sich Z und G zunächst über die dingliche Übertragung der Forderung gemäß § 398 BGB **geeinigt** haben.

Z war ursprünglich Inhaber einer Schadensersatzforderung aus § 823 Abs. 1 gegenüber P. Diese Forderung hat Z dem G „überlassen". Eine an §§ 133, 157 orientierte Auslegung führt dazu, dass Z und G sich nicht nur über die Verpflichtung (Rechtskauf der Forderung für 2.000 € gemäß §§ 433, 453), sondern auch über die dingliche Übertragung der Forderung gemäß § 398 einigen wollten.

Mithin haben sich Z und G über die dingliche Übertragung der Forderung gemäß § 398 geeinigt.

II. Ferner müsste die Einigung i.S.d. § 398, also der Abtretungsvertrag, auch wirksam sein.

51 Vgl. dazu Lorenz JuS 2009, 891 ff.

1. Die im Rahmen der Abtretung von Z abgegebene Willenserklärung könnte zunächst **gemäß § 105 Abs. 1 nichtig** sein.

Nach § 105 Abs. 1 ist eine Willenserklärung eines Geschäftsunfähigen i.S.d. § 104 nichtig. Mangels entgegenstehender Anhaltspunkte kommt hier nur eine Geschäftsunfähigkeit nach § 104 Nr. 2 in Betracht.

Dann müsste bei Z eine krankhafte Störung der Geistestätigkeit vorliegen, die nicht der Natur nach vorübergehend ist. Z ist durch seinen akuten Fieberwahn in seiner Geistestätigkeit krankhaft gestört. Ein Dauerzustand ist bei kurzzeitigen Ausfällen nicht gegeben;[52] bei heilbaren Störungen ist er nur anzunehmen, sofern die Behandlung länger andauert.[53]

Der akute Fieberwahn des Z führt – unabhängig von der Heilbarkeit des Fiebers – nur zu einer kurzzeitigen Störung, sodass ein Dauerzustand nicht gegeben ist. Mithin liegt keine Geschäftsunfähigkeit des Z nach § 104 Nr. 2 vor und daher insoweit auch keine Nichtigkeit der im Rahmen der Abtretung von Z abgegebenen Willenserklärung gemäß § 105 Abs. 1.

2. Jedoch könnte wegen einer vorübergehenden psychischen Störung des Z seine im Rahmen der Abtretung abgegebene Willenserklärung **nach § 105 Abs. 2 nichtig** sein.

Die Nichtigkeit einer Willenserklärung nach § 105 Abs. 2 setzt eine Abgabe im Zustand der Bewusstlosigkeit oder der vorübergehenden Geistesstörung voraus. Das bedeutet, dass der Zustand die freie Willensbestimmung ausschließen muss[54] und dabei zwischen Ausschluss der freien Willensbestimmung und der geistigen Störung ein ursächlicher Zusammenhang bestehen muss.[55]

Aufgrund akuter fieberhafter Wahnvorstellungen will Z eine wirksam entstandene und bereits fällige Schadensersatzforderung aus § 823 Abs. 1 i.H.v. 5.000 € gegen P dem G für nur 2.000 € abtreten. Die Wahnvorstellung des Z führt also zu einer spontanen, wirtschaftlich nicht nachvollziehbaren Abtretung der – jederzeit realisierbaren – Forderung an G. Das bedeutet, dass Z sich **im Zeitpunkt der Abtretung** und damit bei Abgabe seiner Willenserklärung aufgrund vorübergehender Geistesstörung in einem die freie Willensbestimmung ausschließenden Zustand befand.

Folglich ist die von Z im Rahmen der Abtretung abgegebene Willenserklärung nach § 105 Abs. 2 nichtig.

B. Somit hat G gegenüber P keinen Anspruch auf Schadensersatz i.H.v. 5.000 € aus abgetretenem Recht gemäß § 823 Abs. 1 (i.V.m. § 398).

---

52 Staudinger/Knothe § 104 Rn. 12.
53 Palandt/Ellenberger § 104 Rn. 4.
54 Staudinger/Knothe § 105 Rn. 13.
55 Staudinger/Knothe § 104 Rn. 10.

Fall 21: Minderjährigenrecht: Lediglich rechtlicher Vorteil bei unentgeltlicher Zuwendung eines Grundstücks mit öffentlich-rechtlicher Belastung (Grundsteuer, Grunderwerbsteuer, etc.)

Opa O möchte seinem 16-jährigen Enkel E eine große Freude machen und ihm im Wege der vorweggenommenen Erbfolge schon jetzt ein Grundstück schenken. Dazu schließen beide formgerecht einen Schenkungsvertrag und O lässt das Grundstück unter Beachtung der dafür erforderlichen Formalien an E auf. Beide haben die Eltern des E aus der ganzen Angelegenheit herausgehalten, um sich befürchtete Unannehmlichkeiten zu ersparen. Nach Eintragung des E als Grundstückseigentümer im Grundbuch erfahren seine Eltern von den Vorgängen und verweigern ihre Zustimmung zu sämtlichen Rechtsgeschäften.

Besteht ein dinglicher Herausgabeanspruch des E gegenüber O?

E könnte gegen O einen Anspruch auf Herausgabe des Grundstücks aus §§ 985, (986) haben.

I. Dann müsste **E als Anspruchsteller Eigentümer** des Grundstücks sein.

1. Ursprünglich war O Eigentümer des Grundstücks.

2. Jedoch könnte O sein Eigentum am Grundstück an E gemäß §§ 873 Abs. 1, 925 verloren haben.

a) Dann müsste O das Grundstück gemäß §§ 873 Abs. 1, 925 wirksam an E aufgelassen haben.

Die dingliche Einigung i.S.d. § 873 Abs. 1 bezeichnet das Gesetz gemäß § 925 als „Auflassung".

O und E haben sich unter Beachtung aller Formalien **geeinigt** und damit hat O das Grundstück an E gemäß §§ 873 Abs. 1, 925 aufgelassen.

Jedoch könnte die Auflassung gemäß **§ 108 Abs. 1 nichtig** sein.
Nach § 108 Abs. 1 hängt die Wirksamkeit eines ohne die erforderliche Einwilligung des gesetzlichen Vertreters geschlossenen Vertrags von seiner Genehmigung ab. Die Eltern des E haben ihre Zustimmung zu sämtlichen Rechtsgeschäften, also auch zur Auflassung, versagt. Das bedeutet, dass die Auflassung von O an E vorliegend nur dann wirksam ist, wenn von vornherein eine Einwilligung nicht erforderlich war. Nach § 107 bedarf E als beschränkt geschäftsfähiger Minderjähriger nur zu Willenserklärungen, durch die er **nicht lediglich einen rechtlichen Vorteil** erlangt, der Einwilligung seines gesetzlichen Vertreters. Gesetzliche Vertreter des E sind gemäß §§ 1626 Abs. 1, 1629 Abs. 1 S. 1, 2 seine Eltern.

Ein lediglich rechtlicher Vorteil i.S.d. § 107 ist nur nach den rechtlichen Wirkungen des Geschäfts zu beurteilen, nicht etwa nach einer am Normzweck orientierten *wirtschaftlichen Betrachtungsweise*[56] und auch nicht danach, ob im Wege einer *sorgerechtlichen Betrachtungsweise*[57] nach Art und Umfang der mit dem Rechtsgeschäft verbundene Nachteil eine Kontrolle durch den gesetzlichen Vertreter gebietet.[58]

---

56 Stürner JZ 1973, 286 f.

57 Köhler JZ 1983, 225, 228.

58 St.Rspr., h.M.: siehe Palandt/Ellenberger § 107 Rn. 2 m.w.N.

Ein auf den Erwerb einer Sache gerichtetes dingliches Rechtsgeschäft ist danach nicht lediglich rechtlich vorteilhaft, wenn der Minderjährige in dessen Folge mit Verpflichtungen belastet wird, für die er nicht nur dinglich mit der erworbenen Sache, sondern auch persönlich mit seinem sonstigen Vermögen haftet.[59] Nach dem Schutzzweck des § 107 ist ein für den Minderjährigen „neutrales" Geschäft hingegen zustimmungsfrei.[60]

Nach nahezu einhelliger Ansicht[61] erlangt der Minderjährige durch die unentgeltliche Zuwendung eines Grundstücks trotz der öffentlich-rechtlichen Belastung lediglich einen rechtlichen Vorteil.

Dies liegt zum einen daran, dass die mit dem Grundstückserwerb verbundenen öffentlich-rechtlichen Lasten den Erwerber als solchen nicht treffen, sondern vielmehr an die Innehabung des Eigentums als neutralen Tatbestand anknüpfen. Zum anderen sind öffentlich-rechtliche Lasten Inhalts- und Schrankenbestimmungen nach Art. 14 Abs. 1 S. 2 GG und bringen demnach keine Einschränkungen, also keine rechtlichen Nachteile, des Eigentums als solchem mit sich. Hinzu kommt, dass Sinn und Zweck des § 107 der Schutz beschränkt geschäftsfähiger Minderjähriger ist, die wegen ihrer rechtsgeschäftlichen Unerfahrenheit von der Rechtsordnung privilegiert werden. Wenn der Minderjährige jedoch nicht gefährdet ist, bedarf er des Schutzes des § 107 auch nicht.

Folglich erlangt E als beschränkt geschäftsfähiger Minderjähriger durch die unentgeltliche Zuwendung des Grundstücks des O (trotz öffentlich-rechtlicher Belastung) lediglich einen rechtlichen Vorteil und bedarf daher nicht der Einwilligung seiner Eltern.

Mithin ist die Einigung zwischen O und E nicht nach § 108 Abs. 1 nichtig, sodass eine wirksame Auflassung des Grundstücks von O an E gemäß §§ 873 Abs. 1, 925 gegeben ist.

b) Die gemäß § 873 Abs. 1 erforderliche **Eintragung** der Rechtsänderung in das Grundbuch ist gegeben.

c) Ferner sind O und E sich **im Zeitpunkt der Eintragung noch einig**; ein Widerruf der Auflassungserklärungen ist nicht erfolgt.

d) Zudem war O als verfügungsberechtigter Eigentümer auch damit zur Eigentumsübertragung auf E **berechtigt**.

Somit liegt ein Eigentumsverlust des O an E gemäß §§ 873 Abs. 1, 925 vor und daher ist E der neue Eigentümer des Grundstücks.

II. Des Weiteren ist O als Anspruchsgegner **Besitzer** des Grundstücks.

III. Zudem hat O auch **kein Recht zum Besitz** des Grundstücks **i.S.d. § 986 Abs. 1 S. 1** und kann daher dessen Herausgabe auch nicht verweigern.

Somit hat E gegen O einen Anspruch auf Herausgabe des Grundstücks aus §§ 985, (986).

---

59 BGHZ 78, 28, 33; 161, 170, 175; BGH NJW 2005, 1430 f.

60 Staudinger/Knothe § 107 Rn. 20; Krampe/Amshoff JuS 2009, 55, 57.

61 BGHZ 161, 170, 174; BayObIGZ 1998, 139, 144; Wolf/Neuner, BGB AT, § 34 Rn. 28 (a.A. Flume, AT II, § 13, 7 b; Köhler JZ 1983, 225, 230).

Fall 22: Minderjährigenrecht: Lediglich rechtlicher Vorteil bei unentgeltlicher Zuwendung eines Grundstücks mit dinglicher Belastung (Hypothek, Grundschuld, etc.)

Tante T will ihrem minderjährigen Lieblingsneffen N ein prächtiges Geschenk zum Erwerb der „Mittleren Reife" machen und schließt mit ihm einen formgültigen Schenkungsvertrag über ihr Grundstück im Harz. Darauf soll N nach Vorstellung der T später einmal ein Ferienhaus errichten können, um der ganzen Familie Ruhe und Erholung zu verschaffen. Kurz nach Abschluss des Vertrags lässt T unter Beachtung aller Formalien das Grundstück, das mit einer Hypothek belastet ist, an N auf. Die Eltern des N, die von all dem nichts wussten, erfahren nach Eintragung des N als Grundstückseigentümer im Grundbuch nur durch Zufall von der ganzen Angelegenheit und wollen die Auflassung keinesfalls genehmigen.

Ist N neuer Eigentümer des Grundstücks geworden?

N könnte das Eigentum an dem Grundstück von T gemäß §§ 873 Abs. 1, 925 erlangt haben.

I. Dazu müsste T das Grundstück gemäß **§§ 873 Abs. 1, 925** zunächst wirksam an N **aufgelassen** haben.

T und N haben sich unter Beachtung aller Formalien geeinigt und damit hat T das Grundstück an N gemäß §§ 873 Abs. 1, 925 aufgelassen.

Fraglich ist, ob diese **Einigung (Auflassung) auch wirksam** ist.

Die dingliche Einigung über die Grundstücksübertragung könnte gemäß § 108 Abs. 1 nichtig sein.

Nach § 108 Abs. 1 hängt die Wirksamkeit eines ohne die erforderliche Einwilligung des gesetzlichen Vertreters geschlossenen Vertrags von seiner Genehmigung ab.

Die Eltern des N wollen die Auflassung keinesfalls genehmigen. Das bedeutet, dass die Auflassung von T an N hier nur dann wirksam ist, wenn von vornherein eine Einwilligung nicht erforderlich war. Nach § 107 bedarf N als beschränkt geschäftsfähiger Minderjähriger zu Willenserklärungen, durch die er nicht lediglich einen rechtlichen Vorteil erlangt, der Einwilligung seiner gesetzlichen Vertreter, also seiner Eltern gemäß §§ 1626 Abs. 1, 1629 Abs. 1 S. 1, 2.

Ein lediglich rechtlicher Vorteil ist nach § 107 nur nach den rechtlichen Wirkungen des Geschäfts zu beurteilen. Ein auf den Erwerb einer Sache gerichtetes Rechtsgeschäft ist für den Minderjährigen danach nicht lediglich rechtlich vorteilhaft, wenn er in dessen Folge mit Verpflichtungen belastet wird, für die er nicht nur dinglich mit der erworbenen Sache, sondern auch persönlich mit seinem sonstigen Vermögen haftet.

Umstritten ist, ob ein beschränkt geschäftsfähiger Minderjähriger durch die unentgeltliche Zuwendung eines mit einer Hypothek dinglich belasteten Grundstücks lediglich einen rechtlichen Vorteil erlangt.

1. Nach einer Ansicht[62] erlangt der Minderjährige durch die unentgeltliche Zuwendung eines mit einer Hypothek dinglich belasteten Grundstücks **lediglich einen rechtlichen Vorteil**.

Bei Belastung des Grundstücks mit einer Reallast läge auch nach dieser Ansicht kein lediglich rechtlicher Vorteil vor, da der Eigentümer nach § 1108 Abs. 1 auch persönlich haftet.

Dies wird vor allem damit begründet, dass die dingliche Belastung durch die Hypothek den Erwerber nicht persönlich verpflichte, sondern nach § 1147 nur zur Duldung der Zwangsvollstreckung führe. Zudem sei die mögliche Verpflichtung zur Duldung der Zwangsvollstreckung nicht Inhalt der Auflassung, sodass es schon an der „Willenserklärung" i.S.d. § 107 fehle, wodurch der Minderjährige einen rechtlichen Nachteil erleiden könne.

Dieser Ansicht nach erlangt N als beschränkt geschäftsfähiger Minderjähriger durch die unentgeltliche Zuwendung eines mit einer Hypothek dinglich belasteten Grundstücks lediglich einen rechtlichen Vorteil und bedarf daher nicht der Einwilligung seiner Eltern.

2. Nach anderer Ansicht[63] erlangt der Minderjährige durch die unentgeltliche Zuwendung eines mit einer Hypothek dinglich belasteten Grundstücks **keinen lediglich rechtlichen Vorteil**.

Dies wird zum einen darauf gestützt, dass § 107 auf den Inhalt der Willenserklärung abstelle, was bei einer Auflassungserklärung die dingliche Belastung mit einer Hypothek einbeziehe. Daher beinhalte die Auflassungserklärung eben nicht einen lediglich rechtlichen Vorteil. Zum anderen dürfe der beschränkt geschäftsfähige Minderjährige alleine keine dinglichen Belastungen bestellen, sodass auch der Erwerb eines mit einer Hypothek dinglich belasteten Grundstücks von § 107 erfasst werde.

Dieser Ansicht nach erlangt N als beschränkt geschäftsfähiger Minderjähriger durch die unentgeltliche Zuwendung eines mit einer Hypothek dinglich belasteten Grundstücks keinen lediglich rechtlichen Vorteil und bedarf daher der Einwilligung seiner Eltern.

3. Der erstgenannten Ansicht ist zu folgen.

Nach Sinn und Zweck des § 107 soll der beschränkt geschäftsfähiger Minderjährige wegen seiner rechtsgeschäftlichen Unerfahrenheit von der Rechtsordnung privilegiert werden. Wenn der Minderjährige jedoch nicht gefährdet ist, bedarf er des Schutzes des § 107 nicht. Im vorliegenden Fall würde ohnehin jeder vernünftig denkende und dem Wohl des Kindes nach § 1627 S. 1 verpflichtete gesetzliche Vertreter einwilligen. Denn bei einer aufgrund des Anspruchs aus § 1147 hin betriebenen Zwangsvollstreckung in das Grundstück würde der Minderjährige maximal das Grundstück verlieren, das er vorher erworben hat. Weitere Verpflichtungen treffen ihn aber nicht. Hinzu kommt, dass Ansprüche aus dinglichen Rechten an einem Grundstück nach § 10 Abs. 1 Nr. 4 ZVG nur ein Recht auf Befriedigung aus dem Grundstück gewähren und damit nicht rechtlich nachteilig sind, sondern nur den Vorteil des Minderjährigen mindern.

---

62 BayOblGZ 1967, 245, 247; 1979, 243, 247; 1998, 139, 144; Palandt/Ellenberger § 107 Rn. 4; Wolf/Neuner, BGB AT, § 34 Rn. 29; Musielak, Grundkurs BGB, Rn. 361; Westermann JZ 1955, 244 f.; Keller JuS 2009, 561, 563.

63 Lange NJW 1955, 1339, 1341; Köhler JZ 1983, 225, 230.

4. Mithin erlangt N durch die unentgeltliche Zuwendung des mit einer Hypothek belasteten Grundstücks lediglich einen rechtlichen Vorteil, sodass es einer Einwilligung seiner Eltern nicht bedurfte.

Somit hat T das Grundstück wirksam an N gemäß §§ 873 Abs. 1, 925 aufgelassen.

II. Die gemäß § 873 Abs. 1 erforderliche **Eintragung** der Rechtsänderung in das Grundbuch ist erfolgt.

III. Ferner sind T und N sich **im Zeitpunkt der Eintragung noch einig**; ein Widerruf der Auflassungserklärungen ist nicht erfolgt.

IV. Ferner müsste T zur Eigentumsübertragung an dem Grundstück auch **berechtigt** gewesen sein.
Zur Eigentumsübertragung ist der verfügungsbefugte Eigentümer oder der verfügungsbefugte Nicht-Eigentümer berechtigt.
Als Grundstückseigentümerin unterlag T keinerlei Verfügungsbeschränkungen und ist mithin auch zur Eigentumsübertragung auf N berechtigt.

Somit hat N das Eigentum an dem Grundstück von T gemäß §§ 873 Abs. 1, 925 erlangt und ist daher neuer Eigentümer geworden.

Fall 23: Minderjährigenrecht: Vorteilhaftes Verpflichtungs- und nachteiliges Verfügungsgeschäft (isolierte Betrachtungsweise oder Gesamtbetrachtungslehre?)

Vater V möchte seinem, ohne Mutter aufwachsenden, 12-jährigen Sohn S schenkungsweise ein Grundstück aus dem Familienvermögen übertragen. Das Grundstück ist mit einem Mehrfamilienhaus bebaut und die einzelnen Wohnungen sind vermietet.

Anlässlich des Abschlusses des notariellen Schenkungsvertrags erklärte V im Namen des S vor dem zuständigen Notar auch die Einigung über den Rechtsübergang am Grundstück (= Auflassung).

Ist die Auflassung am Grundstück wirksam zustande gekommen?

Eine wirksame Einigung über den Rechtsübergang (= Auflassung) ist gemäß §§ 873 Abs. 1, 925 zustande gekommen, wenn dafür die Voraussetzungen vorliegen.

I. Dazu müssten sich V und S zunächst gemäß **§§ 873 Abs. 1, 925** über den Eigentumsübergang am Grundstück geeinigt haben **(Auflassung)**.

V stand hier auf beiden Seiten des Rechtsgeschäfts und einigte sich als Vertreter des S mit sich selbst über den Eigentumsübergang am Grundstück gemäß § 873 Abs. 1. Die Einigung erfolgte auch vor dem Notar und damit nach § 925 formgerecht. Die im Rahmen der Einigung von V als Vertreter des S für diesen abgegebene Willenserklärung wirkt aber gemäß § 164 Abs. 1 S. 1 nur dann für und gegen S, wenn V ihn wirksam vertreten hat.

Dazu müssten die Voraussetzungen einer wirksamen Stellvertretung gemäß § 164 Abs. 1 S. 1 vorliegen.

1. Eine **eigene Willenserklärung** des V liegt vor.

2. Ferner handelte V auch ausdrücklich im Namen des S und daher **in fremdem Namen**.

3. Fraglich ist jedoch, ob V auch **mit Vertretungsmacht** gehandelt hat.

a) Nach § 1626 Abs. 1 S. 1 haben die Eltern die Pflicht und das Recht, für das minderjährige Kind zu sorgen **(elterliche Sorge)**. Die elterliche Sorge, die V allein ausübt, umfasst gemäß § 1629 Abs. 1 S. 1, 3 die Vertretung des Kindes. Mithin ist V gesetzlicher Vertreter des S und hat somit **grundsätzlich kraft Gesetzes Vertretungsmacht** für S.

Zur Vermeidung eines Insichgeschäfts wird ein Ergänzungspfleger (§ 1909) für den Minderjährigen bestellt.
In den Fällen der §§ 1643, 1821, 1822 Nr. 1, 3, 5, 8–11 ist zudem die Genehmigung des Familiengerichts einzuholen.

b) Die Vertretungsmacht des V könnte aber **ausnahmsweise** gemäß §§ 1629 Abs. 2, 1795 Abs. 2, 181 ausgeschlossen sein. Danach können die Eltern ihr Kind insoweit nicht vertreten, als ein Vormund von der Vertretung ausgeschlossen ist. Ein Vormund darf **Insichgeschäfte** gemäß **§ 181** grundsätzlich nicht vornehmen.

aa) Die Norm beruht auf der Gefahr eines möglichen Interessenkonflikts und den daraus drohenden Nachteilen für den Vertretenen. Sie ist daher **teleologisch zu reduzieren**, wenn eine solche Gefahr nicht besteht. Das ist der Fall, wenn das Geschäft für den Vertretenen (hier S) **lediglich rechtlich vorteilhaft** ist.

Die teleologische Reduktion der Grundregel des § 181 (Ausschluss der Vertretungsmacht bei Insichgeschäften) gilt bei jedem Vertretergeschäft und nicht nur, wenn der Vertretene minderjährig ist. Die Maßstäbe zum rechtlichen Vorteil sind aber wie bei § 107 zu betrachten.

Der Erwerb von (Grund-)Eigentum stellt grundsätzlich einen rechtlichen Vorteil dar. Hier führt der Erwerb eines Grundstücks, auf dem sich vermietete Wohnungen befinden, aber dazu, dass der Erwerber (S) nach § 566 Abs. 1 in die Pflichten aus den Mietverträgen eintritt. Ihn treffen somit unmittelbar durch den Eigentumserwerb erhebliche vertragliche Pflichten. Daher stellt hier der Eigentumserwerb einen rechtlichen Nachteil dar. § 181 (und dessen Grundregel) kann daher hier nicht teleologisch reduziert werden.

bb) Nach **§ 181 a.E.** gilt das Vertretungsverbot jedoch auch dann nicht, wenn das vorzunehmende Rechtsgeschäft **ausschließlich in der Erfüllung einer Verbindlichkeit** besteht.

Hier erfolgte die Übereignung des Grundstücks nur, um die Verpflichtung des V aus dem Schenkungsvertrag gemäß § 362 Abs. 1 zu erfüllen. Diese Verpflichtung müsste aber auch wirksam begründet worden sein.

Das setzt einen wirksamen Schenkungsvertrag i.S.d. § 516 zwischen V und S voraus.

Die zum Abschluss des Vertrags erforderlichen Willenserklärungen könnte V mit Wirkung für sich und nach § 164 Abs. 1 S. 1 auch mit Wirkung für und gegen S abgegeben haben. Ein Schenkungsversprechen des V, mit dem er sich verpflichtet, das Eigentum am Grundstück zu übertragen, liegt vor. Aufgrund der notariellen Beurkundung ist dieses auch nicht nach § 125 S. 1 i.V.m. § 518 Abs. 1 nichtig. Die für S abgegebene Einigungserklärung wirkt auch für diesen, wenn er wirksam gemäß § 164 Abs. 1 S. 1 von V vertreten wurde.

V gab auch beim Abschluss des Schenkungsvertrages eine eigene Willenserklärung im Namen des S ab. Nach den §§ 1626 Abs. 1 S. 1, 1629 Abs. 1 S. 1, 3 handelte V auch grundsätzlich mit gesetzlicher Vertretungsmacht. Nach den §§ 1629 Abs. 2, 1795 Abs. 2, 181 ist diese jedoch auch beim Abschluss des Schenkungsvertrages ausgeschlossen, wenn V das Geschäft als Vertreter auch mit sich im eigenen Namen vornimmt. Das ist hier grundsätzlich der Fall.

Jedoch ist § 181, wie oben dargelegt, teleologisch zu reduzieren, wenn das zu beurteilende Rechtsgeschäft für den Vertretenen lediglich rechtlich vorteilhaft ist. Aus dem Schenkungsvertrag erhält S lediglich einen Anspruch gegen V auf Übertragung des Eigentums an dem Grundstück. Rechtliche Nachteile resultieren daraus noch nicht. Demnach ist der Abschluss des Schenkungsvertrages bei genauer Beachtung des Trennungs- und Abstraktionsprinzips für S lediglich rechtlich vorteilhaft. Die Ausnahme des § 181 a.E. würde dann greifen und V könnte S auch bei der dinglichen Übertragung des Eigentums vertreten.

cc) Dies würde aber im Ergebnis bedeuten, dass V ohne Mitwirkung einer Kontrollinstanz (Ergänzungspfleger/Familiengericht) den minderjährigen S mit erheblichen Rechtsnachteilen, die hier durch den Eintritt in die bestehenden Mietverhältnisse gemäß § 566 begründet werden, belasten könnte. Dies widerspricht dem im Gesetz (§§ 104 ff.) angelegten Prinzip des umfassenden und ausnahmslosen Schutzes des Minderjährigen, weshalb § 1795 Abs. 2 auch auf die zu § 181 im Wege teleologischer Reduktion entwickelte (ungeschriebene) Ausnahme, wonach eine Interessenkollision im Sinne der Norm dann nicht vorliegt, wenn das Geschäft für den Vertretenen lediglich rechtlich vorteilhaft ist, verweist.[64]

Umstritten ist jedoch, ob in Fällen, in denen sich das aufgrund der für sich genommen lediglich rechtlich vorteilhaften Schenkung vorgenommene Verfügungsgeschäft als rechtlich nachteilig erweist, bei der Beurteilung der Wirksamkeit des Verfügungsgeschäftes eine Gesamtbetrachtung oder eine isolierte Betrachtung der beiden Rechtsgeschäfte erfolgen muss.

Gesamtbetrachtungslehre und **isolierte Betrachtungsweise** sind zum Minderjährigenschutz entwickelt worden:
- beim Tätigwerden der Eltern im Rahmen des Ausschlusstatbestandes nach § 181, letzter Hs.
- beim Tätigwerden des Minderjährigen im Rahmen der Einwilligung nach § 107.

(1) Die frühere Rspr. und Teile der Lit. nahmen zum Schutz des beschränkt geschäftsfähigen Minderjährigen eine Gesamtbetrachtung des dinglichen und schuldrechtlichen Geschäfts vor (**Gesamtbetrachtungslehre**).[65] Werde der Minderjährige aufgrund des die schuldrechtliche Verpflichtung vollziehenden dinglichen Geschäfts persönlich verpflichtet, so sei auch der Schenkungsvertrag, das schuldrechtliche Geschäft, bei wertender Betrachtung nicht mehr lediglich rechtlich vorteilhaft.

Nach der Gesamtbetrachtungslehre ist also bei einer Gesamtschau von Schenkungsvertrag und Vollzug durch Übertragung des mit einem Mietshaus bebauten Grundstücks schon der Schenkungsvertrag nicht lediglich rechtlich vorteilhaft. Folglich wäre bereits der von V mit sich im Namen des S geschlossene Schenkungsvertrag gemäß §§ 1629 Abs. 2, 1795 Abs. 2, 181 mangels Vertretungsmacht des V wegen des Insichgeschäfts schwebend unwirksam. Dann läge hinsichtlich des Verfügungsgeschäfts keine zu erfüllende Verbindlichkeit i.S.d. § 181 letzter Hs. vor.

Mithin wäre nach der Gesamtbetrachtungslehre das Verfügungsgeschäft schwebend unwirksam.

(2) Nach heute einhelliger Ansicht in Rspr.[66] und Lit.[67] verstößt die Gesamtbetrachtungslehre gegen das Abstraktionsprinzip, nach dem Verpflichtungs- und Verfügungsgeschäft unabhängig voneinander zu beurteilende Rechtsgeschäfte sind **(isolierte Betrachtungsweise)**. Dennoch dürfe der Schenkungsvertrag, um eine Belastung des Minderjährigen zu verhindern, nicht erfüllt werden. Im Rahmen des Verfügungsgeschäfts müsse dann **§ 181 a.E. teleologisch reduziert** werden, da eine zu erfüllende Verbindlichkeit im Sinne der Vorschrift wertend nur dann vorläge, wenn sich aus der Erfüllung keine Rechtsnachteile ergeben würden.

Demnach wäre hier der Schenkungsvertrag als lediglich rechtlich vorteilhaftes Verpflichtungsgeschäft wirksam. Jedoch wäre das Verfügungsgeschäft aufgrund der sich ergebenden Verpflichtungen aus § 566 durch teleologische Reduktion des Ausnahmetatbestandes des § 181 letzter Hs. schwebend unwirksam.

64 Jänicke/Braun NJW 2013, 2474, 2475.
65 BGHZ 78, 28, 34 f.; Staudinger/Knothe § 107 Rn. 31; Musielak, Grundkurs BGB, Rn. 360 m.w.N.
66 BGH RÜ 2010, 749, 750.
67 Erman/Müller § 107 Rn. 6; Rüthers/Stadler, BGB AT, § 23 Rn. 11; Emmerich JuS 2005, 457 ff.; Kern JA 1990, 281, 284.

(3) Folglich kann der Minderjährige nach beiden Lösungsansätzen das Eigentum an dem Grundstück nicht erwerben.

Merke: Sofern die Ansichten zum gleichen Ergebnis kommen, hat eine Streitentscheidung zu unterbleiben!

II. Die Einigung über den Rechtsübergang i.S.d. §§ 873 Abs. 1, 925 ist mithin schwebend unwirksam, sodass zurzeit keine wirksame Einigung über den Rechtsübergang (= Auflassung) gemäß §§ 873 Abs. 1, 925 zustande gekommen ist.

Anmerkung:

Die Entwicklung in der höchstrichterlichen Rspr. führte zunächst in Fällen, in denen bereits das Verpflichtungsgeschäft bei isolierter Betrachtungsweise mit Rechtsnachteilen für den Minderjährigen verbunden ist, zur Ablehnung der Gesamtbetrachtungslehre (vgl. Fall 24).

Eine Ablehnung der Gesamtbetrachtungslehre für den vorliegenden Fall 23, bei dem das Verpflichtungsgeschäft noch vorteilhaft, aber das Verfügungsgeschäft nachteilhaft ist, war zunächst vom BGH nur angedeutet worden.[68]

Mittlerweile ist der BGH aber gänzlich von der Gesamtbetrachtungslehre abgerückt[69] *und schützt den Minderjährigen dadurch, dass er das Verpflichtungsgeschäft unabhängig von den möglichen Rechtsnachteilen des Verfügungsgeschäfts (und umgekehrt) am Maßstab des § 107 überprüft. Das bedeutet, dass die teleologische Reduktion des § 181 in allen Fällen, in denen man den Vertretenen als schützenswert erachtet, stets vorgenommen werden muss und zwar unabhängig von Art und Entstehung der schuldrechtlichen Verpflichtung. Eine Differenzierung innerhalb der Fallkonstellationen, die von § 1795 Abs. 1 Nr. 1 und §§ 1795 Abs. 2, 181 umgrenzt werden, ist nicht erforderlich.*[70]

Im Rahmen des § 181 kam es hier somit an zwei Stellen zu teleologischen Reduktionen:

- *zum einen wird (neben dem geschriebenen Ausnahmetatbestand des § 181 a.E.) die Grundregel des § 181 teleologisch reduziert: Danach greift das Vertretungsverbot nicht, wenn das Rechtsgeschäft dem Vertretenen lediglich einen rechtlichen Vorteil bringt. Eine solche teleologische Reduktion kam hier beim Schenkungsvertrag in Betracht; beim dinglichen Rechtsgeschäft musste sie wegen der Nachteile des § 566 Abs. 1 abgelehnt werden.*
- *zum anderen wird der geschriebene Ausnahmetatbestand des § 181 a.E. (letzter Hs.) nach heute ganz h.M. teleologisch im Hinblick auf die §§ 107 ff. reduziert. Das gilt dann, wenn zwar das (dingliche) Rechtsgeschäft ausschließlich in der Erfüllung eines für den Minderjährigen lediglich rechtlich vorteilhaften Vertrages besteht, bei dem der Vertreter den Minderjährigen vertreten darf, die (dingliche) Erfüllung aber für den Minderjährigen nachteilhaft ist.*

68 BGH NJW 2005, 1430 f.
69 BGH RÜ 2010, 749 ff.
70 Jänicke/Braun NJW 2013, 2474, 2477.

Fall 24: Minderjährigenrecht: Nachteiliges Verpflichtungs- und vorteilhaftes Verfügungsgeschäft (isolierte Betrachtungsweise oder Gesamtbetrachtungslehre?)
(BGH, Urt. v. 25.11.2004 – V ZB 13/04, BGHZ 161, 170 ff.)

M ist Mutter der 15-jährigen K 1 und des 13-jährigen K 2. Im Wege vorweggenommener Erbfolge schloss sie mit ihren Kindern einen Vertrag über die unentgeltliche Übertragung eines jeweils hälftigen Miteigentumsanteils an einem ihr gehörenden Grundstück. Jedoch behielt M sich nach dem Vertrag für bestimmte Fälle, z.B. bei Veräußerung des Grundstücks ohne ihre Zustimmung, ein Rücktrittsrecht vor. Bei Ausübung dieses Rechts sollten die Kinder sämtliche Kosten im Zusammenhang mit Übertragung und Rückabwicklung tragen. Später erfolgte unter Beachtung aller Formalien die Auflassung des Grundstücks, an der nur M – für sich und für ihre Kinder – mitwirkte, vor dem zuständigen Notar.

Ist die Auflassung wirksam zustande gekommen?

Eine wirksame Einigung über den Rechtsübergang (= Auflassung) ist gemäß §§ 873 Abs. 1, 925 zustande gekommen, wenn dafür die Voraussetzungen vorliegen.

I. Dazu müsste sich M mit K 1 und K 2 gemäß **§§ 873 Abs. 1, 925** über den Eigentumsübergang am Grundstück **geeinigt** haben.
M stand hier auf beiden Seiten des Rechtsgeschäfts und einigte sich als Vertreterin von K 1 und K 2 mit sich selbst über den Eigentumsübergang am Grundstück gemäß § 873 Abs. 1. Die Einigung erfolgte vor dem zuständigen Notar und damit nach § 925 formgerecht.
Die im Rahmen der Einigung von M als Vertreterin von K 1 und K 2 abgegebene Willenserklärung wirkt aber gemäß § 164 Abs. 1 S. 1 nur dann für und gegen K 1 und K 2, wenn M sie wirksam vertreten hat. Dazu müssten die Voraussetzungen einer wirksamen Stellvertretung gemäß § 164 Abs. 1 S. 1 vorliegen.

1. Eine **eigene Willenserklärung** der M liegt vor.

2. Ferner handelte M auch im Namen ihrer Kinder und damit **in fremdem Namen**.

3. Ferner müsste M auch **mit Vertretungsmacht** gehandelt haben.

a) M hat gemäß § 1629 Abs. 1 S. 1, 3 als gesetzliche Vertreterin grundsätzlich kraft Gesetzes Vertretungsmacht für K 1 und K 2.

b) Die Vertretungsmacht der M könnte aber gemäß **§§ 1629 Abs. 2, 1795 Abs. 2, 181** ausgeschlossen sein. Danach können die Eltern ihr Kind insoweit nicht vertreten, als ein Vormund von der Vertretung ausgeschlossen ist. Ein Vormund darf **Insichgeschäfte** gemäß § 181 **grundsätzlich** nicht vornehmen.

aa) Ein solches ist aber gemäß **§ 181 letzter Hs.** ausnahmsweise dann zulässig, wenn das vorzunehmende Rechtsgeschäft ausschließlich in der Erfüllung einer Verbindlichkeit besteht.

Die Auflassung des Grundstücks erfolgte hier, um die Verpflichtung der M aus dem Überlassungsvertrag gemäß § 362 Abs. 1 zu erfüllen. Nach § 181 letzter Hs. besteht das Rechtsgeschäft aber nur dann in der Erfüllung einer Verbindlichkeit, wenn diese Verbindlichkeit auch wirksam begründet wurde.

Fraglich ist daher, ob der **Überlassungsvertrag** zwischen M und den Kindern **wirksam** ist. M gab für sich und ihre Kinder entsprechende Willenserklärungen ab. Für und gegen K1 und K2 wirken diese Erklärungen nach § 164 Abs. 1 S. 1 jedoch nur, wenn M sie bei Abschluss des Überlassungsvertrags wirksam vertreten hat.

Auch hier gab M eine eigene Willenserklärung im Namen von K1 und K2 ab. Die grundsätzlich auch bestehende Vertretungsmacht aus den §§ 1626 Abs. 1 S. 1, 1629 Abs. 1 S. 1, 3 könnte jedoch hier nach den §§ 1629 Abs. 2, 1795 Abs. 2, 181 ausgeschlossen sein. M schloss das Rechtsgeschäft auch mit sich als Vertreterin von K1 und K2. Die Voraussetzungen des § 181 sind daher erfüllt. Auch greift die Ausnahme des § 181 letzter Hs. beim Überlassungsvertrag nicht ein. Jedoch ist § 181 teleologisch zu reduzieren, wenn die Vornahme des Rechtsgeschäfts für den Vertretenen lediglich rechtlich vorteilhaft ist (*vgl. Fall 23*). Hier gibt der Überlassungsvertrag den Kindern zunächst das Recht, die Übertragung des Grundstücks unentgeltlich zu verlangen, und ist insoweit rechtlich vorteilhaft. Im Fall der Rückabwicklung des Vertrages nach den §§ 346 ff. tragen die Kinder jedoch die Kosten. Der Vertrag ist somit (auch) rechtlich nachteilhaft.

Somit kann § 181 hier nicht teleologisch reduziert werden. M hatte daher keine Vertretungsmacht beim Abschluss des Überlassungsvertrages.

Mithin ist der Überlassungsvertrag schwebend unwirksam, sodass keine wirksame Verbindlichkeit, die mit der Auflassung erfüllt werden könnte, bestand. Mithin greift die Ausnahme des § 181 letzter Hs. nicht ein.

bb) Über die Ausnahme des § 181 letzter Hs. hinaus ist jedoch die Grundregel des § 181 (Vertretungsverbot) auch dann teleologisch zu reduzieren, wenn die Vornahme des Rechtsgeschäfts für die Vertretenen lediglich rechtlich vorteilhaft ist (s.o.).

Die Übertragung des Eigentums an K1 und K2 ist für diese nur rechtlich vorteilhaft. Sie erwerben Eigentum, sind aber keinen weiteren Verpflichtungen ausgesetzt. Etwaige Verpflichtungen aus dem Überlassungsvertrag sind nicht Folge des Eigentumsübergangs. Zwar träfe die Kinder wegen der Unwirksamkeit des Überlassungsvertrags mit der Übereignung des Grundstücks eine bereicherungsrechtliche Verpflichtung zur Herausgabe des Miteigentums (§ 812 Abs. 1 S. 1 Var. 1). Diese Verpflichtung wäre ihrem Umfang nach auf den noch vorhandenen Wert der rechtsgrundlosen Leistung beschränkt (§ 818 Abs. 3), sodass die Auflassung in jedem Fall lediglich rechtlich vorteilhaft wäre. Ein anderes Ergebnis lässt sich auch nicht über § 139 rechtfertigen. Zwar können Kausalgeschäft und Erfüllungsgeschäft in Ausnahmefällen zu einer Einheit i.S.d. § 139 zusammengefasst werden. Eine solche Verbindung kommt hier wegen der Bedingungsfeindlichkeit der Auflassung (§ 925 Abs. 2) jedoch nicht in Betracht. Auch die Auflassungsvormerkung (§ 883) setzt nur das Entstehen des zu sichernden

Beachten Sie, um welches Rechtsgeschäft es geht: Zu prüfen ist § 181 im Zusammenhang mit der dinglichen Auflassungserklärung. Die Prüfung des § 181 beim Überlassungsvertrag erfolgte oben nur inzident im Rahmen des § 181 letzter Hs. („Erfüllung einer Verbindlichkeit").

schuldrechtlichen Übereignungsanspruchs voraus,[71] begründet diesen jedoch nicht und hat auch sonst keine persönlichen Verpflichtungen des Grundstückseigentümers zur Folge.[72]

Die **Auflassung** bringt für sich genommen also jedem Kind in Form des hälftigen Miteigentumsanteils einen **lediglich rechtlichen Vorteil**. § 181 wäre daher insoweit teleologisch zu reduzieren und der Eigentumserwerb zu ermöglichen.

cc) Dagegen könnten jedoch die Nachteile des Überlassungsvertrages sprechen. Eine derartige schuldrechtliche Belastung der Kinder könnte dem im Gesetz (§§ 104 ff.) angelegten Prinzip des umfassenden und ausnahmslosen Minderjährigenschutzes widersprechen. Fraglich ist insoweit, ob wegen der rechtlichen Nachteiligkeit des schuldrechtlichen Überlassungsvertrags auch die Auflassung „gesamt betrachtet" **(Gesamtbetrachtungslehre)** nicht mehr als lediglich rechtlich vorteilhaft eingestuft werden kann oder ob die Auflassung als vorteilhaftes Verfügungsgeschäft vom nachteiligen Verpflichtungsgeschäft „getrennt betrachtet" **(isolierte Betrachtungsweise)** werden muss *(vgl. Fall 23)*.

In BGHZ 161, 170 ff. distanzierte sich der BGH zunächst nur von der noch in der Entscheidung BGHZ 78, 28 ff. vertretenen Gesamtbetrachtungslehre. Heute lehnt er die Gesamtbetrachtungslehre ausdrücklich ab (BGH NJW 2010, 3643 f. = RÜ 2010, 749 ff.).

Eine solche mögliche Gesamtbetrachtung wurde jedoch im umgekehrten Fall, dass das Verpflichtungsgeschäft vorteilhaft, das Verfügungsgeschäft aber nachteilhaft war, nur vorgenommen, weil dem Minderjährigen über § 181 letzter Hs. dinglich der rechtlich nachteilhafte Gegenstand „aufgedrängt" werden konnte. Ist jedoch wie hier nur das Verpflichtungsgeschäft rechtlich nachteilhaft, fehlt es von vornherein an einer Verpflichtung, die der gesetzliche Vertreter im Wege des Insichgeschäfts gemäß § 181 letzter Hs. erfüllen könnte. Der dingliche Erwerb beruht vielmehr auf der teleologischen Reduktion des § 181. Dieser ist auch gerade lediglich vorteilhaft. Es ist somit bereits bei Anwendung dieser Grundsätze gesichert, dass der Minderjährige zwar die Vorteile des dinglichen Geschäfts erlangt, aber nicht den Nachteilen des Verpflichtungsgeschäfts ausgesetzt ist. Eine Umgehung des von § 107 intendierten Schutzes ist dann nicht möglich. Es bleibt dann vielmehr bei dem – auch im Rahmen von § 107 – geltenden Grundsatz, dass Verfügungen als abstrakte Rechtsgeschäfte unabhängig von den ihnen zugrunde liegenden Kausalgeschäften zu beurteilen sind.[73]

Die Unwirksamkeit der Auflassung lässt sich also nicht daraus herleiten, dass man den Überlassungsvertrag als Gesamtheit betrachtet, also zwischen den mit seinem schuldrechtlichen Teil und seinem dinglichen Teil jeweils verbundenen Rechtsfolgen nicht differenziert. Es ist vielmehr eine isolierte Betrachtung erforderlich, wonach die Auflassung, an der M auch für ihre Kinder mitwirkte, als lediglich rechtlich vorteilhaftes Geschäft wirksam ist.

§ 181 ist also wegen der rechtlichen Vorteilhaftigkeit der Auflassung teleologisch zu reduzieren. Demnach ist die Vertretungsmacht der M bei der Auflassungserklärung zugunsten von K1 und K2 nicht nach §§ 1629 Abs. 2, 1795 Abs. 2, 181 ausgeschlossen, sodass sie auch mit Vertretungsmacht

---

71 BGHZ 54, 56, 63; 150, 138, 142; Keller JuS 2009, 561, 563.

72 BGHZ 161, 170, 177 = BGH NJW 2005, 415, 417; Keller JuS 2009, 561, 563.

73 BGHZ 161, 170, 175 = BGH NJW 2005, 415, 417; vgl. Jauernig JuS 1982, 576 f.; Preuß JuS 2006, 305, 309.

handelte. Somit wirkt die Einigung über den Eigentumsübergang am Grundstück gemäß § 164 Abs. 1 S. 1 auch für und gegen K 1 und K 2.

Mithin hat sich M mit K 1 und K 2 gemäß §§ 873 Abs. 1, 925 geeinigt.

II. Mangels Eingreifen von rechtshindernden Einwendungen (= Nichtigkeitsgründen) ist die Einigung auch insgesamt wirksam.

Somit ist eine wirksame Einigung über den Rechtsübergang (= Auflassung) gemäß §§ 873 Abs. 1, 925 zustande gekommen.

2. Abschnitt: Formbedürftigkeit, §§ 125 ff.

Fall 25: Bewusste Nichtbeachtung der Form (Edelmannfall)
(RGZ 117, 121 ff.)

A verspricht B als Belohnung für seine Dienste im Wege einer unentgeltlichen Zuwendung ein Grundstück. Auf das Verlangen des B nach notarieller Beurkundung entgegnete A, B könne ganz beruhigt sein, er sei ein Mann von Adel und sein Edelmannswort genüge. Letztlich entpuppt sich A jedoch keineswegs als Edelmann und denkt gar nicht daran, B das Grundstück zu übereignen.

Hat B einen Anspruch auf Auflassung?

B könnte gegen A einen Anspruch auf Übereignung des Grundstücks aus § 516 Abs. 1 haben.

I. Dazu müssten A und B einen Schenkungsvertrag abgeschlossen haben, d.h. sie müssten sich i.S.d. § 516 geeinigt haben.

Zwei übereinstimmende Willenserklärungen in Form eines Angebots und einer damit inhaltlich übereinstimmenden Annahme von A und B liegen vor, indem A dem B im Wege einer unentgeltlichen Zuwendung nach § 516 ein Grundstück verspricht.

Somit liegt eine Einigung i.S.d. § 516 vor.

II. Ferner müsste die Einigung zwischen A und B auch wirksam sein. Die Einigung könnte vorliegend nach § 125 S. 1 nichtig sein.

1. Dann müsste zunächst ein **gesetzliches Formerfordernis nach § 125 S. 1** bestehen. Ein Vertrag, durch den sich der eine Teil verpflichtet, das Eigentum an einem Grundstück zu übertragen, bedarf gemäß § 311 b Abs. 1 S. 1 der notariellen Beurkundung. Ein Schenkungsvertrag ist zudem immer gemäß § 518 Abs. 1 notariell zu beurkunden. A verspricht B die Übereignung eines Grundstücks, sodass ein gesetzliches Formerfordernis – die notarielle Beurkundung – gemäß § 311 b Abs. 1 S. 1 und gemäß § 518 Abs. 1 besteht.

Rechtsfolge § 125 S. 1: Grundsatz: Nichtigkeit. **Ausnahme:** Heilung (z.B. § 311 b Abs. 1 S. 2, § 518 Abs. 2, § 766 S. 3, u.a.), aber kein allgemeiner Grundsatz „Heilung durch Erfüllung"; Durchbrechung § 125: Treu und Glauben, § 242 (z.B. Existenzvernichtung/ -gefährdung, schwerer Treueverstoß).

2. Ferner dürfte die gesetzlich vorgeschriebene **Form nicht eingehalten** worden sein. Indem die notarielle Beurkundung unterblieben ist, ist die gemäß § 311 b Abs. 1 S. 1 und gemäß § 518 Abs. 1 vorgeschriebene Form nicht eingehalten worden.

3. Das bedeutet, dass die Einigung gemäß § 125 S. 1 an sich nichtig ist. Bislang ist auch weder die Auflassung noch die Eintragung in das Grundbuch erfolgt, sodass keine Heilung nach § 311 b Abs. 1 S. 2 bzw. nach § 518 Abs. 2 vorliegt.

Fraglich ist jedoch, ob diese strenge Rechtsfolge nicht aus Billigkeitsgründen nach **Treu und Glauben gemäß § 242** aufgelockert werden kann. Davon darf ausgegangen werden, wenn die Nichtigkeit zu nicht bloß harten, sondern schlechthin untragbaren Ergebnissen für den Betroffenen führt.[74]

74 Vgl. BGH NJW 1987, 1069 f.

A und B haben in Kenntnis des gesetzlichen Formerfordernisses ihre Vereinbarung formlos getroffen. Wissen die Parteien bei Vertragsabschluss, dass ein Teil ihrer Abmachungen wegen Nichtbeachtung der gesetzlich vorgeschriebenen Form unwirksam ist, so wird das Rechtsgeschäft lediglich von den übrigen Vertragsbestimmungen gebildet.[75] Der formunwirksame Teil eines Rechtsgeschäfts oder aber das formunwirksame Rechtsgeschäft im Ganzen ist demnach ungültig. Das liegt daran, dass ein schlechthin untragbares Ergebnis eben nicht anzunehmen ist, wenn das Risiko der Vorleistung, also die Dienste des B, ohne formwirksamen Vertrag bewusst und freiwillig übernommen wurde. Die Nachteile, die durch die Formunwirksamkeit entstehen, soll demnach derjenige tragen, der bewusst und willentlich auf den gesetzlichen Schutz und damit auf den Sinn und Zweck der Formvorschriften **(Warnfunktion, Beweisfunktion, Belehrungsfunktion, Kontrollfunktion = Erkennbarkeit für Dritte)** verzichtet hat.

Das bedeutet, dass A und B demnach die Folgen der Nichtigkeit zu tragen haben, was in diesem Falle zulasten des B geht. Folglich ist eine Durchbrechung der strengen Rechtsfolge des § 125 nicht angezeigt, sodass die Einigung gemäß § 125 S. 1 nichtig und damit unwirksam ist.

Somit hat B gegen A keinen Anspruch auf die Übereignung des Grundstücks aus § 433 Abs. 1 S. 1.

Anmerkung:

In einem späteren, dem Edelmannfall ähnlich gelagerten Fall (= ein bedeutendes wirtschaftliches Unternehmen hatte unter Einsatz seines Gewichts und seines Ansehens sowie durch den Hinweis, dass es einen privatschriftlichen Vertrag einem notariellen als gleichwertig anzusehen pflege, einen ehemaligen Mitarbeiter zum Absehen von der Einhaltung der notariellen Form veranlasst[76]), ist der BGH von diesen klaren Regeln abgewichen. Das Unternehmen habe unter Einsatz seiner Bedeutung und seines Ansehens sowie unter Hinweis auf die Geschäftsgepflogenheiten in so nachdrücklicher Weise die Erfüllung des formnichtigen Vertrags in Aussicht gestellt, dass es sich ohne Verstoß gegen Treu und Glauben nicht von dem Vertrag lossagen könne. Seine spätere Berufung auf die Formnichtigkeit des Vertrags stelle ohne Rücksicht darauf, dass sich der Vertragspartner nicht in einem Irrtum über dessen Formbedürftigkeit befunden habe, eine unzulässige Rechtsausübung dar.[77]

75 BGHZ 45, 376.
76 BGHZ 48, 396 ff.
77 BGHZ 48, 396, 399 f.

Fall 26: Anforderungen an die Schriftform i.S.d. § 126

Anlässlich des von Meteorologen angekündigten „Jahrhundert-Sommers" beschließt A, sich beim Kühlgerätehändler H den neuen Eiswürfelbereiter McCool zuzulegen. Da die Maschine eigentlich für den Business- und Industriebedarf entwickelt worden und daher auch recht teuer ist, verlangt H von A eine Sicherheit. Ansonsten will H ihm die Maschine nicht aushändigen. Kurz entschlossen ruft A seine Schwester S an und bittet sie, für ihn gegenüber H zu bürgen. S setzt handschriftlich eine entsprechende Bürgschaftserklärung auf, unterschreibt sie und sendet sie umgehend per Telefax an H. Dies genügt H, der A den Eiswürfelbereiter übergibt.

Kann H, falls A den Kaufpreis nicht zahlt, S auf Zahlung in Anspruch nehmen?

H könnte gegenüber S einen Anspruch auf Zahlung des Kaufpreises (zur Begleichung der Kaufpreisverbindlichkeit des A) aus § 765 Abs. 1 haben.

Dazu müssten H und S sich mit dem Inhalt eines Bürgschaftsvertrags nach § 765 geeinigt haben und der Einigung dürften keine Wirksamkeitshindernisse entgegenstehen.

I. Indem sich S gegenüber H verbürgt, sind zwei übereinstimmende empfangsbedürftige Willenserklärungen in Form eines Angebots der S und einer damit inhaltlich übereinstimmenden Annahme des H gegeben.
Somit liegt eine Einigung i.S.d. § 765 vor.

II. Die Einigung i.S.d. § 765 zwischen H und S müsste auch wirksam sein. Das ist insbesondere dann nicht der Fall, wenn die Bürgschaft **gemäß § 125 S. 1 formnichtig** ist.

1. Dann müsste zunächst ein **gesetzliches Formerfordernis nach § 125 S. 1** bestehen. Zur Gültigkeit eines Bürgschaftsvertrags ist nach § 766 S. 1 die schriftliche Erteilung der Bürgschaftserklärung erforderlich. Diese Formvorschrift findet nach § 350 HGB aber keine Anwendung, sofern die Bürgschaft aufseiten des Bürgen ein Handelsgeschäft i.S.d. § 343 HGB ist. Auch wenn H als Händler wohl Kaufmann i.S.d. § 1 HGB ist, gilt dies nicht für die Bürgin S. Daher ist § 350 HGB nicht einschlägig, sodass hier gemäß § 766 S. 1 ein gesetzliches Formerfordernis besteht.

2. Fraglich ist, ob S die von § 766 S. 1 gesetzlich vorgeschriebene Schriftform durch Übersendung des Telefaxes eingehalten hat.

a) Die Anforderungen an die **Schriftform** bestimmen sich nach **§ 126**, d.h., es muss eine Urkunde vom Aussteller eigenhändig durch Namensunterschrift oder mittels notariell beglaubigten Handzeichens unterzeichnet werden. Eine **Urkunde** ist die schriftliche Verkörperung einer Erklärung. Das gesamte formbedürftige Rechtsgeschäft muss in einer Urkunde enthalten sein. Besteht die Urkunde aus mehreren Blättern, so muss deren Zusammengehörigkeit durch körperliche Verbindung oder in sonstiger Weise erkennbar gemacht werden. Die **Unterzeichnung** muss den Text der Urkunde räumlich abschließen. Ein Nachtrag erfordert eine neue Unterschrift. Das Erfordernis „durch Namensunterschrift oder mittels notariell beglau-

bigten Handzeichens" dient dem Zweck, dass der Aussteller zweifelsfrei festgestellt werden kann. Dabei genügt die Unterzeichnung mit dem Familiennamen oder die Verwendung eines Pseudonyms, wenn der Erklärende dadurch sicher ermittelt werden kann. Die **Unterschrift** muss stets eigenhändig vom Erklärenden selbst und mit der Hand geleistet werden.
Zwar hat S in diesem Sinne das Schriftstück mit allen wesentlichen Angaben zu Inhalt und Umfang der Bürgschaftsverpflichtung eigenhändig ge- und unterschrieben, sodass eine Urkunde entstanden ist, die die Anforderungen nach § 126 Abs. 1 erfüllt. Zweifelhaft ist aber, ob die im Wege des Faxvorgangs übermittelte Urkunde, die H nun in Händen hält, den Anforderungen der §§ 766 S. 1, 126 Abs. 1 ebenfalls genügt. Schließlich verlangt § 766 S. 1 die schriftliche „Erteilung" der Erklärung. Die Erklärung muss somit formgerecht zugehen, § 130 Abs. 1 S. 1. Mit Blick darauf, dass § 766 S. 1 durch das Erfordernis der schriftlichen Erteilung der Bürgschaftserklärung den Bürgen zu größerer Vorsicht anhalten und vor Übereilung schützen will **(Warnfunktion und Beweisfunktion)**, kann die Fernkopie der schriftlichen Originalerklärung mittels Telefax die Anforderungen des § 126 nicht erfüllen.[78] Der Bürge soll also, auch wenn er die Urkunde bereits unterschrieben hat, so lange nicht gebunden sein, als er die Originalurkunde nicht aus der Hand gibt. Das Telefax stellt daher keine formgültige Bürgschaftserklärung gemäß §§ 766 S. 1, 126 Abs. 1 dar.

b) Jedoch könnte das Telefax der Textform des § 126 b genügen.
§ 126 b regelt mit der Textform einen Formtyp der lesbaren, aber unterschriftlosen Erklärung und erfüllt daher keine der klassischen Formzwecke **(Warnfunktion und Beweisfunktion)**. Sie ist für Erklärungen und Mitteilungen angemessen, in denen die klassischen Formfunktionen keine Rolle spielen. Bei einer Bürgschaftserklärung kommt es jedoch gerade auf die Warnfunktion an. Das Telefax genügt der Textform des § 126 b nicht.

Die Schriftform kann immer durch notarielle Beurkundung (§ 126 Abs. 4) und in den gesetzlich geregelten Fällen durch elektronische Form (§ 126 Abs. 3) ersetzt werden. Die elektronische Form des § 126 a ist hier nach § 766 S. 2 ausgeschlossen.

c) Somit ist die vom Gesetz vorgeschriebene schriftliche Erteilung der Bürgschaftserklärung gemäß §§ 766 S. 1, 126 nicht eingehalten worden.

3. Das bedeutet, dass die Einigung gemäß § 125 S. 1 an sich nichtig ist.
Mangels Erfüllung der Hauptverbindlichkeit durch die Bürgin S ist der Formfehler auch bislang nicht gemäß § 766 S. 3 geheilt worden.
Auch eine Durchbrechung der Rechtsfolge des § 125 S. 1 nach den Grundsätzen von Treu und Glauben gemäß § 242 kommt hier nicht in Betracht.

Auf ein Bestehen der Hauptschuld (wg. Akzessorietät der Bürgschaft, § 767 Abs. 1 S. 1) kommt es mangels wirksamen Bürgschaftsvertrags also nicht mehr an.

Mithin ist die Bürgschaftserklärung der S gemäß § 125 S. 1 nichtig und folglich haben sich H und S nicht wirksam i.S.d. § 765 geeinigt.

Daher hat H gegenüber S keinen Anspruch auf Zahlung des Kaufpreises (zur Begleichung der Kaufpreisverbindlichkeit des A) aus § 765 Abs. 1.

78 BGHZ 121, 224, 229; BGH NJW 2008, 506; Palandt/Ellenberger § 126 Rn. 8.

Fall 27: Vereinbarte Form nach § 127

Gärtner G sehnt sich schon seit langem nach einer anspruchsvollen Laube in einem Schrebergarten in der Pfalz. Bei einem Besuch der von ihm favorisierten Anlage versichert ihm V, der die einzelnen Parzellen der Anlage vermietet, dass er den Gemeinschaftsraum der Anlage für Feierlichkeiten bei Anmietung einer Laube kostenlos mitbenutzen könne. Der von beiden Seiten in der Folgezeit unterzeichnete Mietvertrag über eine schöne Laube enthält keinerlei Regelungen über die Nutzung des Gemeinschaftsraums. Gleichwohl sieht der Vertrag vor, dass mündliche Nebenabreden ungültig sind und das Schriftformerfordernis auch für Nebenabreden sowie nachfolgende Vertragsänderungen oder Vertragsergänzungen gilt. Das Schriftformerfordernis kann wiederum nur durch schriftliche Vereinbarung beseitigt werden.

Kann G die Überlassung des Gemeinschaftsraums für eine Feierlichkeit von V verlangen?

G könnte gegenüber V einen Anspruch auf Überlassung des Gemeinschaftsraums aus § 535 Abs. 1 S. 1 haben.

I. Zunächst müssten sich G und V i.S.d. § 535 **geeinigt** haben.

Zwei übereinstimmende Willenserklärungen in Form eines Angebots und einer damit inhaltlich übereinstimmenden Annahme von G und V zur Gebrauchsüberlassung von Laube (schriftlich) und Gemeinschaftsraum (mündlich) liegen vor, sodass beide sich i.S.d. § 535 geeinigt haben.

II. Ferner müsste die **Einigung** zwischen G und V auch **wirksam** sein. Die Einigung könnte hier nach § 125 S. 2 i.V.m. S. 1 nichtig sein.

1. Dann müsste zunächst ein durch Rechtsgeschäft bestimmtes **Formerfordernis nach § 125 S. 2** bestehen.

Mietverträge sind dem Gesetz nach grundsätzlich nicht an eine Form gebunden. Eine Ausnahme davon normieren die §§ 550, 578 und §§ 557 a Abs. 1, 557 b Abs. 1, die hier aber nicht einschlägig sind. Dennoch steht es den Mietvertragsparteien frei, vertraglich eine bestimmte Form zu vereinbaren (sog. **gewillkürte Form**), vgl. § 127. Haben die Parteien für einen Vertrag die Schriftform, elektronische Form oder Textform vereinbart, können sie die an die zur Wahrung der Form zu stellenden Anforderungen frei bestimmen. Treffen sie hierüber keine Regelung und ergibt auch die Auslegung nach §§ 133, 157 keine Anhaltspunkte, greift die Auslegungsregel des § 127 ein. Nach ihr gelten die §§ 126, 126 a und 126 b mit den Erleichterungen des § 127 im Zweifel auch für die rechtsgeschäftlich bestimmte Form.

G und V haben für beide Vertragsparteien erkennbar im schriftlichen Mietvertrag über die Laube vereinbart, dass mündliche Nebenabreden ungültig sind und das Schriftformerfordernis auch für Nebenabreden sowie nachfolgende Vertragsänderungen oder Vertragsergänzungen gilt. Insofern hat die vereinbarte Schriftform nicht bloß deklaratorischen, sondern vielmehr konstitutiven Charakter. Die Schriftform war also Wirksamkeitsvoraussetzung für die Überlassung des Gemeinschaftsraums und ist auch nicht durch eine schriftliche Vereinbarung beseitigt worden. Somit haben die Parteien vertraglich Schriftform für Nebenabreden vereinbart. Jedoch haben sie im Vertragswerk nicht die Anforderungen an die Schriftform festgelegt. Auch lassen sich die Anforderungen nicht aus den Umständen, die zum Vertragsabschluss geführt haben, entnehmen.

Das bedeutet, dass eine an den §§ 133, 157 orientierte Auslegung keinerlei Anhaltspunkte hinsichtlich der Ausgestaltung des Schriftformerfordernisses ergibt.

Somit greift die Auslegungsregel des § 127 ein, wonach die Schriftform den Anforderungen des § 126 genügen muss.

Mithin besteht für die Nebenabrede zur Überlassung des Gemeinschaftsraums ein durch Rechtsgeschäft bestimmtes Formerfordernis nach § 125 S. 2.

Ein vertraglich vereinbartes Formerfordernis kann von den Parteien jederzeit wieder aufgehoben werden, wenn ein entsprechender Parteiwille vorhanden ist und die Anforderungen an eine solche Aufhebungsvereinbarung (z.B. Schriftlichkeit) vorliegen.

2. Ferner dürfte die durch Rechtsgeschäft vorgeschriebene Form nicht eingehalten worden sein.

Die Überlassung des Gemeinschaftsraums zu Feierlichkeiten ist von G und V im schriftlichen Mietvertrag nicht den Anforderungen des § 127 Abs. 1 i.V.m. § 126 entsprechend geregelt worden, sodass sie die durch Rechtsgeschäft vorgeschriebene Form nicht eingehalten haben.

3. Das bedeutet, dass die Einigung gemäß § 125 S. 2 i.V.m. S. 1 nichtig ist. Eine Möglichkeit zur Heilung besteht hier nicht. Auch eine Durchbrechung der Rechtsfolge des § 125 S. 1 nach den Grundsätzen von Treu und Glauben gemäß § 242 kommt hier nicht in Betracht.

Folglich haben sich G und V nicht wirksam i.S.d. § 535 über die Gebrauchsüberlassung des Gemeinschaftsraums geeinigt, sodass G auch keinen Anspruch gegenüber V auf Überlassung des Gemeinschaftsraums aus § 535 Abs. 1 S. 1 hat.

3. Abschnitt: Gesetzliches Verbot, § 134

Fall 28: Anforderungen an ein Verbotsgesetz i.S.d. § 134 bei beiderseitigem Verstoß (Schwarzarbeiter-Fall)
(Vgl. BGH, Urt. v. 01.08.2013 – VI ZR 6/13; BGH RÜ 2013, 618 ff.)

A ist Eigentümerin eines Grundstücks und möchte ihre etwa 170 qm große Auffahrt auf dem Grundstück neu pflastern lassen. Die Auffahrt soll der Belastung durch das Befahren mit einem 40 t schweren Lkw standhalten. Nach der Besichtigung des Grundstücks erklärt sich B bereit, die Baumaßnahme durchzuführen. Beide vereinbaren als Werklohn einen Pauschalbetrag i.H.v. 1.800 €, für den B keine Rechnung stellen soll.

Nachdem B die Arbeiten vereinbarungsgemäß durchgeführt hat, zeigen sich kurz darauf einige Unebenheiten in der Pflasteroberfläche. Daher zahlte A den Werklohn nicht und verlangte Nachbesserung, die in der Folgezeit jedoch erfolglos blieb. Ein Sachverständiger kam zu dem Ergebnis, dass Ursache für die Unebenheiten eine von B zu dick ausgeführte Sandschicht unterhalb der Pflastersteine war. Weiterhin führte der Sachverständige aus, dass bei Beseitigung der Unebenheiten voraussichtlich Kosten i.H.v. ca. 6.000 € anfallen würden. Diesen Betrag verlangt nun A von B zum Zwecke der Mängelbeseitigung als Vorschuss.

Zu Recht?

Bearbeitervermerk:

1. Es wird auf § 1 des Gesetzes zur Bekämpfung der Schwarzarbeit und illegalen Beschäftigung (Schwarzarbeitsbekämpfungsgesetz) hingewiesen:

§ 1: Zweck des Gesetzes

(1) Zweck des Gesetzes ist die Intensivierung der Bekämpfung der Schwarzarbeit.

(2) Schwarzarbeit leistet, wer Dienst- oder Werkleistung erbringt oder ausführen lässt und dabei
1. als Arbeitgeber, Unternehmer oder versicherungspflichtiger Selbstständiger seine sich auf Grund der Dienst- oder Werkleistung ergebenden sozialversicherungsrechtlichen Melde-, Beitrags- oder Aufzeichnungspflichten nicht erfüllt,
2. als Steuerpflichtiger seine sich auf Grund der Dienst- oder Werkleistungen ergebenden steuerlichen Verpflichtung nicht erfüllt, ...

2. Es ist von einem Verstoß gegen steuerliche Pflichten i.S.v. § 370 AO und § 14 Abs. 2 S. 1 Nr. 1 UStG auszugehen.

A. §§ 634 Nr. 2, 637 Abs. 3

A könnte gegen ein Anspruch auf Zahlung von ca. 6.000 € Vorschuss für die Kosten einer Mängelbeseitigung aus **§§ 634 Nr. 2, 637 Abs. 3** haben.

I. Dann müssten zunächst die **Voraussetzungen von § 634** gegeben sein.

Das ist der Fall, wenn das Werk bei Abnahme i.S.d. § 640 mangelhaft ist. Das bedeutet, dass A und B zunächst einmal einen wirksamen Werkvertrag i.S.d. § 631 abgeschlossen haben müssten.

1. Hier verpflichtet sich der Werkunternehmer B zur entgeltlichen Herstellung eines Erfolgs, indem er mit der Werkbestellerin A vereinbart, die Auffahrt auf dem Grundstück der A zu pflastern und dafür ein Entgelt i.H.v. 1.800 € zu erhalten.
Mithin haben A und B einen Werkvertrag i.S.d. § 631 abgeschlossen.

2. Ferner müsste die Einigung zwischen A und B auch wirksam sein.

Hier kommt als Nichtigkeitsgrund nur ein Verstoß gegen ein Verbotsgesetz gemäß **§ 134 i.V.m. § 1 Abs. 2 Nr. 2 SchwarzArbG** in Betracht.

a) Dann müsste § 1 Abs. 2 Nr. 2 SchwarzArbG ein Verbotsgesetz sein.
Verbotsgesetze sind Gesetze, die die Vornahme eines Rechtsgeschäfts wegen seines Inhalts, des mit ihm bezweckten Erfolgs oder aufgrund besonderer Umstände untersagen.
Zwar enthält § 1 Abs. 2 SchwarzArbG kein ausdrückliches Verbot, aber gleichwohl will das SchwarzArbG seinem Sinn und Zweck nach nicht nur den tatsächlichen Vorgang der Schwarzarbeit eindämmen, sondern im Interesse der wirtschaftlichen Ordnung den zugrunde liegenden Rechtsgeschäften die rechtliche Wirkung nehmen.[79] Deshalb ist es unschädlich, dass auch das SchwarzArbG keine ausdrücklichen Verbote enthält. Es definiert den Begriff der Schwarzarbeit in § 1 Abs. 2 SchwarzArbG und soll mit dieser klaren Beschreibung dazu beitragen, das Unrechtsbewusstsein in der Bevölkerung zu stärken und damit präventiv der Schwarzarbeit entgegenzuwirken.[80] Außerdem zählt zur Schwarzarbeit nunmehr gemäß **§ 1 Abs. 2 Nr. 2 SchwarzArbG** auch die Erbringung oder Ausführung von Dienst- oder Werkleistungen, wenn dabei von einem Steuerpflichtigen eine sich aufgrund der Dienst- oder Werkleistungen ergebende **steuerliche Pflicht nicht erfüllt** wird. Im Falle der Entlohnung eines selbständigen Handwerkers durch den Besteller ohne Rechnungsstellung liegt jedenfalls in objektiver Hinsicht regelmäßig ein Verstoß des Unternehmers gegen die Erklärungs- und Anmeldungspflichten gemäß **§ 25 Abs. 3 EStG und § 18 Abs. 1, Abs. 3 UStG** sowie gegen die Rechnungsstellungspflicht gemäß **§ 14 Abs. 2 Satz 1 Nr. 1 UStG** vor.[81] Der Gesetzgeber hat den Tatbestand der Verletzung steuerlicher Pflichten ausdrücklich zur Beschreibung einer Form der Schwarzarbeit eingeführt, weil diese in Zusammenhang mit Schwarzarbeit regelmäßig in der Absicht verletzt werden, Steuern zu hinterziehen.[82] Mit der Regelung wurde bewusst auch der Auftraggeber erfasst, der die Schwarzarbeit erst ermöglicht oder unterstützt, da ohne ihn die Schwarzarbeit gar nicht vorkommen würde.[83]
Somit enthält § 1 Abs. 2 Nr. 2 SchwarzArbG das Verbot zum Abschluss eines Werkvertrages, wenn dieser Regelungen enthält, die dazu dienen, dass eine Vertragspartei als Steuerpflichtige ihre sich aufgrund der nach dem Vertrag geschuldeten Werkleistungen ergebenden steuerlichen Pflichten nicht erfüllt und stellt damit ein Verbotsgesetz dar.[84]

---

79 BGH RÜ 2013, 618; Mueko/Armbrüster § 134 Rn. 77; Stamm NJW 2014, 2145, 2146 f.
80 BT-Drs. 15/2573, S. 18.
81 Vgl. Bosch, NJOZ 2008, 3044, 3049.
82 BT-Drs. 15/2573, S. 19.
83 BT-Drs. 15/2573, S. 18.
84 BGH RÜ 2015, 625; BGH RÜ 2017, 409, 410.

Schema für § 134

1. **Vorliegen eines Verbotsgesetzes**
   - **Gesetz:** alle Gesetze im materiellen Sinne (Art. 2 EGBGB)
   - **Verbotsgesetz:** Ein an sich zulässiges Rechtsgeschäft wird wegen seines Inhalts oder der Umstände seines Zustandekommens untersagt. Es muss eine Einschränkung des rechtlichen „Dürfens“, nicht des rechtlichen „Könnens“ vorliegen.
2. **Verstoß gegen das Verbotsgesetz**
   Erfüllung des objektiven Tatbestandes (nur bei Straftaten wird meist die Verwirklichung auch des subjektiven Tatbestandes verlangt).
3. **Rechtsfolge:** Nichtigkeit, „wenn sich nicht aus dem Gesetz ein anderes ergibt“:
   - **Beide Parteien** Adressaten des Gesetzes und **beiderseitiger Gesetzesverstoß:** i.d.R. **Gesamtnichtigkeit** des Vertrages (z.B. SchwarzArbG)
   - **Ausnahmen:**
     - Sinn und Zweck des Gesetzes gebietet Teilnichtigkeit (z.B. AO, Verstoß gegen preisrechtliche Verbotsgesetze)
     - Gesetz verbietet nur Art und Weise des Abschlusses (z.B. Ladenschlussgesetz)
   - Adressat des Gesetzes nur **eine Partei** oder nur **einseitiger Verstoß** gegen das Gesetz: i.d.R. **Wirksamkeit des Vertrages** (z.B. HandwO); **Ausnahme:** Gesetzeszweck lässt sich nur durch Nichtigkeit erreichen (z.B. RDG)

Das UStG (und auch das EStG) sind nicht im Schönfelder enthalten. Soweit Vorschriften aus diesen Gesetzen in einer Klausur zu prüfen sind, müssten sie im Anschluss an den Aufgabentext abgedruckt werden. Die AO ist aber im Schönfelder unter der Nr. 88 b abgedruckt.

2. Ferner müsste ein **Verstoß** gegen das Verbotsgesetz vorliegen.
Gemäß § 1 Abs. 2 Nr. 2 SchwarzArbG leistet Schwarzarbeit, wer Werkleistungen erbringt oder ausführen lässt und dabei als Steuerpflichtiger seine sich daraus ergebenden steuerlichen Pflichten nicht erfüllt.

a) B hat hier gegen **§ 370 AO** verstoßen und eine Steuerhinterziehung begangen. Er hat zudem gegen seine steuerliche Pflicht aus **§ 14 Abs. 2 S. 1 Nr. 1 UStG** verstoßen.

b) Ob auch die A als Werkbestellerin gegen ihre steuerlichen Pflichten verstoßen hat, kann indes offenbleiben;[85] schließlich ist ein Verstoß gegen das Verbotsgesetz schon dadurch gegeben ist, dass B gegen seine steuerlichen Pflichten und damit gegen § 1 Abs. 2 Nr. 2 SchwarzArbG verstoßen hat.

3. Fraglich ist, ob der Verstoß gegen das Verbotsgesetz auch gemäß § 134 zur Nichtigkeit führt.
Dies richtet sich nach dem Sinn und Zweck der jeweiligen Verbotsnorm.

a) Ein **Verstoß beider Parteien** gegen das Verbotsgesetz hat grundsätzlich die Nichtigkeit des Vertrags zur Folge.[86]

Ein beiderseitiger Verstoß gegen die steuerlichen Pflichten und damit gegen § 1 Abs. 2 Nr. 2 SchwarzArbG ist bislang nicht festgestellt worden, sodass sich die Nichtigkeit auch nicht aus einem beiderseitigen Verstoß gegen das Verbotsgesetz ergibt.

b) Verstößt nur eine Partei gegen das Verbotsgesetz, ist der Vertrag grundsätzlich wirksam. Nichtigkeit ist aber dann anzunehmen, wenn dies der Zweck des Gesetzes fordert und die durch das Rechtsgeschäft getroffene inhaltliche Regelung nicht hingenommen werden kann.

Ein einseitiger Verstoß des Unternehmers gegen das SchwarzArbG führt zur Nichtigkeit, wenn der Besteller den Gesetzesverstoß kennt und bewusst zu seinem eigenen Vorteil ausnutzt.[87] Wenn der Unternehmer seine Pflicht zur Erteilung einer Rechnung verletzt und der Besteller dies bewusst zu seinem Vorteil ausnutzt, dann reicht eine solche Beteiligung des Bestellers aus, um eine Nichtigkeit eines zugrunde liegenden Werkvertrages herbeizuführen. Dies hat der Gesetzgeber durch Änderungen im SchwarzArbG und UStG deutlich machen wollen, indem er die Pflichten zur Rechnungserteilung und -aufbewahrung erweitert hat und umfassender sanktioniert.[88] Für die zahlreichen Änderungen hat der Gesetzgeber gerade deshalb eine Notwendigkeit gesehen, weil nur so das **Ziel, die „Ohne-Rechnung-Geschäfte" wirkungsvoll zu bekämpfen**, erreicht werden kann.[89] Es müssen, gerade im Hinblick auf die enormen Steuerausfälle, sowohl für den Unternehmer als auch für den Leistungsempfänger entsprechende Pflichten bestehen. So führt insbesondere die zusätzliche Rechnungsaufbewahrungspflicht des privaten Leistungsempfängers nach § 14 b Abs. 1

---

85 In der Lit. wird zum Teil angenommen, der Werkbesteller verstoße bei einer Ohne-Rechnung-Abrede gegen § 13 b Abs. 2 Nr. 4 UStG; siehe dazu Bosch NJOZ 2008, 3044.

86 BGH RÜ 2013, 618, 620; BGH RÜ 2015, 625, 626; Stamm NJW 2014, 2145, 2147.

87 BGH RÜ 2013, 618, 620; BGH JA 2014, 623, 624; Palandt/Ellenberger § 134 Rn. 22; Jauernig/Mansel § 134 Rn. 11; Stamm NJW 2014, 2145, 2147.

88 Vgl. Art. 12 des Gesetzes zur Intensivierung der Bekämpfung der Schwarzarbeit und damit zusammenhängender Steuerhinterziehung vom 23. Juli 2004, BGBl. I S. 1842.

89 BGH RÜ 2013, 618, 620; BGH JA 2014, 623, 624; BT-Drs. 15/2573, S. 34.

S. 5 UStG neben der Rechnungsausstellungspflicht des Unternehmers, dazu, dass beide Seiten ein erhebliches Interesse daran hätten, dass das Geschäft legal mit Rechnung abgewickelt wird. Dies wird durch entsprechende Bußgeldbewehrungen noch verstärkt.[90] Das zeigt, dass – unabhängig von ihrer systematischen Einordnung in das UStG – auch diese Gesetzesänderungen nicht isoliert der Steuererhebung dienen sollten, sondern in erster Linie veranlasst waren, um zusammen mit der Schaffung des neuen SchwarzArbG diese vom Gesetzgeber missbilligte Form von Rechtsgeschäften ganz zu verhindern.[91] Adressat war dabei ausdrücklich auch der Besteller, um ihn vor „Pfuscharbeit" zu bewahren.[92]
Dem entspricht es, die Nichtigkeitsfolge aus dem SchwarzArbG schon dann eintreten zu lassen, wenn der Werkbesteller von den entsprechenden Verstößen des Werkunternehmers weiß und sie bewusst zu seinem Vorteil ausnutzt. Hier erfolgten die Verstöße gegen die steuerlichen Vorschriften vorsätzlich; sie waren sogar ausdrücklich vereinbart. So ersparte sich A einen Teil des Werklohns (jedenfalls in Höhe der anfallenden Umsatzsteuer).

Folglich führt schon der einseitige Gesetzesverstoß durch B zur Nichtigkeit des Werkvertrags.

Mithin ist der zwischen A und B geschlossene Werkvertrag gemäß § 134 i.V.m. § 1 Abs. 2 Nr. 2 SchwarzArbG nichtig.

c) B könnte es gemäß **§ 242** jedoch verwehrt sein, sich auf die Nichtigkeit zu berufen, indem er sich dadurch den Gewährleistungsansprüchen der A entzieht.
Zwar verstößt ein Werkvertrag mit einer Ohne-Rechnung-Abrede gegen § 1 Abs. 2 Nr. 2 SchwarzArbG und dies führt, wie zuvor aufgezeigt, zur Nichtigkeit des Werkvertrags. **Die Nichtigkeitsfolge des § 134 kann aber dann ausnahmsweise nach § 242 in ganz engen Grenzen durch eine Berufung auf Treu und Glauben überwunden werden**. Hierfür reicht es jedenfalls nicht aus, dass ein widersprüchliches Verhalten des Unternehmers darin liegt, dass er bei einem Bauvertrag die von ihm geschuldeten Bauleistungen regelmäßig an dem Grundstück des Bestellers erbringt und er sich bei der Inanspruchnahme wegen Mängeln anschließend auf die Nichtigkeit des Bauvertrags beruft, obwohl der Besteller wegen der Schwierigkeiten einer Rückabwicklung das Werk typischerweise behalten wird. Vielmehr bleibt es bei dem Grundsatz, dass wegen der Nichtigkeit des Vertrages Mängelansprüche von vornherein nicht gegeben sind.[93] Dafür spricht auch, dass so der Zweck des Gesetzes, Schwarzarbeit zu verhindern, besser erreicht werden kann. Weiß der Besteller, dass er bei derartigen Geschäften das Risiko trägt, keine Gewährleistungsrechte zu erhalten, wird der Präventivgedanke des SchwarzArbG eher verwirklicht.
Mangels ganz besonderer Umstände ist es hier dem B nicht gemäß § 242 verwehrt, sich auf die Nichtigkeit des Werkvertrags zu berufen.

Somit ist die Einigung zwischen A und B i.S.d. § 631 unwirksam, sodass auch die Voraussetzungen des § 634 nicht vorliegen.

---

90 BGH RÜ 2013, 618, 620; BT-Drs. 15/2573, S. 34 f.
91 BGH RÜ 2013, 618; Liauw Jura 2014, 211, 215.
92 BGH JA 2014, 623, 624.
93 BGH RÜ 2013, 618, 621; Stamm NJW 2014, 2145, 2146.

II. Folglich hat A gegen den B keinen Anspruch auf Zahlung von ca. 6.000 € Vorschuss für die Kosten einer Mängelbeseitigung aus §§ 634 Nr. 2, 637 Abs. 3.

B. §§ 280 Abs. 1, 311 Abs. 2 Nr. 3, 241 Abs. 2

Jedoch könnte sich ein Schadensersatzanspruch von A gegenüber B aus §§ 280 Abs. 1, 311 Abs. 2 Nr. 3, 241 Abs. 2 ergeben.

I. Ein nichtiger Vertrag ist ein ähnlicher geschäftlicher Kontakt i.S.d. § 311 Abs. 2 Nr. 3 und damit ein **Schuldverhältnis**.

II. Fraglich ist jedoch, ob B auch **Pflichten** aus diesem Schuldverhältnis **verletzt** hat. Mit der Herstellung eines mangelhaften Werks hätte B gegen seine vertraglichen Pflichten aus § 633 Abs. 1 verstoßen. Diese Pflichten bestehen hier gemäß § 134 i.V.m. § 1 Abs. 2 Nr. 2 SchwarzArbG nicht und darüber hinausgehende Pflichten, die auch bei einem nichtigen Vertrag bestehen, hat B auch nicht verletzt. Die Pflicht, keine Geschäfte abzuschließen, die gegen das SchwarzArbG verstoßen, ist keine gegenüber A bestehende Pflicht.

Mithin besteht kein Schadensersatzanspruch von A gegenüber B aus §§ 280 Abs. 1, 311 Abs. 2 Nr. 3, 241 Abs. 2.

C. § 823 Abs. 1

A könnte jedoch gegenüber B einen Anspruch auf Schadensersatz aus § 823 Abs. 1 haben.

Dann müsste zunächst eine Rechts(gut)verletzung bei A eingetreten sein. Hier kommt eine **Rechtsverletzung** der A durch eine Eigentumsverletzung in Betracht.
Das Eigentum der A an der Auffahrt ist jedoch nicht verletzt; schließlich hat A an der Auffahrt als solcher nie mangelfreies Eigentum erworben. Es kann allenfalls das Eigentum an dem Grundstück verletzt sein. Werden Werkleistungen erbracht, besteht ein deliktischer Anspruch aber nur, soweit das Integritätsinteresse des Bestellers verletzt ist **(sog. weiterfressender Mangel)**. Das ist nicht der Fall, wenn sich der Mangelunwert der Bauleistung mit dem Schaden am Eigentum deckt. Die A macht mit dem Schadensersatzanspruch allein die Kosten für die Mängelbeseitigung geltend. **Es ist nur das Interesse an einer ordnungsgemäßen Vertragserfüllung, also das Äquivalenzinteresse, und kein darüber hinausgehendes Integritätsinteresse verletzt**. Daher ist auch das Eigentum an dem Grundstück nicht verletzt.
Folglich ist keine Rechts(gut)verletzung bei A eingetreten.

Somit hat A gegenüber B keinen Anspruch auf Schadensersatz aus § 823 Abs. 1.

D. § 812 Abs. 1 S. 1 Var. 1

Zudem scheitert ein bereicherungsrechtlicher Anspruch von A gegenüber B aus §§ 812 Abs. 1 S. 1 Var. 1, 818 Abs. 2 mangels Zahlung des Werklohns durch A jedenfalls daran, dass B nichts erlangt hat.[94]

---

94 Beachte für die §§ 812 ff. die Kondiktionssperre aus § 817 S. 2 (analog): BGH RÜ 2014, 409, 412 ff.; BGH RÜ 2015, 625, 626 f.; BGH RÜ 2017, 409, 411.

Anmerkung:

Nach früherer Rspr. konnte der Werkunternehmer bei Schwarzarbeit gemäß §§ 812 Abs. 1 S. 1 Var. 1, 818 Abs. 2 Wertersatz für seine Leistungen verlangen, weil man davon ausging, dass § 817 S. 2 (analog) nach Treu und Glauben (§ 242) unanwendbar ist.[95] Heute ist auch nach Ansicht der Rspr. eine einschränkende Auslegung des § 817 S. 2 (analog) nach Treu und Glauben nicht mehr geboten, weil der selbst gegen das Gesetz verstoßende oder an dem Gesetzesverstoß mitwirkende Besteller die erlangte Leistung unter Umständen ohne jegliche Gewährleistung behalten würde.[96] Der Ausschluss auch eines bereicherungsrechtlichen Anspruchs mit der ihm zukommenden abschreckenden Wirkung ist ein geeignetes Mittel die in der Gesetzesbegründung zum Ausdruck kommende Zielsetzung des Gesetzgebers mit den Mitteln des Zivilrechts zu fördern.[97]

95 BGHZ 111, 308, 312.

96 BGH RÜ 2014, 409, 413; BGH RÜ 2015, 625, 626 f.; BGH RÜ 2017, 409, 411; Stamm NJW 2014, 2145, 2146.

97 BGH RÜ 2014, 409, 413; BGH RÜ 2015, 625, 626 f.

Fall 29: Anforderungen an ein Verbotsgesetz i.S.d. § 134 bei einseitigem Verstoß (Praxisverkauf-Fall)
(BGH, Urt. v. 11.12.1991 – VIII ZR 4/91; BGHZ 116, 268 ff.)

Zahnarzt V betrieb eine kieferorthopädische Arztpraxis, die er mit notariellem Vertrag vom 18.03.2012 an den Zahnarzt K veräußerte. In der Vertragsurkunde heißt es auszugsweise:

§ 1

Für die Abwicklung der Honorarzahlungen der laufenden Behandlungsfälle gilt, dass alle Zahlungen aus der Quartalsabrechnung der kassenzahnärztlichen Vereinigung für das Quartal 1/2012 und alle bis zum 30.03.2012 fälligen Rechnungsbeträge aus Privathonoraren, auch wenn diese noch nicht in Rechnung gestellt sind, dem Verkäufer zustehen. Alle nach dem 01.04. 2012 fälligen Rechnungsbeträge stehen dem Erwerber zu.

Kann V von K die Abnahme der Arztpraxis und Zahlung des Kaufpreises dafür verlangen?

V könnte gegen K einen Anspruch auf Abnahme und Zahlung des Kaufpreises aus § 433 Abs. 2 haben.

I. Zunächst müssten sich U und K gemäß **§§ 433, (453) geeinigt** haben.

Zwei übereinstimmende Willenserklärungen in Form eines Angebots des V und einer damit inhaltlich übereinstimmenden Annahme des K über den Verkauf der Arztpraxis liegen vor, sodass sie sich i.S.d. §§ 433, (453) geeinigt haben.

II. Ferner müsste die Einigung zwischen V und K auch wirksam sein. Die Einigung könnte vorliegend nach § 134 i.V.m. § 203 Abs. 1 Nr. 1 StGB nichtig sein.

1. Dann müsste § 203 Abs. 1 Nr. 1 StGB zunächst ein **Verbotsgesetz i.S.d. § 134** darstellen.

Strafnormen sind regelmäßig Verbotsgesetze i.S.d. § 134; maßgebend sind aber in jedem Fall Sinn und Zweck des Gesetzes.[98]

Die Regelung des § 203 Abs. 1 Nr. 1 StGB dient dem Schutz der informationellen Selbstbestimmung des Einzelnen nach Art. 1 Abs. 1 i.V.m. Art. 2 Abs. 1 GG. Danach wird das unbefugte Offenbaren eines unter die ärztliche Schweigepflicht fallenden Geheimnisses mit Strafe bedroht, sodass ein Verbotsgesetz i.S.d. § 134 vorliegt.[99]

2. Ferner müsste gegen das gesetzliche Verbot aus § 203 Abs. 1 Nr.1 StGB auch verstoßen worden sein.

Indem V und K vereinbart haben, dass alle Zahlungen aus der Quartalsabrechnung 1/2012 sowie die bis zum 30.03.2012 fällige Rechnungsbeträge aus Privathonoraren, auch wenn diese noch nicht in Rechnung gestellt sind, V und alle nach dem 01.04.2012 fälligen Rechnungsbeträge K zustehen sollen, hat V dem K bereits mit Abschluss des Kaufvertrags die Forderungen gegenüber seinen Patienten offenbart. Dies war zur Bestimmbarkeit des Kaufgegenstands als essentialia negotii erforderlich. So ist jedoch

98 BGHZ 115, 123, 125.
99 BGHZ 116, 268, 272.

auch für K erkennbar, welche Patienten in einem bestimmten Zeitraum in ärztlicher Behandlung waren. Folglich werden bereits durch den Abschluss des Kaufvertrags ohne Einwilligung der Patienten unter die ärztliche Schweigepflicht fallende Patientendaten offenbart und damit wird gegen § 203 Abs. 1 Nr. 1 StGB verstoßen.

Insofern hat jedenfalls V gegen § 203 Abs. 1 Nr. 1 StGB als veräußernder Geheimnisträger von Berufs wegen verstoßen.

Beiderseitige Verstöße sind äußerst selten, z.B.

- Ausschank nach der Polizeistunde, RGZ 103, 264 ff.
- Verkauf nach Ladenschluss, RGZ 60, 276 ff.

Fraglich ist aber, ob auch K als erwerbender Geheimnisträger von Berufs wegen dagegen verstoßen hat. Dagegen spricht, dass § 203 Abs. 1 Nr. 1 StGB als echtes Sonderdelikt nur den zur Wahrung des fremden Geheimnisses Verpflichteten betrifft.
Mithin hat K nicht gegen § 203 Abs. 1 Nr. 1 StGB verstoßen, sodass letztlich nur ein einseitiger Verstoß gegen das Verbotsgesetz vorliegt.

3. Ob dies zur Folge hat, dass das verbotswidrige Rechtsgeschäft nichtig ist, ist nach Sinn und Zweck des Verbotsgesetzes zu beurteilen.

a) Ein **Verstoß beider Parteien** gegen das Verbotsgesetz hat grundsätzlich die Nichtigkeit des Vertrages zur Folge.[100]

b) Verstößt nur eine Partei gegen das Verbotsgesetz, ist der Vertrag grundsätzlich wirksam.
Der Verstoß gegen das in § 203 Abs. 1 Nr. 1 StGB normierte und zur Wahrung des fremden Geheimnisses einseitig verpflichtende Verbot (s.o.) führt ausnahmsweise dann zur Nichtigkeit eines gleichwohl abgeschlossenen Rechtsgeschäfts, wenn es mit dem Zweck des Verbotsgesetzes unvereinbar wäre, die durch das Rechtsgeschäft getroffene rechtliche Regelung hinzunehmen und bestehen zu lassen.[101] Dies ist bei der Übergabe der Patientenkartei an den Praxisnachfolger gleichermaßen erfüllt, wie bei der zusammen mit einer Abtretung der Honorarforderung erfolgten Übergabe von Behandlungsunterlagen an eine gewerbliche Verrechnungsstelle. Unerheblich ist für diese Beurteilung ebenso wie für die tatbestandlichen Voraussetzungen des § 203 Abs. 1 Nr. 1 StGB, dass die Weitergabe an eine Person erfolgt, die gleichfalls der ärztlichen Schweigepflicht unterliegt.[102] Für die zivilrechtliche Folge des § 134 ist es zwar nicht grundsätzlich, aber hier ausnahmsweise unerheblich, ob auch der subjektive Tatbestand für eine Strafbarkeit des betroffenen Arztes vorliegt oder ob dieser sich wegen der bisherigen Rspr. auf einen vorsatz- oder schuldausschließenden Irrtum berufen könnte. Bereits das Vorliegen des objektiven Tatbestands des § 203 Abs. 1 Nr. 1 StGB hat die zivilrechtliche Sanktion der Nichtigkeit des betreffenden Rechtsgeschäfts zur Folge.

Demnach ist der von V und K geschlossene Kaufvertrag gemäß § 134 i.V.m. § 203 Abs. 1 Nr. 1 StGB unwirksam.

Somit hat V gegen K keinen Anspruch auf Abnahme und Zahlung des Kaufpreises aus § 433 Abs. 2.

---

100 BGH RÜ 2013, 618, 620; BGH RÜ 2015, 625, 626; Stamm NJW 2014, 2145, 2147.
101 BGHZ 116, 268, 272.
102 BGHZ 116, 268, 272.

4. Abschnitt: Sittenwidrigkeit und Wucher, § 138

Fall 30: Sittenwidrigkeit von Kreditverträgen
(BGH, Urt. v. 10.07.1986 – III ZR 133/85, BGHZ 98, 174 ff.)

Im Rahmen ihrer ständigen Geschäftsbeziehung gewährte die B-Bank dem Privatmann K einen Ratenkredit mit einer Laufzeit von 60 Monaten für eine Kreditsumme i.H.v. 5.000 €. K arbeitete damals als angestellter Heizungsmonteur, seine Ehefrau, die F, als angestellte Verkäuferin im Supermarkt. In dem von K und F unterschriebenen Kreditvertragsformular, das den Erfordernissen der §§ 491 a, 492 entspricht, war u.a. vermerkt, dass bei einem effektiven Jahreszins von 25,76% mit Auszahlung der Kreditsumme eine einmalige Bearbeitungsgebühr von 3% und zusätzlich eine monatliche Kreditgebühr von 0,89% von der Antragssumme zu leisten sind. Nachdem K und F vereinbarungsgemäß in 60 monatlichen Raten den Gesamtbetrag i.H.v. insgesamt 9.260 € in bar an die B-Bank zurückgezahlt haben, teilt ihnen auf Anfrage eine Verbraucherzentrale mit, dass bei einem üblichen Marktzins von 8,1% die Forderungen der B-Bank wohl überzogen waren.

Können K und F die Gebühren und Zinsen i.H.v. 4.260 € von der B-Bank zurückverlangen?

K und F könnten als Gesamtgläubiger gegen die B-Bank einen Anspruch auf Rückzahlung der Gebühren und Zinsen i.H.v. 4.260 € aus § 812 Abs. 1 S. 1 Var. 1 i.V.m. § 428 haben.

A. Der **Anspruch** müsste **entstanden** sein.

I. Das setzt zunächst voraus, dass die B-Bank gemäß § 812 Abs. 1 S. 1 Var. 1 **etwas erlangt** hat.

Unter „etwas" ist jeder vermögenswerte (rechtliche) Vorteil zu verstehen. Die B-Bank erlangt Vermögensvorteil durch Eigentum und Besitz an den von K und F gezahlten Geldscheinen/-stücken.

II. Ferner müsste die B-Bank diesen Vermögensvorteil auch **durch Leistung der Anspruchsteller** K und F erlangt haben.

Unter einer „Leistung" ist bei § 812 Abs. 1 S. 1 Var. 1 jede bewusste und zweckgerichtete Mehrung fremden Vermögens zur Erfüllung einer, wenn auch nur vermeintlich bestehenden, Verbindlichkeit zu verstehen.

K und F haben bewusst und zweckgerichtet das Vermögen der B-Bank zur Erfüllung ihrer Verbindlichkeit aus dem Darlehensvertrag nach § 488 Abs. 1 S. 2 (Darlehensrückzahlungsverpflichtung) gemehrt.

Somit liegt eine Leistung von K und F gegenüber der B-Bank vor.

III. Ferner müsste die Leistung von K und F **ohne rechtlichen Grund erfolgt** sein.

Das ist der Fall, wenn der mit der Leistung bezweckte Erfolg verfehlt worden ist. Dies wiederum ist jedenfalls dann der Fall, wenn das der Leistung zugrunde liegende Vertragsverhältnis nicht besteht.

1. Das der Leistung von K und F zugrunde liegende Vertragsverhältnis besteht in einem mit der B-Bank abgeschlossenen Verbraucherdarlehensvertrag gemäß §§ 488, 491 Abs. 1.

2. Fraglich ist, ob der Verbraucherdarlehensvertrag auch wirksam zustande gekommen ist.

a) Nach **§ 494 Abs. 1** ist der Verbraucherdarlehensvertrag nichtig, wenn die Schriftform des § 492 Abs. 1 insgesamt nicht eingehalten ist oder wenn eine der in Artikel 247 §§ 6 und 10 bis 13 des EGBGB für den Verbraucherdarlehensvertrag vorgeschriebenen Angaben fehlt.
Der Darlehensvertrag entspricht hier den Anforderungen des § 492 Abs. 1, Abs. 2 i.V.m. Art. 247 §§ 6–13 EGBGB, sodass kein Verstoß gegen verbraucherschützende Formerfordernisse vorliegt und der Vertrag damit jedenfalls nicht formunwirksam ist.

b) Auch eine Nichtigkeit wegen **Wuchers nach § 138 Abs. 2** scheidet aus. Zwar besteht ein auffälliges Missverhältnis zwischen objektivem Wert der Leistung und Gegenleistung, aber es liegt keine Ausbeutung einer Unterlegenheit der Schuldner vor. Die B-Bank macht sich mangels entgegenstehender Anhaltspunkte die Unerfahrenheit von K und F nicht in Kenntnis des objektiven Missverhältnisses bewusst zunutze.

c) Jedoch könnte der Verbraucherdarlehensvertrag gemäß **§ 138 Abs. 1** gegen die guten Sitten verstoßen und daher nichtig sein.
Ein Rechtsgeschäft ist sittenwidrig, wenn es gegen das Anstandsgefühl aller billig und gerecht Denkenden verstößt.[103] Abzustellen ist dabei auf die in der Gemeinschaft oder in der beteiligten Gruppe anerkannten moralischen Anschauungen.

aa) Zunächst müsste der **objektive Tatbestand** des § 138 Abs. 1 erfüllt sein.
Das ist der Fall, wenn das Rechtsgeschäft nach Art und Weise des Zustandekommens anstößig **(Umstandssittenwidrigkeit)**, sein Inhalt verwerflich ist **(Inhaltssittenwidrigkeit)** oder die Gesamtumstände des Rechtsgeschäfts nach Beweggrund und Zweck missbilligenswert sind. Gegenseitige Verträge sind als **wucherähnliche Geschäfte** jedenfalls dann objektiv sittenwidrig, wenn ein auffälliges Missverhältnis von Leistung und Gegenleistung vorliegt.[104]

Beispiel für Umstandssittenwidrigkeit: Ausnutzung einer Macht-/Monopolstellung zur Erzwingung unangemessener Vertragsbedingungen.

Beispiel für Inhaltssittenwidrigkeit: Verstoß gegen herrschende Rechts- und Sozialmoral (Leihmuttervertrag).

Der von der B-Bank verlangte effektive Jahreszins betrug 25,76% und überstieg den üblichen Marktzins von 8,1% damit um über 17%-Punkte. Eine Überschreitung des marktüblichen Zinses „**um mehr als das Doppelte**" führt zu einem krassen Missverhältnis von Leistung und Gegenleistung, sodass der objektive Tatbestand des § 138 Abs. 1 erfüllt ist.

bb) Ferner müsste der **subjektive Tatbestand** des § 138 Abs. 1 erfüllt sein. Das setzt voraus, dass die Partei die Sittenwidrigkeit begründenden Umstände kannte oder sich leichtfertig der Kenntnis erheblicher Tatsachen verschlossen hat. Die Kenntnis der Sittenwidrigkeit an sich ist nicht erforderlich. Bei gegenseitigen Verträgen, die ein auffälliges Missverhältnis von

103 BGHZ 10, 228, 232; 69, 295, 297.
104 BGHZ 98, 174, 176.

Leistung und Gegenleistung aufweisen, ist dies jedenfalls dann der Fall, wenn eine verwerfliche Gesinnung des Handelnden dergestalt erkennbar ist, dass er die Zwangslage des anderen Teils bewusst zu seinem Vorteil ausnutzt oder sich zumindest leichtfertig der Erkenntnis verschlossen hat, dass sich der andere nur unter dem Zwang der Verhältnisse auf den für ihn ungünstigen Vertrag eingelassen hat. Bei einem besonders groben Missverhältnis wird sogar widerleglich vermutet, dass ein Handeln aus verwerflicher Gesinnung vorlag.[105]

Mit Blick auf das hier vorliegende, besonders grobe Missverhältnis von Leistung und Gegenleistung, das nicht nur zu einer überhöhten Zinsbelastung, sondern auch zu einer untragbaren Gebührenhöhe führt, greift die Vermutung ein, dass ein Handeln aus verwerflicher Gesinnung vorlag.

Diese Vermutung ist seitens der B-Bank auch nicht widerlegt worden, sodass der subjektive Tatbestand des § 138 Abs. 1 ebenfalls erfüllt ist.

cc) Mithin verstößt der Verbraucherdarlehensvertrag gemäß § 138 Abs. 1 gegen die guten Sitten und ist daher nichtig.

Beachte: In einer gutachterlichen Falllösung sind alle in Betracht kommenden Nichtigkeitsgründe zu erörtern!

d) Darüber hinaus könnte auch noch ein **Verstoß gegen ein Verbotsgesetz gemäß § 134 i.V.m. § 291 Abs. 1 Nr. 1 StGB** in Betracht kommen. Die dafür erforderlich Ausbeutung der Unerfahrenheit, indem die B-Bank sich für die Gewährung eines Kredits Vermögensvorteile versprechen und gewähren lässt, die in einem auffälligen Missverhältnis zu der Leistung stehen, scheitert jedoch am fehlenden Vorsatz (s.o. bei § 138 Abs. 2).
Mithin liegt kein Verstoß gegen ein Verbotsgesetz vor.

IV. Somit bleibt festzuhalten, dass aufgrund der Sittenwidrigkeit des Darlehensvertrages letztlich kein Rechtsgrund i.S.d. § 812 Abs. 1 S. 1 Var. 1 für die Leistung von K und F an die B-Bank vorliegt.

V. Der Anspruch aus § 812 Abs. 1 S. 1 Var. 1 ist auch nicht gemäß **§ 814** ausgeschlossen, da K und F weder gewusst haben, dass sie zur Leistung nicht verpflichtet sind, noch die Leistung einer sittlichen Pflicht oder einer auf den Anstand zu nehmenden Rücksicht entsprach.

VI. Ferner ist der Anspruch aus § 812 Abs. 1 S. 1 Var. 1 nicht gemäß **§ 817 S. 2 (analog)** ausgeschlossen; es liegt weder ein einseitiger Verstoß der Leistenden K und F (§ 817 S. 2 analog) noch ein beiderseitiger Verstoß (§ 817 S. 2 direkt) gegen die guten Sitten vor.

VII. Daher muss die B-Bank die entrichteten Gebühren und Zinsen i.H.v. 4.260 € gemäß §§ 812 Abs. 1 S. 1 Var. 1, 818 Abs. 1, Abs. 2 im Wege des Wertersatzes zurückzahlen.

B. Ferner ist der **Anspruch nicht untergegangen** und auch **durchsetzbar**.

Somit haben K und F als Gesamtgläubiger gegen die B-Bank einen Anspruch auf Rückzahlung der Gebühren und Zinsen i.H.v. 4.260 € aus §§ 812 Abs. 1 S. 1 Var. 1, (428).

---

105 BGHZ 98, 174, 178; BGH NJW 1992, 899 f.

Anmerkung:

Sofern die im Rahmen des Darlehensvertrages von K und F mit der B-Bank vereinbarte Bearbeitungsgebühr von 3% auf Grundlage allgemeiner Geschäftsbedingungen (§§ 305ff.) Vertragsbestandteil geworden sein sollte, wofür im vorliegenden Sachverhalt allerdings entsprechende Anhaltspunkte fehlen, würde die Regelung nach § 307 Abs. 3 S. 1 der Inhaltskontrolle unterliegen und im Verkehr mit Verbrauchern gemäß § 307 Abs. 1 S. 1, Abs. 2 Nr. 1 ebenfalls unwirksam sein.[106] Denn Bearbeitungsgebühren stellen kein Entgelt für eine gesonderte Leistung dar und dürften deshalb nicht verlangt werden. Zudem sind Banken aufgrund gesetzlicher Pflichten gehalten, die Bonität des Darlehensnehmers zu prüfen und daher ist die dafür vom Kunden zu erbringende Gegenleistung allein der zu zahlende Zins. Ein gesondertes Entgelt für vorbereitende Tätigkeiten ist demgemäß unzulässig.

106 BGH NJW 2014, 2420; BGH NJW-RR 2014, 1133.

Fall 31: Sittenwidrigkeit einer Bürgschaft von Nahbereichspersonen

Der Arbeitslose A will sich gemeinsam mit seiner Lebensgefährtin L, die über kein nennenswertes Einkommen verfügt, eine neue Existenz aufbauen und eine Kneipe eröffnen. A erklärt sich bereit, das dafür notwendige Inventar und die erforderlichen Genehmigungen zu besorgen. L soll später gleichberechtigte Partnerin des A sein und einen hälftigen Miteigentumsanteil am Kneipeninventar erhalten. A erklärt sich außerdem bereit, bei seiner Hausbank B einen Kredit i.H.v. 30.000 € aufzunehmen. L begleitet A zu seiner Hausbank. In dem Gespräch erklärt ihnen der Angestellte X, dass er die Investition gerne unterstütze, er aber Sicherheiten benötige. Er schlägt vor, dass L sich für den Kredit des A verbürgt. Schließlich wäre L – was A dem X erzählt hatte – die Lebensgefährtin des A und auch an der Kneipe „beteiligt". L erklärt sich damit einverstanden. Daraufhin schließt X im Namen der B-Bank einen wirksamen Darlehensvertrag mit A und holt einen vorformulierten Bürgschaftsvertrag über eine selbstschuldnerische Bürgschaft, den die B-Bank für alle Verträge dieser Art verwendet, aus der Schreibtischschublade und legt ihn – nach Eintragung des Hauptschuldners A und der Bürgschaftssumme i.H.v. 30.000 € – der L zur Unterschrift vor. L unterschreibt das Formular. Leider läuft die Kneipe so schlecht, dass A den Kredit nicht zurückzahlen kann und insolvent wird.

Kann die B-Bank nun L in Anspruch nehmen?

Die B-Bank könnte gegen L einen Anspruch auf Zahlung i.H.v. 30.000 € aus § 765 Abs. 1 haben.

A. Dazu müssten die Parteien sich mit dem Inhalt eines Bürgschaftsvertrages geeinigt haben und der Einigung dürften keine Wirksamkeitshindernisse entgegenstehen.

I. In Betracht kommt hier eine **Einigung zwischen der B-Bank und L i.S.d. § 765** durch zwei übereinstimmende, empfangsbedürftige Willenserklärungen in Form eines Angebots und einer inhaltlich damit übereinstimmenden Annahme, §§ 145 ff.
Das Bürgschaftsformular der B-Bank, die gemäß § 164 Abs. 1 S. 1 durch X vertreten wird, stellt ein Angebot auf Abschluss eines Bürgschaftsvertrages dar. Das Angebot hat L ausdrücklich dadurch angenommen, dass sie das Formular unterschrieben hat. Somit liegen inhaltlich zwei übereinstimmende Willenserklärungen in Form von Angebot und Annahme vor, sodass sich die B-Bank mit L gemäß § 765 geeinigt hat.

II. Ferner müsste die Einigung i.S.d. § 765 auch wirksam sein.

1. Der Bürgschaftsvertrag dürfte nicht gemäß § 125 S. 1 **formnichtig** sein. Nach § 766 S. 1 ist zur Gültigkeit des Bürgschaftsvertrags die schriftliche Erteilung der Bürgschaftserklärung erforderlich. Das bedeutet, dass nach § 126 Abs. 1 L das Formular eigenhändig unterschreiben musste, was sie auch getan hat. Eine Unterschrift des X war nach § 766 S. 1 nicht erforderlich. Somit ist der Bürgschaftsvertrag nicht nach § 125 S. 1 nichtig.

2. Jedoch könnte der Bürgschaftsvertrag zwischen der B-Bank und L gemäß § 138 Abs. 1 **sittenwidrig** und somit nichtig sein.
Ein Rechtsgeschäft ist sittenwidrig, wenn es gegen das Anstandsgefühl aller billig und gerecht Denkenden verstößt. Bei **Bürgschaften von Nahbereichspersonen** liegt ein solcher Verstoß jedenfalls dann vor, wenn eine krasse finanzielle Überforderung des Bürgen besteht, dieser mit dem Hauptschuldner emotional verbunden ist und der Gläubiger das Näheverhältnis in sittlich vorwerfbarer Weise ausgenutzt hat.[107]

a) L müsste zunächst **in krasser Weise finanziell überfordert** sein. Eine solche Überforderung ist bereits dann gegeben, wenn der Bürge im Zeitpunkt des Vertragsschlusses voraussichtlich nicht in der Lage ist, die laufenden Zinsen aus dem pfändbaren Teil seines Einkommens und Vermögens zu bestreiten.
L verfügt über kein nennenswertes Vermögen, sodass davon auszugehen ist, dass sie die laufenden Zinsen nicht aufbringen kann. Ihre finanzielle Leistungsfähigkeit steht daher in einem krassen Missverhältnis zum Umfang der Bürgschaftsschuld.

b) Ferner müsste zwischen L und A eine **emotionale Verbundenhei**t bestehen. Eine solche wird zwischen Ehegatten und nahen Angehörigen, wie z.B. Kindern stets angenommen. Sie wird aber auch bei Bestehen einer nichtehelichen Lebensgemeinschaft angenommen. Schließlich sei diese wegen des bestehenden Näheverhältnisses zwischen den Partnern ebenso schutzwürdig wie bei Ehegatten. A und L leben in einer nichtehelichen Lebensgemeinschaft, sodass zwischen ihnen auch eine emotionale Verbundenheit besteht.

c) Fraglich ist aber, ob die B-Bank das Näheverhältnis zwischen A und L **in vorwerfbarer Weise ausgenutzt** hat. Für das Vorliegen dieser subjektiven Voraussetzung der Sittenwidrigkeit besteht eine widerlegbare Vermutung. Danach wird also zunächst vermutet, dass die B-Bank das Näheverhältnis zwischen A und L in vorwerfbarer Weise ausgenutzt hat. Diese Vermutung kann aber durch die B-Bank widerlegt werden. Das ist jedenfalls dann der Fall, wenn der Darlehensnehmer zusammen mit seiner Lebensgefährtin ein gemeinsames wirtschaftliches Interesse an der Kreditgewährung hat oder ihr aus dem Zufluss der Darlehenssumme unmittelbare und ins Gewicht fallende Vorteile erwachsen.[108]
L erlangt zwar nicht direkt von der Auszahlung der Darlehenssumme an A einen Vorteil. Jedoch will A mit diesem Geld sodann Kneipeninventar erwerben, an dem L zur Hälfte Miteigentum begründen soll. Dies reicht für das geforderte „eigene wirtschaftlichen Interesse" der Bürgin L aus. Da die B-Bank durch X von der Beteiligung der L Kenntnis hat, kann sie die Vermutung, sie habe die emotionale Verbundenheit zwischen A und L in vorwerfbarer Weise ausgenutzt, widerlegen.

d) Mithin ist die Bürgschaft auch nicht als sittenwidrig i.S.d. § 138 Abs. 1 anzusehen, sodass die Einigung der B-Bank mit L i.S.d. § 765 wirksam ist.

---

107 BGH WM 2003, 796 f.
108 BGH WM 2003, 796, 798.

III. Mit Blick auf die **Akzessorietät** der Bürgschaft müsste auch die **zu sichernde Forderung** bestehen, § 767 Abs. 1. Die B-Bank hat gegenüber A gemäß § 488 Abs. 1 S. 2 einen Darlehensrückzahlungsanspruch, der durch die Bürgschaft gesichert ist. Somit besteht die zu sichernde Forderung.

Mithin ist der Anspruch aus § 765 Abs. 1. entstanden.

B. Mangels entgegenstehender Anhaltspunkte ist der **Anspruch** auch **nicht untergegangen**. Es bestehen keine rechtsvernichtenden Einwendungen.

C. Ferner müsste der **Anspruch** auch **durchsetzbar** sein.

L könnte hier die Einrede der Vorausklage nach § 771 Abs. 1 zustehen. Jedoch hat L im Bürgschaftsvertrag eine selbstschuldnerische Bürgschaft übernommen und somit auf die Einrede der Vorausklage gemäß § 773 Abs. 1 Nr. 1 verzichtet.

Andere rechtshemmende Einwendungen (= Einreden) kommen nicht in Betracht, sodass der Anspruch auch durchsetzbar ist.

Somit ist der Anspruch der B-Bank gegen L auch durchsetzbar, sodass B gegen L einen Anspruch auf Zahlung i.H.v. 30.000 € aus § 765 Abs. 1 hat.

Fall 32: Wucher

Der Unternehmer U verschickte mit Postwurfsendungen an alle Haushalte Einladungen zu einer „Butterfahrt mit Besuch einer Werbeveranstaltung" gegen einen Unkostenbeitrag von 5 €. Alle Interessenten wurden – wie auf der Einladung vorgesehen – zu bestimmten Abfahrtszeiten von zentralen Plätzen mit einem Reisebus abgeholt und nach einer kleinen Spazierfahrt mit Besuch eines ländlichen Gutshofes zu Kaffee und Kuchen in eine umgebaute Scheune eingeladen. Danach wurde den Interessenten ein Warensortiment vorgeführt und zum Kauf angeboten. Dabei wurde deutlich gemacht, die Fahrt hätte zu diesem Preis nur deshalb durchgeführt werden können, weil man fest mit Bestellungen rechne. Diskret wurde angedeutet, es sei unanständig, sich erst gratis bewirten zu lassen und dann nichts zu kaufen. Daraufhin kaufte A, wie viele andere, eine Rheumadecke zum Preis von 400 €, die er bar bezahlte. Auf die Möglichkeit zum Widerruf des Geschäfts nach § 355 i.V.m. § 312 g Abs. 1 BGB wurde A dabei ordnungsgemäß hingewiesen; alle Aufklärungs- und Informationspflichten wurden von U erfüllt. Etwa vier Wochen später bedauerte A den Kauf, als er die gleiche Decke im Internet für 100 € entdeckte.

Nun verlangt er von U die Rückzahlung der 400 € Zug um Zug gegen Rückgabe der Rheumadecke unter Hinweis auf sein Widerrufsrecht.

Zu Recht?

A. A könnte gegenüber U einen Anspruch auf Rückzahlung des Kaufpreises Zug um Zug gegen Rückgabe der Rheumadecke aus **§§ 355 Abs. 3, 357 Abs. 1 i.V.m. §§ 355 Abs. 1 S. 1, 312 Abs. 1, 312 b Abs. 1 Nr. 4, 312 g Abs. 1** haben.

Falls A seine Willenserklärung wirksam nach § 355 Abs. 1 S. 1 widerrufen hat, hat dies zur Folge, dass er an sie – und damit an den Vertrag – nicht mehr gebunden ist. Das setzt voraus, dass A ein gesetzliches Widerrufsrecht nach den §§ 312 ff. zusteht.

I. Dazu müssten die verbraucherschützenden Vorschriften der §§ 312–312 h zunächst einmal **anwendbar** sein.

Die §§ 312–312 h sind gemäß § 312 Abs. 1 nur auf **Verbraucherverträge i.S.d. § 310 Abs. 3** anzuwenden, die eine entgeltliche Leistung des Unternehmers zum Gegenstand haben.

Der Kauf einer Rheumadecke für 400 €, die A für seinen privaten Gebrauch benötigt, stellt für ihn als Verbraucher i.S.v. § 13 einen Vertrag über eine entgeltliche Leistung dar, den er mit U als Unternehmer i.S.v. § 14 geschlossen hat.

Ferner ist die Anwendbarkeit der §§ 312–312 h auch nicht nach § 312 Abs. 2, Abs. 4 S. 2, Abs. 5, Abs. 6 ausgeschlossen bzw. eingeschränkt, insofern als keiner der dort genannten Vertragsarten vorliegt, sodass die verbraucherschützenden Vorschriften der §§ 312–312 h anwendbar sind.

II. Ein Recht zum Widerruf könnte sich für A aus **§ 355 Abs. 1 S. 1 i.V.m. §§ 312 Abs. 1, 312 b Abs. 1 Nr. 4, 312 g Abs. 1** ergeben.

Verbraucher A hat mit Unternehmer U **außerhalb von Geschäftsräumen** einen Kaufvertrag über die Rheumadecke auf einem Ausflug geschlossen, der von U oder jedenfalls mit Hilfe des U organisiert wurde, um bei Verbrauchern für den Verkauf von Waren zu werben und entsprechende Verträge abzuschließen.
Mithin steht A ein Widerrufsrecht aus § 355 Abs. 1 S. 1 i.V.m. §§ 312 Abs. 1, 312 b Abs. 1 Nr. 4, 312 g Abs. 1 zu, das auch nicht nach § 312 g Abs. 2 ausgeschlossen oder nach § 312 g Abs. 3 subsidiär ist.

III. Des Weiteren müsste A den Widerruf auch gegenüber U gemäß **§ 355 Abs. 1 S. 1 erklärt** haben.
Indem A Rückzahlung des Kaufpreises von U verlangt, erklärt er jedenfalls konkludent den Widerruf der im Rahmen des Kaufvertragsabschlusses mit U abgegebenen Willenserklärung i.S.d. § 355 Abs. 1 S. 1.

Beachte:
Bei Außergeschäftsraumverträgen erlischt das Widerrufsrecht spätestens 12 Monate und 14 Tage nach Erhalt der Ware, § 356 Abs. 3 S. 2.

IV. Fraglich ist jedoch, ob A auch die **Widerrufsfrist nach §§ 355 Abs. 2, 356 Abs. 2, 3 S. 1** eingehalten hat.
Nach § 355 Abs. 2 beträgt die Widerrufsfrist grundsätzlich 14 Tage und beginnt ab Vertragsschluss, soweit das Gesetz nicht etwas anderes bestimmt. Für den hier vorliegenden Außergeschäftsraumvertrag gelten für den Fristbeginn jedoch die Sonderregelungen des § 356 Abs. 2, 3 S. 1.
A erhielt bei Abschluss des Kaufvertrags von U eine ordnungsgemäße Widerrufsbelehrung und auch alle Aufklärungs- und Informationspflichten wurden erfüllt. Das bedeutet, dass mit Vertragsschluss gemäß § 355 Abs. 2 S. 2 eine zweiwöchige Widerrufsfrist nach § 355 Abs. 2 S. 1 lief, die A jedoch verstreichen ließ und damit nicht einhielt.

V. Somit hat A sein gesetzliches Widerrufsrecht aus § 355 Abs. 1 S. 1 i.V.m. §§ 312 Abs. 1, 312 b Abs. 1 Nr. 4, 312 g Abs. 1 nicht rechtzeitig ausgeübt, sodass er gegenüber U keinen Anspruch auf Rückzahlung des Kaufpreises Zug um Zug gegen Rückgabe der Rheumadecke aus §§ 355 Abs. 3, 357 Abs. 1 hat.

B. A könnte jedoch gegen U einen Anspruch auf Rückzahlung des Kaufpreises Zug um Zug gegen Rückgabe der Rheumadecke aus **§ 812 Abs. 1 S. 1 Var. 1** haben.

I. Dazu müsste U zunächst **etwas erlangt** haben.
Unter „etwas" ist jeder vermögenswerte (rechtliche) Vorteil zu verstehen.
U erlangt einen Vermögensvorteil durch Eigentum und Besitz an den von A gezahlten Geldscheinen/-stücken.

II. Ferner müsste U diesen Vermögensvorteil auch **durch Leistung des Anspruchstellers** A erlangt haben.
Unter einer „Leistung" ist bei § 812 Abs. 1 S. 1 Var. 1 jede bewusste und zweckgerichtete Mehrung fremden Vermögens zur Erfüllung einer, wenn auch nur vermeintlich bestehenden, Verbindlichkeit zu verstehen.
A hat bewusst und zweckgerichtet das Vermögen des U zur Erfüllung seiner Verbindlichkeit aus dem Kaufvertrag nach § 433 Abs. 2 gemehrt.

III. Ferner müsste die Leistung des A **ohne rechtlichen Grund** erfolgt sein.

Das ist der Fall, wenn der mit der Leistung bezweckte Erfolg, die Verbindlichkeit zu erfüllen, nicht erreicht wird. Dies wiederum ist immer dann der Fall, wenn die Verbindlichkeit erst gar nicht besteht oder – bei bestehender Verbindlichkeit – keine Erfüllungswirkung eintritt.

Fraglich ist insofern, ob U und A einen wirksamen Kaufvertrag i.S.d. § 433 geschlossen haben.

1. A hat von U eine Rheumadecke zum Preis von 400 € gekauft und folglich haben sie sich i.S.d. § 433 geeinigt und einen Kaufvertrag abgeschlossen.

2. Der Kaufvertrag müsste jedoch auch wirksam sein.

Das ist dann nicht der Fall, wenn die im Rahmen der Einigung von U und A abgegebenen Willenserklärungen nichtig sind.

a) Die Einigung könnte hier wegen Wuchers **gemäß § 138 Abs. 2 nichtig** sein.

aa) Voraussetzung dafür ist zunächst in **objektiver** Hinsicht ein **auffälliges Missverhältnis** von Leistung und Gegenleistung. Wann ein auffälliges Missverhältnis vorliegt, kann nicht generell, sondern nur aufgrund einer umfassenden Würdigung des Einzelfalls entschieden werden. Beim Kauf von Waren, die überall erhältlich sind und deren Verkehrswert objektiv einwandfrei festgestellt werden kann, ist eine schärfere Beurteilung angebracht.

Ein Aufschlag von über 200%, wie er hier gegeben ist, bewirkt daher ein auffälliges Missverhältnis. Somit liegt der objektive Tatbestand des Wuchers gemäß § 138 Abs. 2 vor.

bb) Ferner müsste der **subjektive Tatbestand** des Wuchers vorliegen, also der Wucherer die beim anderen Teil bestehende Schwächesituation (Zwangslage, Unerfahrenheit, mangelndes Urteilsvermögen, erhebliche Willensschwäche) ausgebeutet haben. Dazu gehört zwar keine besondere Ausbeutungsabsicht des Wucherers, wohl aber ist es notwendig, dass er sich in Kenntnis des auffälligen Missverhältnisses die Zwangslage des Bewucherten bewusst und in verwerflicher Weise zunutze gemacht hat.[109]

Eine **„Zwangslage"**, also ein zwingendes Bedürfnis nach der Leistung des Wucherers, lag bei A nicht vor. **„Unerfahrenheit"**, d.h. ein Mangel an Lebens- und Geschäftserfahrung, kann aus der Unkenntnis vom Verkehrswert einer Leistung infolge fehlender Marktübersicht für sich allein noch nicht begründet werden. Der Käufer, der sich nicht selbst informiert, obwohl er dazu in der Lage ist, ist nicht schutzwürdig. Mangels entgegenstehender Anhaltspunkte ist weder von **„mangelndem Urteilsvermögen"** des A im Hinblick auf das konkrete Geschäft noch von **„erheblicher Willensschwäche"** auszugehen. Die erfolgreiche Ausübung eines sog. psychologischen Kaufzwangs, wie er hier stattfand, lässt noch nicht automatisch auf eine erhebliche Willensschwäche bei den Kunden schließen.[110]

Folglich ist der subjektive Tatbestand des § 138 Abs. 2 nicht erfüllt und somit ist die Einigung nicht wegen Wuchers nach § 138 Abs. 2 nichtig.

b) Jedoch könnte die Einigung **gemäß § 138 Abs. 1** gegen die guten Sitten verstoßen und deshalb **nichtig** sein.

Ein Rechtsgeschäft ist sittenwidrig i.S.d. § 138 Abs. 1 wenn es gegen das Anstandsgefühl aller billig und gerecht Denkenden verstößt. Abzustellen ist

---

109 BGH NJW 1982, 2267 f.; 1985, 3006 f.

110 BGHZ 110, 156, 174 = NJW 1991, 287, 291 f.

dabei auf die in der Gemeinschaft oder in der beteiligten Gruppe moralischen Anschauungen.

3. Mit Blick auf das vorliegende auffällige Missverhältnis von Leistung und Gegenleistung ist der Kaufvertrag als wucherähnliches Geschäft (*vgl. Fall 30*) sittenwidrig und daher gemäß § 138 Abs. 1 nichtig.

Somit erfolgte die Leistung des A ohne rechtlichen Grund, sodass die Voraussetzungen des § 812 Abs. 1 S. 1 Var. 1 gegeben sind.

IV. Folglich hat A gegen U einen Anspruch auf Rückzahlung des Kaufpreises Zug um Zug gegen Rückgabe der Rheumadecke aus § 812 Abs. 1 S. 1 Var. 1.

Anmerkung:

Wäre die Widerrufsfrist im vorliegenden Fall nicht abgelaufen, könnte A nach Ansicht des BGH[111] den nichtigen Vertrag auch widerrufen und Rückzahlung nach § 355 Abs. 3 S. 1 verlangen. Unter Verweis auf die Lehre der Doppelwirkungen im Recht nimmt der BGH an, dass die Widerrufsvorschriften keinen wirksamen Vertragsschluss voraussetzen.

111 BGH NJW 2010, 610 ff.

5. Abschnitt: Anfechtung, §§ 142 ff.

Fall 33: Inhaltsirrtum nach § 119 Abs. 1 Var. 1

Der vielbeschäftigte und stets hektische K will bei seinem Mobilfunkdienstanbieter V den Tarif umstellen. Da dies jederzeit und kostenlos möglich, jedoch mit einigen Formalitäten verbunden ist, ruft er bei V an und bittet einen Angestellten (A) alles soweit vorzubereiten, damit er nicht unnötig lange im Geschäft des V aufgehalten wird. Man verspricht ihm, die erforderlichen Unterlagen unterschriftsreif vorzubereiten. Aus Versehen wird jedoch anstelle des Formulars „Tarifumstellung" das daneben liegende Bestellformular für den Kauf eines Handys Typ Motorola Razar VR 3 zum Preis von 249 € mit den Daten des K ausgefüllt. Kurz darauf erscheint K im Geschäft des V und unterschreibt in Eile sämtliche vorgelegten Papiere, ohne sie vorher durchgelesen zu haben. Er geht dabei fest davon aus, lediglich seinen Tarif umzustellen.

Als V sich Tage später bei K meldet und ihm mitteilt, dass er das Handy bei ihm gegen Barzahlung abholen könne, erklärt K, dass er den Kauf für unwirksam hält. Schließlich wollte er nur seinen Tarif umstellen und nicht ein Handy kaufen. V ist der Ansicht, K hätte besser aufpassen müssen, was er unterschreibt. Schließlich gelte auch für ihn der Grundsatz „pacta sunt servanda".

Kann V von K Zahlung und Abnahme des Handys verlangen?

V könnte gegen K einen Anspruch auf Abnahme und Zahlung des Kaufpreises aus § 433 Abs. 2 haben.

I. Dazu müssten sich V und K zunächst i.S.d. § 433 geeinigt haben.

1. Im Vorlegen des Bestellformulars hat **V** dem K noch kein **Angebot** zum Handyverkauf unterbreitet. Vielmehr ist grundsätzlich in dem Vor- oder Auslegen von Bestellformularen lediglich eine **invitatio ad offerendum** zu sehen, da davon auszugehen ist, dass V sich erst nach der Prüfung der ausgefüllten Daten bindend verpflichten will und ihm daher zu der Zeit der Rechtsbindungswille fehlt.

2. Indem K das Formular unterzeichnete, liegt kraft Auslegung nach dem objektiven Empfängerhorizont (§ 157) der äußere Erklärungstatbestand einer Willenserklärung vor. Dabei hatte K auch Handlungswillen und Erklärungsbewusstsein, sodass ihm der äußere Erklärungstatbestand subjektiv zurechenbar ist und damit der innere Erklärungstatbestand gegeben ist. Dass K insoweit der Geschäftswille dahingehend fehlte, ein Handy zu erwerben, ist unschädlich, da der Geschäftswille kein konstitutives Merkmal einer Willenserklärung darstellt.

3. Das Angebot wurde spätestens durch die Erklärung, das Handy läge jetzt zur Abholung bereit, von V angenommen.

Mithin haben sich V und K i.S.d. § 433 geeinigt und damit einen Kaufvertrag geschlossen.

Die Anfechtung kann im **Prüfungsaufbau** entweder im Rahmen der „Wirksamkeit der Einigung" als **rechtshindernde Einwendung** oder nach Feststellung des Zustandekommens eines Vertrags unter „Anspruch untergegangen" als **rechtsvernichtende Einwendung** geprüft werden. Beides führt zum selben Ergebnis und ist logisch vertretbar. Hier wird Ersteres vertreten, weil Gegenstand der Anfechtung nach §§ 119 ff. nicht das Rechtsgeschäft, sondern die Willenserklärung ist.

II. Ferner müsste die Einigung zwischen V und K auch wirksam sein.

Hier könnte K jedoch sein Angebot angefochten haben, sodass der Kaufvertrag **gemäß § 142 Abs. 1** von Anfang an (ex tunc) als **nichtig** anzusehen ist.

1. Dazu müsste K die **Anfechtung gemäß § 143 Abs. 1** zunächst **erklärt** haben. Eine Anfechtungserklärung ist jede Erklärung, die eindeutig erkennen lässt, dass das Rechtsgeschäft wegen eines Willensmangels nicht gelten soll. Das Wort „anfechten" braucht dabei nicht verwendet werden. K will von dem Kauf des Handys nichts wissen, er fühlt sich an den Kaufvertrag nicht gebunden. Damit erfüllt die Erklärung des K die Voraussetzungen einer Anfechtungserklärung, die er gemäß § 143 Abs. 2 auch gegenüber dem Anfechtungsgegner V abgegeben hat.

2. Ferner müsste auch ein Anfechtungsgrund bestehen. In Betracht kommt hier ein Inhaltsirrtum gemäß **§ 119 Abs. 1 Var. 1.** Ein **Inhaltsirrtum** liegt dann vor, wenn im Zeitpunkt der Abgabe einer Willenserklärung das objektiv Erklärte vom subjektiv Gewollten unbewusst abweicht, d.h., der Erklärende setzt das gewollte Erklärungszeichen, misst diesem aber eine andere Bedeutung bei. Problematisch ist hier insofern, dass K das Kaufvertragsformular ungelesen unterschrieben hat. Insoweit muss differenziert werden:

a) Wer ein Schriftstück in bewusster Unkenntnis von seinem Inhalt unterzeichnet, der unterliegt keinem Irrtum: Wer sich überhaupt keine Gedanken über den Inhalt einer Erklärung macht, hat keine Fehlvorstellungen. Ein Anfechtungsrecht scheidet daher aus.[112]

b) Hat der Unterzeichner jedoch vom Inhalt des Schriftstücks eine bestimmte, jedoch unrichtige Vorstellung, so fallen Erklärtes und Gewolltes unbewusst auseinander, sodass ein Inhaltsirrtum nach § 119 Abs. 1 Var. 1 gegeben ist.[113]

K hat hier die von A vorgelegten Papiere nicht in bewusster Unkenntnis unterschrieben, sondern ist dabei davon ausgegangen, lediglich seinen Tarif umzustellen. Dieser Fall ist in der letztgenannten Gruppe einzuordnen, sodass ein Inhaltsirrtum vorliegt. Auf Verschulden, Erkennbarkeit etc. kommt es insoweit nicht an. Dieser Inhaltsirrtum berechtigt auch zur Anfechtung, da er kausal für die Abgabe der Willenserklärung war, § 119 Abs. 1 Hs. 2. Bei Kenntnis der Sachlage und verständiger Würdigung des Falles hätte K nämlich das Kaufvertragsformular nicht unterzeichnet, da er ein Handy nicht erwerben wollte.

Ein Anfechtungsgrund nach § 119 Abs. 1 Var. 1 ist daher gegeben.

3. Ferner müsste K auch die **Anfechtungsfrist des § 121 Abs. 1 S. 1** gewahrt haben. Nachdem K von seinem Irrtum Kenntnis erlangt hat, hat er die Anfechtung sofort, also ohne schuldhaftes Zögern, erklärt. Er hat somit „unverzüglich" gehandelt und die Anfechtungsfrist des § 121 Abs. 1 S. 1 gewahrt.

---

112 Vgl. OLG Hamm NJW 2001, 1142 ff.

113 BGH NJW 1995, 190 f.

4. Ferner dürfte die Anfechtung auch nicht **ausgeschlossen** sein. Mangels entgegenstehender Anhaltspunkte ist dies hier der Fall; insbesondere ist das anfechtbare Rechtsgeschäft nicht von dem Anfechtungsberechtigten K gemäß § 144 bestätigt worden.

5. Mithin hat K sein Angebot erfolgreich angefochten, sodass der Kaufvertrag gemäß § 142 Abs. 1 von Anfang an unwirksam ist.

Somit ist der Anspruch nicht entstanden, sodass V von K nicht die Abnahme und Zahlung des Kaufpreises aus § 433 Abs. 2 verlangen kann.

Fall 34: Externer (offener) Kalkulationsirrtum (Rubel-Fall)
(RGZ 105, 406 ff.)

K hielt sich eine ganze Zeit lang im regnerischen Moskau auf. Dort streckte er dem mittellosen deutschen Tagelöhner B 30.000 Rubel vor, die dieser zur Heimreise benötigte. K und B vereinbarten, dass B nach seiner Heimkehr K das Geld in deutscher Währung zurückzahlen sollte. Beide gingen davon aus, dass der Gegenwert eines Rubels 25 ct waren. Sie vereinbarten deshalb eine Rückzahlung des B von 7.500 €. In Wahrheit war der Rubel aber nur 1 ct wert.

Nach der Rückkehr des B verlangt K von diesem 7.500 €. B ficht den Vertrag mit der Begründung an, er habe sich über den wahren Wert des Rubels getäuscht. Zu Recht?

Im Gegensatz zur Leihe geht beim Gelddarlehen (§ 488) und beim Sachdarlehen (§ 607) das Eigentum an der zur Verfügung gestellten Sache über und es wird auch nicht die gleiche Sache zurückgeschuldet.

K könnte gegen B einen Anspruch auf Rückzahlung der Darlehenssumme i.H.v. 7.500 € aus § 488 Abs. 1 S. 2 haben.

Dazu müssten sich K und B zunächst i.S.d. § 488 geeinigt haben.

I. Eine ausdrückliche Vereinbarung zwischen K und B über ein Darlehen i.H.v. 7.500 € liegt gemäß § 488 vor.

Eine Auslegung der Vereinbarung nach §§ 133, 157 dahingehend, dass nur 300 € geschuldet sind, wäre nur zutreffend, wenn die **Berechnungsmethode selbst Gegenstand der Vereinbarung** geworden ist. Der an diesem Tag bestehende Kurswert der Berechnung sollte aber nicht Inhalt der Vereinbarung werden. Hierbei handelt es sich lediglich um eine Vorstellung, die beide Parteien „im Hinterkopf" hatten, die sie aber nicht in der Vereinbarung zum Ausdruck brachten. Es liegt daher kein Fall der falsa demonstratio *(vgl. Fall 12)* vor. Die Vereinbarung ist so auszulegen, dass K und B sich über ein Darlehen i.H.v. 7.500 € und nicht lediglich i.H.v. 300 € geeinigt haben.

II. Ferner müsste die Einigung von K und B i.S.d. § 488 über ein Darlehen i.H.v. 7.500 € auch wirksam sein.

Hier könnte B jedoch seine im Rahmen des Darlehens abgegebene Willenserklärung angefochten haben, sodass der Darlehensvertrag gemäß § 142 Abs. 1 als von Anfang an (ex tunc) nichtig anzusehen ist.

1. Zunächst müsste B die **Anfechtung** gegenüber dem Anfechtungsgegner K **gemäß § 143 Abs. 1 i.V.m. Abs. 2 erklärt** haben. Dies ist hier der Fall.

2. Ferner müsste auch ein **Anfechtungsgrund** bestehen.

Hier kommt ein **Inhaltsirrtum** gemäß § 119 Abs. 1 Var. 1 in Betracht. Dieser liegt dann vor, wenn im Zeitpunkt der Abgabe einer Willenserklärung das objektiv Erklärte vom subjektiv Gewollten unbewusst abweicht, d.h., der Erklärende setzt das gewollte Erklärungszeichen, misst diesem aber eine andere Bedeutung bei. Indem K und B übereinstimmend von einem falschen Berechnungsergebnis aufgrund unrichtigen Devisenkurses ausgingen und dies zum Gegenstand der Vertragsverhandlungen machten bzw. dies bei Abschluss des Vertrags mitteilten, lag die Kalkulationsgrundlage für B offen. Durch die Verlautbarung wurde die Berechnung Bestandteil seiner Willenserklärung und damit rechtlich erheblich. Es liegt somit ein sog. **externer (offener) Kalkulationsirrtum** vor.

Umstritten ist, wie dieser rechtlich zu behandeln ist.

a) Nach **Auffassung des Reichsgerichts**[114] stellt ein externer Kalkulationsirrtum einen erweiterten Inhaltsirrtum dar und begründet ein Anfechtungsrecht. Dies wird damit begründet, dass Kalkulation und Berechnung Inhalt der Erklärung geworden seien und der Erklärende so dem Grundsatz der Privatautonomie entsprechend zusätzlich zu den essentialia negotii weitere Punkte zum Inhalt seiner Erklärung gemacht habe. Wenn er dann über den erweiterten Inhalt der Erklärung irre, gebiete § 242 eine Loslösungsmöglichkeit durch Anfechtung.
Nach dieser Ansicht bestünde für B somit ein Anfechtungsgrund nach § 119 Abs. 1 Var. 1.

b) Nach Ansicht der h.Lit.[115] und des Bundesgerichtshofes[116] berechtigt ein externer Kalkulationsirrtum nicht zur Anfechtung, da insoweit ein **unbeachtlicher** Motivirrtum vorliege. Dies wird damit begründet, dass die Kalkulation letztlich ein vorgelagertes Motiv sei und eine Anfechtungsmöglichkeit eine unbillige Privilegierung des Redseligen darstelle.
Dieser Ansicht nach bestünde somit für B kein Anfechtungsgrund nach § 119 Abs. 1 Var. 1.

c) Der zweiten Ansicht ist zu folgen.

Denn selbst wenn mit dem Kalkulationsergebnis (Preis, Warenmenge) die Kalkulationsgrundlage (Kostenvoranschlag, Teilpreise, Teilmengen oder Mengenschätzung) miterklärt wird, so wird doch jeweils etwas erklärt, was auch erklärt werden soll und über dessen Sinn und Bedeutung kein Irrtum besteht. Allein das bewusst gewollt Erklärte deckt sich nicht mit der Wirklichkeit. Das ist aber ein Sachproblem, das nicht von § 119 Abs. 1 geregelt wird.

Folglich besteht kein Anfechtungsgrund des B, sodass er seine im Rahmen des Darlehens abgegebene Willenserklärung nicht anfechten konnte. Mithin ist der Darlehensvertrag nicht gemäß § 142 Abs. 1 von Anfang an (ex tunc) nichtig, sondern wirksam.

III. Ob und inwieweit der Irrtum **nach anderen Rechtsgrundsätzen korrigiert** werden kann, hängt von den Umständen des Einzelfalls ab.

1. Mitunter wird in Fällen des **Doppelirrtums**, wenn also beide Parteien über einen Umstand irren, der Grundlage des Geschäfts ist, eine Anfechtung gemäß § 119 Abs. 2 für möglich gehalten. Im Hinblick darauf, dass diejenige Partei, die aufgrund des Irrtums einen Nachteil erleidet und den Vertrag anficht, der anderen Partei Schadensersatz gemäß § 122 leisten muss, ist dies jedoch nicht sachgerecht. Schließlich hat sich die andere Partei in der gleichen Weise geirrt und ist daher nicht schutzwürdiger als die anfechtende Partei. Im Übrigen kann es auch sein, dass beide Parteien aufgrund eines Irrtums einen Nachteil erleiden und sich vom Vertrag lösen

---

114 RGZ 64, 266, 268; 116, 15, 17; 162, 198, 201.

115 Palandt/Ellenberger § 119 Rn. 19; Staudinger/Singer § 119 Rn. 51ff.; Flume, AT II, § 23 Ziff. 4 e; Medicus/Petersen, BGB AT, Rn. 757 ff.

116 BGHZ 139, 177, 180.

wollen. Dann aber muss derjenige Schadensersatz gemäß § 122 leisten, der zufällig als erster die Anfechtungserklärung abgegeben hat. Dafür gibt es jedoch keinen plausiblen Grund, sodass dieses Ergebnis nicht sachgerecht wäre.
Daher muss eine Anfechtung nach § 119 Abs. 2 in Fällen des Doppelirrtums verneint werden.

2. In Betracht kommt ein Anspruch des B auf **Anpassung des Vertrags** an den damaligen Umrechnungskurs nach den Grundsätzen der Störung der Geschäftsgrundlage gemäß § 313 Abs. 1 i.V.m. Abs. 2.

a) Dazu müssten sich wesentliche Vorstellungen beider Parteien über bestimmte Umstände, die nicht unmittelbar Inhalt des Vertrags geworden sind, als falsch herausstellen (tatsächliches Element). Dies ist hier die Vorstellung, 30.000 Rubel entsprächen nach dem Umrechnungskurs 7.500 €.

b) Ferner müssten die Parteien den Vertrag, wenn sie die wahren Umstände gekannt hätten, nicht oder mit einem anderen Inhalt geschlossen haben. Hier ist davon auszugehen, dass K und B den Vertrag entsprechend des Umrechnungskurses schließen und nicht eine Summe festlegen wollten, die das 25-fache des Wertes des Rubels beträgt.

c) Überdies darf das Festhalten am Vertrag im konkreten Fall, auch unter Berücksichtigung der vertraglichen Risikoverteilung, einer Vertragspartei nicht zumutbar sein. Zwar trägt grundsätzlich jede Partei selbst das Risiko, dass die Leistung, die sie vom anderen verlangen kann, weniger wert ist als die Leistung, die sie selbst an den anderen zu erbringen hat. Schließlich bleibt es jedem selbst überlassen, zu welchen Konditionen er einen Vertrag schließt. Er muss sich eben vorher kundig machen und gegebenenfalls von dem Vertrag Abstand nehmen. Eine Vertragsanpassung ist dann nicht möglich. Anders ist es aber in den Fällen, wie hier, in denen der Wert von Leistung und Gegenleistung ganz erheblich und in völlig unzumutbarem Maße auseinanderfallen, ohne dass dieses Auseinanderfallen dem Risikobereich einer Partei zuzuordnen ist. Wenn der Wert der Leistung nur ein Fünfundzwanzigstel der Gegenleistung beträgt und dies auf einem Irrtum beider Parteien beruht, dann ist der hierdurch benachteiligten Partei das Festhalten am Vertrag nicht mehr zumutbar.

d) Daher kann B gemäß § 313 Abs. 1 die Anpassung des Vertrags verlangen und zwar zu dem Inhalt, mit welchem K und B den Vertrag abgeschlossen hätten, wenn sie die Störung der Geschäftsgrundlage gekannt hätten.

Das bedeutet, dass B die Herabsetzung des Darlehensbetrages von den geforderten 7.500 € auf noch zu zahlende 300 € verlangen kann.

Folglich hat K keinen Anspruch gegenüber B auf Rückzahlung der Darlehenssumme i.H.v. 7.500 € aus § 488 Abs. 1 S. 2.

Fall 35: Erklärungsirrtum nach § 119 Abs. 1 Var. 2 bei falscher Preisauszeichnung im Internet

(BGH, Urt. v. 26.01.2005 – VIII ZR 79/04; NJW 2005, S. 976 ff.)

Die K veräußert Computer nebst Zubehör über eine Website im Internet. Im Januar 2018 legte der zuständige Mitarbeiter der K für das Notebook Samsung V45 einen Verkaufspreis von 2.650 € fest und gab diesen in das EDV-gesteuerte Warenwirtschaftssystem der K ein, das die Daten anschließend automatisch in die Produktdatenbank der Internetseite übertrug. Als Ergebnis dieses Vorgangs enthielt die Datenbank jedoch nicht den eingegebenen Betrag von 2.650 €, sondern einen Verkaufspreis von 245 €. B bestellte am 01.02.2018 ein Notebook des vorgenannten Typs zu dem auf der Internetseite angegebenen Verkaufspreis von 245 €. K bestätigte B mittels einer automatisch verfassten E-Mail den Eingang der Bestellung und zugleich die Warenverfügbarkeit zu diesem Preis. Das Notebook wurde mit Rechnung/Lieferschein der K vom 05.02.2018 zum Verkaufspreis von 245 € an B ausgeliefert. Erst im Rahmen einer Revision am 09.02.2018 bemerkten Mitarbeiter der K, dass es zu dem Fehler im Datentransfer der ansonsten beanstandungsfrei laufenden Software gekommen war; die Ursache konnte nicht festgestellt werden. Mit Schreiben vom 11.02.2018 erklärte K die Anfechtung des Kaufvertrags gegenüber B mit der Begründung, das Notebook sei aufgrund eines Systemfehlers irrtümlich mit dem Preis von 245 € versehen worden.

Steht K ein Anspruch auf Herausgabe des Notebooks zu?

K könnte gegenüber B einen Anspruch auf Herausgabe des Notebooks aus § 812 Abs. 1 S. 1 Var. 1 haben.

A. Der **Anspruch** aus § 812 Abs. 1 S. 1 Var. 1 müsste zunächst einmal **entstanden** sein.

I. Das setzt zunächst voraus, dass B **etwas erlangt** hat.

Unter „etwas" ist jeder vermögenswerte (rechtliche) Vorteil zu verstehen.

B erlangt in diesem Sinne einen Vermögensvorteil durch Eigentum und Besitz an dem Notebook; die Übereignung des Notebooks auf ihn ist gemäß § 929 S. 1 wirksam. Schließlich hat K ausdrücklich nur die Anfechtung des Kaufvertrags erklärt und kann – mangels Irrtums – die Einigung i.S.d. § 929 S. 1 auch nicht anfechten.

Somit hat B etwas erlangt.

II. Ferner müsste B diesen Vermögensvorteil auch **durch Leistung des Anspruchstellers** K erlangt haben.

Unter einer „Leistung" ist bei § 812 Abs. 1 S. 1 Var. 1 jede bewusste und zweckgerichtete Mehrung fremden Vermögens zur Erfüllung einer, wenn auch nur vermeintlich bestehenden, Verbindlichkeit zu verstehen.

K hat bewusst und zweckgerichtet das Vermögen des B zur Erfüllung ihrer Verbindlichkeit aus dem Kaufvertrag nach § 433 Abs. 1 gemehrt und somit an B geleistet.

III. Ferner müsste die Leistung der K **ohne rechtlichen Grund** erfolgt sein.

Das ist der Fall, wenn der mit der Leistung bezweckte Erfolg, die Verbindlichkeit zu erfüllen, nicht erreicht wird. Dies wiederum ist immer dann der Fall, wenn die Verbindlichkeit erst gar nicht besteht oder – bei bestehender Verbindlichkeit – keine Erfüllungswirkung eintritt.

1. K und B könnten sich i.S.d. § 433 geeinigt und damit einen Kaufvertrag geschlossen haben.

a) Bei der Präsentation des Notebooks auf der Internetseite handelt es sich nach dem objektiv erkennbaren Willen der K lediglich um eine Aufforderung an Interessenten, Angebote abzugeben (**invitatio ad offerendum**). Ein Angebot des K liegt mithin nicht vor.

b) Jedoch stellt die Bestellung des B am 01.02.2018 zu dem auf der Internetseite der K angegebenen Verkaufspreis von 245 € ein **Angebot des B** zum Abschluss eines Kaufvertrags dar.

Im vorliegenden Fall wird der Eingang der Bestellung nebst Warenverfügbarkeit (= Annahme) bestätigt (und nicht nur der Zugang i.S.v. § 312 i Abs. 1 Nr. 3).

c) Das Angebot der B ist von K mittels einer automatisch verfassten Bestätigungs-E-Mail, wie eine an §§ 133, 157 orientierte Auslegung ergibt, auch direkt angenommen worden.

Somit haben sich K und B gemäß § 433 geeinigt und damit einen Kaufvertrag geschlossen.

2. Ferner müsste die Einigung zwischen K und B auch wirksam sein. Hier könnte K ihre Annahme jedoch angefochten haben, sodass der Kaufvertrag gemäß § 142 Abs. 1 als von Anfang an (ex tunc) nichtig anzusehen wäre.

a) Eine **Anfechtungserklärung** der K liegt mit ihrem Schreiben vom 11.02.2018 gemäß § 143 Abs. 1 i.V.m. Abs. 2 Hs. 1 gegenüber dem richtigen Anfechtungsgegner B vor.

b) Es müsste ferner ein Anfechtungsgrund vorliegen.

aa) Als Anfechtungsgrund kommt zunächst **§ 120 wegen falscher Übermittlung** in Betracht.

Der Mitarbeiter der K hat bei dem Einstellen des Artikels jedoch selbst nicht „unrichtig übermittelt". Dies kann allenfalls durch „die zur Übermittlung verwendete Einrichtung" geschehen sein. Unter solchen Einrichtungen sind Anbieter zu verstehen, die Erklärungen etwa per Telefax oder E-Mail übermitteln, so z.B. die Deutsche Post AG. Vorliegend ist der Fehler innerhalb der ansonsten beanstandungsfrei laufenden Software der K aufgetreten. Bei der Software selbst handelt es sich nicht um eine Einrichtung i.S.d. § 120, derer man sich „zur Übermittlung" von Daten bedient, denn mit Eingabe der Daten hat die Erklärung den Bereich des Erklärenden noch nicht verlassen. Die Voraussetzungen des § 120 liegen daher nicht vor.

bb) Als Anfechtungsgrund kommt aber ein **Erklärungsirrtum gemäß § 119 Abs. 1 Var. 2** in Betracht.

Bereits beim Einstellen des Artikels in ihr Warenwirtschaftssystem könnte K einem **Erklärungsirrtum** gemäß § 119 Abs. 1 Var. 2 unterlegen sein. Ein Erklärungsirrtum liegt vor, wenn der Erklärende sich über die Erklärungshandlung irrt, also eine Erklärung dieses Inhalts nicht abgeben wollte (Versprechen, Verschreiben, Vergreifen). K wollte auf ihrer Internetseite für das Notebook den Verkaufspreis von 2.650 € angeben. Fraglich ist, ob es sich hierbei nicht um einen Fehler in der Willensbildung und damit um einen Motivirrtum handelt. Motivirrtümer sind nur in den Ausnahmefällen der §§ 119 Abs. 2, 123 Abs. 1 anfechtbar. K hat ihren Erklärungswillen fehlerfrei gebildet, indem ihr zuständiger Mitarbeiter den Verkaufspreis für das Notebook auf 2.650 € festlegte und dieser Betrag nach ihrer Vorstellung vom Ablauf des verwendeten Computerprogramms in die Produktdatenbank der Internetseite übernommen werden sollte. Die Angabe des falschen Betrags von 245 € beruhte nicht auf einer fehlerhaften Berechnung des Preises im Stadium der Willensbildung, sondern auf einem nachfolgenden Fehler bei der Übertragung der Daten. Der vorliegende Fall ist daher nicht mit einem (verdeckten) Kalkulationsirrtum vergleichbar, bei dem der bereits im Stadium der Willensbildung unterlaufene Fehler als Irrtum im Beweggrund (Motivirrtum) grundsätzlich nicht zur Anfechtung berechtigt, auch wenn die falsche Berechnung auf Fehlern einer vom Erklärenden verwendeten Software beruht.[117] Die tatsächlich auf der Internetseite erschienene Preisangabe von 245 € stellt daher keinen Fehler in der Willensbildung dar.

Zu beachten ist jedoch, dass dieser Irrtum in der Erklärungshandlung nicht dem Mitarbeiter unterlaufen ist. Vielmehr beruhte die Änderung des eingegebenen Verkaufspreises auf einem Fehler im Datentransfer durch die im Übrigen beanstandungsfrei laufende Software. Insofern ist fraglich, ob auch der fehlerhafte Datentransfer einen Erklärungsirrtum i.S.d. § 119 Abs. 1 Var. 2 begründen kann. Die Verfälschung des ursprünglich richtig Erklärten auf dem Weg zum Empfänger durch eine unerkannt fehlerhafte Software ist als Irrtum in der Erklärungshandlung anzusehen. Denn es besteht kein Unterschied, ob sich der Erklärende selbst verschreibt bzw. vertippt oder ob die Abweichung vom gewollten Erklärungstatbestand auf dem weiteren Weg zum Empfänger eintritt.

Dieser Erklärungsirrtum bei der Präsentation des Notebooks muss allerdings, wie dies § 119 Abs. 1 Var. 2 weiter voraussetzt, bei Abgabe der Erklärung fortgewirkt haben. Die K hat die Annahme des Angebots des B aufgrund der Programmierung ihres Bestellungssystems erklärt. Sie ging entsprechend dem von ihr beabsichtigten Programmablauf fälschlich davon aus, dass der automatisch in die Produktdatenbank übertragene Verkaufspreis dem in ihr EDV-System eingegebenen Betrag entspreche und die Bestellung des B mithin zu dem von ihr festgelegten Verkaufspreis von 2.650 € erfolge. Zu diesem von ihr festgelegten Preis wollte sie die Annahme erklären. Indem sie in Vollzug des Programmablaufs gleichwohl die Bestellung des B – zu einem Preis von 245 € – annahm, setzte sich der Irrtum der K fort.

Folglich liegt ein Anfechtungsgrund der K gemäß § 119 Abs. 1 Var. 2 vor.

c) Die Anfechtung seitens der K erfolgte unverzüglich, sodass die **Anfechtungsfrist** gemäß § 121 gewahrt ist.

d) Mangels entgegenstehender Anhaltspunkte ist die Anfechtung hier auch **nicht ausgeschlossen**; insbesondere ist das anfechtbare Rechtsgeschäft nicht von der Anfechtungsberechtigten K gemäß § 144 bestätigt worden.

---

117 BGHZ 139, 177, 180 f.

e) K hat ihre Annahme erfolgreich angefochten, sodass der Kaufvertrag gemäß § 142 Abs. 1 als von Anfang an unwirksam anzusehen ist und damit die Leistung der K ohne rechtlichen Grund erfolgte.

IV. Daher muss B das Notebook Zug um Zug gegen Rückzahlung des Kaufpreises in Höhe von 245 € (Gegenanspruch des B gegen K aus § 812 Abs. 1 S. 1 Var. 1) gemäß § 812 Abs. 1 S. 1 Var. 1 an K herausgeben.

B. Ferner ist der **Anspruch nicht untergegangen**.

C. Der **Anspruch** müsste auch **durchsetzbar** sein.

Dies wäre dann nicht der Fall, wenn sich B gegenüber K auf ein Leistungsverweigerungsrecht berufen könnte. Dies ist vorliegend jedoch nicht ersichtlich; insbesondere kann B sich gegenüber K noch nicht auf die Einrede der Verjährung aus § 214 Abs. 1 berufen (*vgl. dazu Fall 46*).

Somit ist der Anspruch auch durchsetzbar.

Folglich hat K gegenüber B einen Anspruch auf Herausgabe des Notebooks Zug um Zug gegen Rückzahlung des Kaufpreises i.H.v. 245 € aus § 812 Abs. 1 S. 1 Var. 1.

Fall 36: Eigenschaftsirrtum nach § 119 Abs. 2 und interner (verdeckter) Kalkulationsirrtum

Da K eine neue günstige Festplatte benötigt, wird ihm vom Computerhändler V eine vom Typ 3.5" Samsung 160 GB, die laut Katalog 50 € kosten soll, empfohlen. K sagt daraufhin zu V, dass er diese Festplatte für 50 € haben wolle. V entgegnet, er wolle nur noch eben nachschauen, ob der Preis im Katalog richtig angegeben sei. V gibt dazu die Bestellnummer der Festplatte in seinen Computer ein, woraufhin anhand der Nummer ein Kaufpreis von 50 € angezeigt wird. V sagt daraufhin, dass das Geschäft „so in Ordnung gehe" und K die Festplatte in einer Woche abholen könnte.
Als K eine Woche später zur Abholung der Festplatte erscheint, verlangt V von ihm 175 €. V bemerkt dazu, dass die Preisangabe von 50 € auf eine veraltete Preisliste zurückzuführen sei, die noch im Computer gespeichert gewesen sei. K ist entrüstet und will nur 50 € zahlen, anderenfalls will er gegenüber V anfechten. V nimmt dies kopfschüttelnd zur Kenntnis.

Kann K von V Übergabe und Übereignung der Festplatte gegen Zahlung eines Kaufpreises von 50 € verlangen?

Bearbeitervermerk: Es ist ein Gutachten zu erstellen, das zu den in Betracht kommenden Anfechtungsgründen des K – ggf. hilfsgutachterlich – Stellung bezieht.

K könnte gegenüber V einen Anspruch auf Übergabe und Übereignung der Festplatte gegen Zahlung eines Kaufpreises von 50 € aus § 433 Abs. 1 S. 1 haben.

A. Der **Anspruch** müsste **entstanden** sein.

I. Dies ist der Fall, wenn sich die Parteien i.S.d. § 433 geeinigt haben und der Einigung auch keine Wirksamkeitshindernisse entgegenstehen.

Eine Einigung im vorgenannten Sinne besteht aus zwei übereinstimmenden, empfangsbedürftigen Willenserklärungen in Form eines Angebots und einer inhaltlich damit übereinstimmenden Annahme, §§ 145 ff.

1. Die Angaben im Katalog stellen mangels Rechtsbindungswillen lediglich eine invitatio ad offerendum und damit kein Angebot dar.

2. Jedoch ist in dem Bekunden des K, eine Festplatte des Typs 3.5" Samsung 160 GB für 50 € kaufen zu wollen, ein Angebot zu erblicken. Aus objektivem Empfängerhorizont (§§ 133, 157) ist auch ersichtlich, dass K nicht den zur Zeit des Vertragsschlusses gültigen Markt-/Listenpreis zahlen wollte.

3. Dieses Angebot hat V durch die Äußerung, das Geschäft „gehe so in Ordnung", vollumfänglich angenommen. Die Annahme bezog sich somit auch auf den Kaufpreis i.H.v. 50 €. Eine Einigung auf die Berechnungsgrundlage einer bestimmten Liste liegt nicht vor.

II. Ferner müsste die Einigung zwischen V und K auch wirksam sein.

Hier könnte K sein Angebot angefochten haben, sodass der Kaufvertrag gemäß § 142 Abs. 1 als von Anfang an (ex tunc) nichtig gilt.

1. Dazu müsste K die Anfechtung gemäß § 143 Abs. 1 i.V.m. Abs. 2 gegenüber V zunächst **erklärt** haben.
K will seine im Rahmen des Kaufvertragsabschlusses abgegebene Willenserklärung gegenüber V nur dann anfechten, wenn er für die Festplatte mehr als 50 € bezahlen muss. Es ist hier jedoch ein Kaufvertrag zum Preis von 50 € zustande gekommen, sodass K den für ihn günstigen Vertrag nicht durch Anfechtung seines Angebots beseitigen will und demgemäß auch keine Anfechtungserklärung abgegeben hat.
Mangels Anfechtungserklärung des K nach § 143 Abs. 1 i.V.m. Abs. 2 liegen die Voraussetzungen für eine wirksame Anfechtung nicht vor.

– Hilfsgutachten –

Zu den Anfechtungsgründen des K wird daher im Folgenden nur hilfsgutachterlich Stellung genommen:

2. Es könnte ein **Anfechtungsgrund** für K nach **§ 119 Abs. 1 Var. 1 (Inhaltsirrtum)** bestehen.
Ein Inhaltsirrtum läge dann vor, wenn sich unbewusst Wille und Erklärung des K nicht gedeckt hätten. K wollte jedoch gerade zum abgelesenen Preis von 50 € kaufen, sodass dies nicht der Fall ist.
Somit liegt kein Inhaltsirrtum nach § 119 Abs. 1 Var. 1 bei K vor.

3. Jedoch könnte ein Anfechtungsgrund für K nach **§ 119 Abs. 1 Var. 2 (Erklärungsirrtum)** vorliegen.
Ein Erklärungsirrtum ist dann gegeben, wenn eine Erklärung dieses Inhalts überhaupt nicht abgegeben werden sollte, also insbesondere bei Fällen des Versprechens, Verschreibens und Vergreifens. V und K haben sich auf den vom Computer richtig ermittelten Kaufpreis, dem jedoch veraltetes Datenmaterial zugrunde lag, verlassen. Um dem Nutzer automatisierter Erklärungen keinen unangemessenen Vorteil zukommen zu lassen, kann bei solchen Verfahren ein Erklärungsirrtum nur dann angenommen werden, wenn das Eingabegerät fehlerhaft bedient wurde. Eine fehlerhafte Bedienung ist den Fällen des „Versprechens, Verschreibens und Vergreifens" ähnlich. Mangels fehlerhafter Bedienung des Eingabegerätes durch K kommt ein Erklärungsirrtum nicht in Betracht.

Anmerkung: *Auch V selbst hat das Eingabegerät unter Eingabe der zutreffenden Bestellnummer richtig bedient, lediglich das Datenmaterial war fehlerhaft. Dies begründet jedoch als unbeachtlicher Irrtum bei der Erklärungsvorbereitung kein Anfechtungsrecht.*

4. Es könnte aber ein Eigenschaftsirrtum nach **§ 119 Abs. 2** vorliegen.
Eigenschaften einer Person oder Sache sind neben den auf der natürlichen Beschaffenheit beruhenden Merkmalen auch tatsächliche oder rechtliche Verhältnisse und Beziehungen zur Umwelt, soweit sie nach der Verkehrsanschauung für die Wertschätzung oder Verwendbarkeit von Bedeutung sind.[118] Demnach sind Eigenschaften einer Sache alle wertbildenden

118 BGHZ 34, 32, 41; 88, 240, 245.

Merkmale von gewisser Dauer, die ihren Grund in der Sache selbst haben oder sich auf die Sache beziehen. Die **Verkehrswesentlichkeit** bestimmt sich stets nach dem konkreten Rechtsgeschäft und ist daher eine Frage des Einzelfalls.[119] In der Regel wird sie vorliegen, wenn die Eigenschaft nach der Verkehrsanschauung einen nennenswerten Einfluss auf die Wertschätzung der Person oder Sache auszuüben pflegt. Aus Sicht der Parteien kam der zu niedrige Preis hier dadurch zustande, dass man von einer falschen Berechnungsgrundlage (die alte Preisliste) ausgegangen ist. Das Risiko der Kalkulation trägt der Anbieter. Fehler bei der internen Kalkulation des Preises **(interner [verdeckter] Kalkulationsirrtum)** stellen jedoch nur einen unerheblichen Motivirrtum dar und geben kein Anfechtungsrecht.[120] Auch Wert oder Marktpreis sind keine wertbildenden Faktoren, sondern nur deren Folge. Daher fehlt es bereits an einer Eigenschaft i.S.d. § 119 Abs. 2, sodass ein Eigenschaftsirrtum ausscheidet.

Fraglich ist jedoch, ob dieses Ergebnis im Lichte des § 242 nicht einer Korrektur bedarf. Mit Blick darauf, dass K den Kalkulationsirrtum weder kannte noch dass er sich ihm förmlich aufdrängen musste und der Tatsache, dass der Erklärende V durch den Irrtum auch nicht ruinöse Konsequenzen zu befürchten hat,[121] erscheint eine Korrektur über § 242 nicht angezeigt. Das Verlangen des K nach Vertragserfüllung stellt daher keine unzulässige Rechtsausübung dar und mithin auch keinen Verstoß gegen Treu und Glauben. Eine Korrektur über § 242 muss auf Extremfälle beschränkt bleiben und ist hier fernliegend. Folglich liegt kein Eigenschaftsirrtum nach § 119 Abs. 2 vor.

Sieht man also von der hier unterbliebenen Anfechtungserklärung einmal ab, liegt auch kein Anfechtungsgrund für K vor, sodass der Kaufvertrag insgesamt wirksam ist. Mithin ist der Anspruch des K entstanden.

B. Ferner ist der **Anspruch nicht untergegangen**.

C. Des Weiteren müsste der **Anspruch** auch **durchsetzbar** sein.

Dies wäre dann nicht der Fall, wenn sich V gegenüber K auf ein Leistungsverweigerungsrecht berufen könnte. Dies ist vorliegend jedoch nicht ersichtlich; insbesondere steht V gegenüber K nicht die Einrede des nicht erfüllten Vertrags aus §§ 320, 322 zu, da K ihm die Zahlung des Kaufpreises i.H.v. 50 € anbietet.

Somit ist der Anspruch auch durchsetzbar.

D. Folglich hat K gegenüber V einen Anspruch auf Übergabe und Übereignung der Festplatte gegen Zahlung eines Kaufpreises von 50 € aus § 433 Abs. 1 S. 1.

---

119 BGHZ 88, 240, 246.

120 BGHZ 139, 177, 180; Palandt/Ellenberger § 119 Rn. 18.

121 Vgl. BGHZ 139, 177 ff.; Waas JuS 2001, 14 ff.

Fall 37: Eigenschaftsirrtum nach § 119 Abs. 2 und Verhältnis der Anfechtung zur Sachmängelhaftung

A will sich einen Sportwagen beim Gebrauchtwagenhändler B zulegen. Auf dem Hof des B stehen u.a. zwei Maserati Coupé Cambiocorsa, die beide 25.000 € kosten sollen. An einem dieser Wagen, der die Fahrgestell-Nr. X1010 trägt, findet A besonderen Gefallen. A erklärt, dass er diesen Wagen für 25.000 € kaufen wolle. B bittet ihn daraufhin in sein Büro, wo der guten Ordnung halber der Vertrag schriftlich abgeschlossen werden soll. In dem schriftlich aufgesetzten Kaufvertrag erscheint als Kaufobjekt ein Maserati Coupé Cambiocorsa mit der Fahrgestell-Nr. X5894. Das ist jedoch die Nummer des zweiten Maserati. Gleichwohl gingen beide übereinstimmend davon aus, dass dies die Nummer des von A ausgesuchten Maserati sei. Da B den Wagen noch zum TÜV bringen soll, wird vereinbart, dass A ihn nach einer Woche abholt. Zu Hause erfährt A von seinem Freund, dem Automechaniker F, dass der Wagen mit der Fahrgestell-Nr. X1010 einen schweren Unfall hatte. F sei selbst an den Reparaturarbeiten beteiligt gewesen. Nach Ablauf der Woche verlangt B von A Zahlung von 25.000 € und Abnahme des Maserati mit der Fahrgestell-Nr. X1010. Den Wagen will A unter keinen Umständen mehr haben. Schließlich habe ihm B den Unfallschaden verheimlicht. Zumindest habe er (A) sich über die Existenz des Vorschadens geirrt, und dieser stelle im Übrigen auch einen Sachmangel dar.

Kann B von A Abnahme des Maserati mit der Fahrgestell-Nr. X1010 nebst Zahlung der 25.000 € verlangen?

B könnte gegen A einen Anspruch auf Abnahme des Maserati X1010 und Zahlung von 25.000 € aus § 433 Abs. 2 haben.

A. Der **Anspruch** ist **entstanden**, wenn sich die Parteien i.S.d. § 433 geeinigt haben und keine Wirksamkeitshindernisse entgegenstehen.

I. Zunächst einmal müssten sich also A und B i.S.d. § 433 geeinigt und damit einen Kaufvertrag abgeschlossen haben.

Zur Auslegung im Allgemeinen und den Auslegungsgrundsätzen der „falsa demonstratio non nocet" im Besonderen siehe Fall 12.

Unter Berücksichtigung der Auslegungsgrundsätze von § 133 („falsa demonstratio non nocet") ist eine Einigung über den Kauf des Maserati X1010 zustande gekommen. A und B gingen übereinstimmend davon aus, dass dies die Fahrgestell-Nr. des von A gewählten Fahrzeugs ist.

II. Ferner müsste die Einigung zwischen A und B auch wirksam sein.

Hier könnte A jedoch sein Angebot angefochten haben, sodass der Kaufvertrag gemäß § 142 Abs. 1 von Anfang an (ex tunc) nichtig ist.

1. Dazu müsste A die Anfechtung gegenüber dem Anfechtungsgegner B gemäß § 143 Abs. 1 i.V.m Abs. 2 **erklärt** haben. Die Erklärung des A, wonach er den Maserati mit der Fahrgestell-Nr. X1010 unter keinen Umständen mehr haben wolle, kann als Anfechtungserklärung aufgefasst werden. Schließlich lässt sich die von A gewünschte Rechtsfolge durch Anfechtung mit der Folge der Nichtigkeit des Vertrags nach § 142 Abs. 1 erreichen, sodass A die Anfechtung gegenüber dem Anfechtungsgegner B gemäß § 143 Abs. 1 i.V.m Abs. 2 erklärt hat.

2. Ferner müsste A einen Anfechtungsgrund haben.

a) Es kommt eine Anfechtung wegen **arglistiger Täuschung nach § 123 Abs. 1** in Betracht. Das setzt aber zumindest voraus, dass B arglistig war, also die Unfalleigenschaft des Wagens kannte. Davon kann nach dem Sachverhalt aber nicht ausgegangen werden. Mag B als Fachmann auch fahrlässig den Unfallschaden nicht erkannt haben, so begründet dies jedoch keine Anfechtungsmöglichkeit wegen arglistiger Täuschung nach § 123 Abs. 1.

b) Als weiterer Anfechtungsgrund kommt ein **Irrtum über eine verkehrswesentliche Eigenschaft der Kaufsache nach § 119 Abs. 2** in Betracht.

aa) Fraglich ist zunächst einmal, ob bei Mängeln einer gekauften Sache die Irrtumsanfechtungsmöglichkeit nach § 119 Abs. 2 eingreifen kann und nicht durch die kaufrechtlichen Mängelrechte der §§ 437 ff. verdrängt wird.

Für eine solche Verdrängung nach dem Spezialitätsgrundsatz sprechen auch im neuen Schuldrecht die unterschiedlichen Fristen für die Geltendmachung von Irrtumsanfechtung einerseits und kaufrechtlichen Mängelrechten andererseits. Die Mängelansprüche verjähren bei Kaufsachen gemäß § 438 Nr. 3 in der Regel in zwei Jahren, während § 121 eine unverzügliche Anfechtung nach Kenntnis vom Anfechtungsgrund verlangt. Sollte z.B. ein Käufer von dem Mangel der Kaufsache erst nach Ablauf von zwei Jahren erfahren, wäre die Geltendmachung von kaufrechtlichen Mängelrechten gemäß § 214 i.V.m. § 438 nicht durchsetzbar, während die Anfechtungsmöglichkeit nach § 119 Abs. 2 noch eröffnet wäre. Damit könnte also dann die für Kaufgeschäfte eingeführte Zeitregelung des Gesetzgebers unterlaufen werden. Hinzu kommt, dass gemäß §§ 437, 440, 323, 441 der Käufer erst zurücktreten oder mindern kann, wenn er dem Verkäufer eine angemessene Frist zur Nacherfüllung gesetzt hat und diese erfolglos verstrichen ist. Das Recht des Verkäufers zur zweiten Andienung (Nacherfüllung i.S.d. § 439) könnte also durch eine Anfechtung umgangen werden. Um das zu verhindern, muss eine Anfechtung des Kaufvertrags wegen eines Irrtums über die Kaufsache, der zugleich einen Mangel der Kaufsache darstellt, ausgeschlossen sein.[122]

bb) Ferner ist fraglich, ob dies auch vor dem Gefahrübergang nach §§ 434, 446, also vor der Übergabe der Kaufsache, gelten kann.

Nach dem Wortlaut des § 434 Abs. 1 liegt ein Sachmangel nur vor, wenn die Sache bei Gefahrübergang mangelhaft ist. Die Mängelrechte des Käufers nach § 437 sind demzufolge erst nach Gefahrübergang anwendbar, sodass davor eigentlich keine Konkurrenz zwischen Anfechtungs- und Gewährleistungsrecht besteht. Wenn der Mangel aber beispielsweise ein unbehebbarer ist, müssen die Mängelrechte dem Käufer auch vor Übergabe zugestanden werden. Dann muss zwar dem Verkäufer grundsätzlich die Möglichkeit offenstehen, den Mangel noch vor Gefahrübergang zu beseitigen und damit ordnungsgemäß zu erfüllen. Bei einem unbehebbaren Mangel kann der Käufer nicht gezwungen sein, zunächst Zug um Zug gegen vollständige Zahlung des Kaufpreises die Übergabe der Kaufsache herbeizuführen, um sogleich aufgrund Mangelhaftigkeit seine Rechte herzu-

122 Vgl. RegBegr BT-Drs. 14/6040, S. 210.

leiten. Die Eigenschaft als Unfallwagen stellt hier einen Mangel i.S.d. § 434 Abs. 1 S. 2 Nr. 2 dar, der unbehebbar ist und vor Gefahrübergang vorliegt. Mithin besteht hier ein Konkurrenzproblem zwischen Anfechtungs- und Gewährleistungsrecht.

Merke: Da die Mängelfreiheit der Kaufsache gemäß § 433 Abs. 1 S. 2 Inhalt der Leistungspflicht des Verkäufers ist, kann der Käufer weder vor noch nach Gefahrübergang anfechten. Der Verkäufer hingegen kann immer anfechten, solange er sich dadurch nicht der gesetzlichen Sachmängelhaftung entzieht.

Auch wenn die Rspr. früher die Anfechtung nach § 119 Abs. 2 in derartigen Fällen zuließ,[123] ist dafür mittlerweile nach nahezu einhelliger Ansicht kein Raum mehr. Die Mängelfreiheit der Kaufsache ist gemäß § 433 Abs. 1 S. 2 Inhalt der Leistungspflicht des Verkäufers und damit rückt der Anspruch des Käufers auf Nacherfüllung aus §§ 437 Nr. 1, 439 in den Vordergrund der gesetzgeberischen Intention. Der Gesetzgeber will nach Möglichkeit eine volle Vertragsdurchführung erreichen. Diese Wertung muss dazu führen, dass sich der Käufer weder nach, noch vor Gefahrübergang durch eine Anfechtung aufgrund eines Irrtums über eine Eigenschaft, die zugleich eine Mängelhaftung des Verkäufers auslösen würde, vom Vertrag lösen kann.

cc) Somit wird hier eine Anfechtungsmöglichkeit nach § 119 Abs. 2 von vornherein durch die kaufrechtlichen Mängelrechte der §§ 437 ff. verdrängt. Mithin hat A keinen Anfechtungsgrund, sodass die Einigung folglich wirksam ist.

B. Der **Anspruch** könnte jedoch nachträglich durch Rücktritt des A vom Kaufvertrag gemäß § 346 Abs. 1 i.V.m. §§ 437 Nr. 2, 323 Abs. 1 Var. 2, 326 Abs. 5, 440 **untergegangen** sein.

Indem A erklärte, den Wagen unter keinen Umständen mehr haben zu wollen, erklärte er gemäß § 349 den Rücktritt vom Kaufvertrag. Mit Blick auf die Mangelhaftigkeit des Fahrzeugs gemäß § 434 Abs. 1 S. 2 Nr. 2 ist auch der Rücktrittsgrund gemäß §§ 437 Nr. 2, 323 Abs. 1 Var. 2, 326 Abs. 5, 440 gegeben. Zudem ist der Rücktritt weder ausgeschlossen (§ 323 Abs. 5, 6 etc.) noch unwirksam (§§ 438 Abs. 4, 218 Abs. 1), sodass der Anspruch durch wirksamen Rücktritt des A nachträglich untergegangen ist.

Folglich hat B gegen A keinen Anspruch auf Abnahme und Zahlung von 25.000 € aus § 433 Abs. 2.

123 BGHZ 34, 32, 35 ff.

Fall 38: Anfechtung wegen falscher Übermittlung nach § 120

T betreibt einen Fachmarkt für Gartenmöbel und Gartenzubehör. M interessiert sich für formschöne Gartenstühle aus Teakholz nebst einem Tisch aus dem gleichen Holz.

Da T weder die Stühle noch den Tisch vorrätig hat, aber gleichwohl alles besorgen kann, bestellt M bei ihm per E-Mail noch am 29.07.2018 die Stühle zu einem Preis von 300 € und ordert einen Tag später per E-Mail auch noch den Tisch für 90 €. Bei der Abgabe seiner Bestellung bezog sich M auf Preise, die T ihm zuvor mit E-Mail vom 26.07.2018 genannt hatte. Tatsächlich beliefen sich die Preise der bestellten Sachen aber auf 3.000 € für die Stühle und 900 € für den Tisch. Zu der Preisdifferenz war es aufgrund einer Formeländerung in der Software des Providers des T gekommen. Bei der Übertragung der Daten war eine Kommastelle nicht berücksichtigt worden.

Als T den Fehler bemerkte, teilte er M telefonisch die richtigen Preise mit und fragte gleichzeitig an, ob er auch unter Zugrundelegung dieser Preise an der Bestellung festhalte. Dies lehnte M jedoch kategorisch ab und forderte T vielmehr zur Lieferung der bestellten Stühle und des Tisches Zug um Zug gegen Zahlung von 390 € auf.

Zu Recht?

M könnte gegenüber T einen Anspruch auf Übergabe und Übereignung der Stühle und des Tisches Zug um Zug gegen Zahlung von 390 € aus § 433 Abs. 1 S. 1 haben.

I. Dazu müssten sich M und T zunächst i.S.d. § 433 **geeinigt**, also einen Kaufvertrag abgeschlossen haben.

1. Mit E-Mail vom 26.07.2018 hat T dem M mehrere Angebote zum Kauf von Gartenstühlen und -tischen unterbreitet. Inhalt dieser Angebote war kraft Auslegung gemäß §§ 133, 157 nach dem objektiven Empfängerhorizont die Lieferung der Stühle für 300 € und des Tisches für 90 €. T hatte entsprechende Artikel zwar nicht vorrätig, wollte diese jedoch besorgen. Insofern handelte es sich nicht bloß um eine invitatio ad offerendum.

2. Diese Angebote hat M mit E-Mail vom 29.07.2018 bzgl. der Stühle und E-Mail vom 30.07.2018 bzgl. des Tisches auch angenommen.

3. Zwei Kaufverträge (über Stühle und über Tisch) i.S.d. § 433 sind zustande gekommen.

II. Ferner müssten die Einigungen auch wirksam sein.
Hier könnte T seine Angebote jedoch angefochten haben, sodass die Kaufverträge gemäß § 142 Abs. 1 von Anfang an (ex tunc) nichtig sind.

1. Dazu müsste T die Anfechtung gegenüber dem Anfechtungsgegner M gemäß § 143 Abs. 1 i.V.m Abs. 2 **erklärt** haben.

Auch wenn T am Telefon gegenüber M nicht die Formulierung „Anfechtung" gebraucht hat, so geht aus seiner Erklärung dennoch hervor, dass er an seinen Angeboten nicht festhalten und das Geschäft nicht gegen sich gelten lassen will. Schließlich will er das Geschäft nur unter Zugrundelegung der neuen Preise mit M aufrechterhalten. Mithin hat T hier gegenüber M gemäß § 143 Abs. 1 i.V.m. Abs. 2 die Anfechtung erklärt.

Merke: Eine Anfechtung nach § 120 ist nur bei unbewusst unrichtiger Übermittlung des Boten möglich. Der vorsätzlich falsch übermittelnde Bote ist wie ein vollmachtloser Vertreter zu behandeln, d.h., der Auftraggeber kann genehmigen, ansonsten haftet der Bote gemäß § 179 und u.U. auch aus §§ 823 ff.

2. Ferner müsste T ein **Anfechtungsgrund** zustehen. In Betracht kommt hier ein **Übermittlungsirrtum gemäß § 120**. Also müsste eine Willenserklärung durch die zur Übermittlung verwendete Person oder Einrichtung unrichtig übermittelt worden sein. Der Irrtum, der T vorliegend unterlaufen ist, ist auf eine ihm unbekannte Formeländerung in der Software durch den Provider zurückzuführen. Das hat letztlich bewirkt, dass die von T in der E-Mail korrekt erfassten Beträge durch Wegfall einer Kommastelle (aus 900 € wurde 90 €, aus 3.000 € wurde 300 €) verändert wurden. Bei diesem Verlauf hatte T keine Möglichkeit, den Fehler bei der Übermittlung zu erkennen oder gar zu berichtigen. Folglich hat der Provider des T dessen Erklärung (E-Mail) nach § 120 als zur Übermittlung verwandte Einrichtung unrichtig übermittelt. Somit steht T ein Anfechtungsgrund nach § 120 zu.

3. Ferner müsste T die Anfechtungsfrist des § 121 Abs. 1 S. 1 gewahrt haben. Nachdem er von der falschen Übermittlung Kenntnis erlangt hat, hat er sich sofort mit M in Verbindung gesetzt und die Anfechtung erklärt. Er handelte also ohne schuldhaftes Zögern und damit „unverzüglich" i.S.d. § 121.

Somit hat T die Anfechtungsfrist des § 121 Abs. 1 S. 1 gewahrt.

4. Ferner dürfte die Anfechtung auch nicht ausgeschlossen sein. Mangels entgegenstehender Anhaltspunkte ist dies hier nicht der Fall.

5. Mithin hat T sein Angebot erfolgreich angefochten, sodass die Kaufverträge gemäß § 142 Abs. 1 von Anfang an nichtig sind.

Folglich hat M gegenüber T keinen Anspruch auf Übergabe und Übereignung der Stühle und des Tisches Zug um Zug gegen Zahlung von 390 € aus § 433 Abs. 1 S. 1.

Fall 39: Schadensersatzpflicht des Anfechtenden nach § 122

Hausfrau K entdeckt im Schaufenster der Boutique des E zwei schöne Blusen im Sommerschlussverkauf. Die eine Bluse ist schwarz und hat kleine Reißverschlüsse an der Seite. Die andere Bluse ist weiß und hat einen tiefen Ausschnitt. Im Geschäft erkundigt sich die preisbewusste K nach dem Preis der Blusen. E erklärt, er sei bereit, die schwarze Bluse für 45 € und die weiße Bluse für 65 € zu verkaufen. E selbst hatte die schwarze Bluse nämlich für 25 € und die weiße Bluse für 40 € eingekauft. Nach Anprobe beider Blusen entscheidet sich K letztlich wegen des Ausschnitts für die weiße Bluse. Sie ist mit den Gedanken schon beim nächsten Einkauf, als sie gegenüber E erklärt: „Ich nehme die schwarze Bluse, möchte aber noch kurz etwas im Gemischtwarenladen gegenüber erledigen. Bitte packen Sie mir die Bluse doch schon ein. Ich hole sie später ab." E ist damit einverstanden.

Nachdem K die Boutique verlassen hat, betritt die modebewusste V das Geschäft des E. Sie sieht, wie E mit den beiden Blusen hantiert und ist sofort in die schwarze Bluse verliebt. Eine solche Bluse hatte V bereits seit langer Zeit gesucht; sie war aber überall ausverkauft. Überschwänglich geht sie auf E zu und bietet ihm 75 € für die schwarze Bluse. V weiß, dass der Preis sehr hoch ist; sie will aber unbedingt die Bluse erhalten. E muss ihr jedoch berichten, dass er die schwarze Bluse gerade verkauft habe. Es sei nur noch die weiße verfügbar für 65 €. V lehnt dankend ab, kurz darauf wird die weiße Bluse von einer anderen Kundin gekauft.

Wenig später kehrt K zurück zu E, um ihre Bluse abzuholen. Erst jetzt bemerkt sie, dass sie sich zuvor versprochen hat und daher E die aus ihrer Sicht falsche Bluse eingepackt hat. Da sie aber auf keinen Fall 45 € für die schwarze Bluse zahlen will und die weiße Bluse nun ja nicht mehr zu haben ist, klärt sie den E über das Missverständnis auf.

Der enttäuschte E ist der Ansicht, dass er für das Missverständnis nicht verantwortlich ist und will nun seinerseits K auf Schadensersatz in Anspruch nehmen.

Kann E von K Schadensersatz verlangen?

E könnte gegenüber K einen Anspruch auf Schadensersatz gemäß § 122 haben.

Nach § 122 soll zum Schutze des auf die Gültigkeit der Willenserklärung vertrauenden Geschäftsgegners ein Anspruch dieses Geschäfts-/Anfechtungsgegners auf Ersatz des sog. **Vertrauensschadens** bestehen.

A. Der Anspruch des E aus § 122 ist entstanden, wenn eine **Willenserklärung der K nach § 118 nichtig oder von ihr nach §§ 119, 120 angefochten** worden ist.

I. K könnte ihre im Rahmen eines Kaufvertrages mit E abgegebene Willenserklärung nach § 119 angefochten haben.

1. Das setzt aber zunächst voraus, dass E und K überhaupt einen Kaufvertrag nach § 433 abgeschlossen haben.
E und K könnten sich i.S.d. § 433 durch zwei übereinstimmende Willenserklärungen in Form eines Angebots und einer inhaltlich damit übereinstimmenden Annahme geeinigt haben.

a) Ein Angebot des E liegt nicht vor, da es sich bei einer Schaufensterauslage lediglich um eine invitatio ad offerendum handelt und E somit der Rechtsbindungswille fehlt.

b) Ein Angebot auf Abschluss eines Kaufvertrages könnte jedoch K dem E unterbreitet haben.

Durch die Äußerung „Ich nehme die schwarze Bluse" hat K ein Angebot auf Abschluss eines Kaufvertrags über die schwarze Bluse zum Preis von 45 € abgegeben. Auch wenn sie sich dabei gedacht hat, ein Angebot über die weiße Bluse zum Preis von 65 € abzugeben, liegt aufgrund einer am Maßstab des § 157 orientierten Auslegung mit Blick auf die Lehre vom objektiven Empfängerhorizont, also mit Blick auf den objektiven Erklärungsinhalt, nur ein Angebot über die schwarze Bluse vor.

c) Ferner müsste E dieses Angebot auch angenommen haben.
E hat die schwarze Bluse umgehend für K eingepackt und war mit dem Kauf einverstanden, sodass er das Angebot der K angenommen hat.

d) Es ist ein Kaufvertrag zwischen E und K über die schwarze Bluse zum Kaufpreis in Höhe von 45 € zustande gekommen.

2. Fraglich ist jedoch, ob die Einigung i.S.d. § 433 auch wirksam ist.
Der Kaufvertrag könnte vorliegend durch eine Anfechtung des Angebots der K gemäß **§ 142 Abs. 1** von Anfang an (ex tunc) nichtig sein.

a) Dazu müsste K die Anfechtung der Angebotserklärung gemäß § 143 Abs. 1 i.V.m. Abs. 2 gegenüber E **erklärt** haben. K will auf keinen Fall 45 € für die schwarze Bluse zahlen und klärt E über das Missverständnis auf. Sie will umgehend den Laden verlassen und macht damit insgesamt deutlich, dass sie sich auf jeden Fall vom Vertrag lösen will. Dieses Verhalten ist gemäß §§ 133, 157 als Anfechtungserklärung auszulegen. Mithin hat K gegenüber dem Anfechtungsgegner E die Anfechtung nach § 143 Abs. 1 i.V.m. Abs. 2 erklärt.

b) Ferner müsste K für die Anfechtung ein **Anfechtungsgrund** zustehen. In Betracht kommt hier ein **Erklärungsirrtum nach § 119 Abs. 1 Var. 2.**

Beim Irrtum über die Erklärungshandlung nach § 119 Abs. 1 Var. 2 entspricht das gesetzte Erklärungszeichen nicht dem Willen des Erklärenden, wie z.B. beim Versprechen, Verschreiben oder Vergreifen.[124] Ein Inhaltsirrtum gemäß § 119 Abs. 1 Var. 1 läge hingegen vor, wenn sich unbewusst Wille und Erklärung der K nicht gedeckt hätten. Das bedeutet, dass der Erklärende beim Inhaltsirrtum eine Erklärung abgibt, die er auch abgeben will, ihr aber einen falschen Inhalt beimisst.[125]

K wollte die weiße Bluse kaufen und dachte, dass sie dies auch erklärt hätte. Sie irrt insofern nicht über die rechtliche Bedeutung ihrer Erklärung und unterliegt mithin auch nicht einer bewussten Unkenntnis vom wahren wirklichen Sachverhalt. Gleichwohl scheitert die „praktische Umsetzung" der Angebotserklärung der K. Sie verspricht sich und lässt sich daher statt der gewollten weißen Bluse nun die schwarze Bluse einpacken. Das gesetz-

---

124 OLG Oldenburg NJW 2004, 168; Palandt/Ellenberger § 119 Rn. 10.
125 Palandt/Ellenberger § 119 Rn. 11; Cziupka JuS 2009, 887.

te Erklärungszeichen entspricht also nicht ihrem Willen, sodass sie sich bei Abgabe der Angebotserklärung in einem Erklärungsirrtum gemäß § 119 Abs. 1 Var. 2 befand.

Folglich steht K für die Anfechtung ein Anfechtungsgrund gemäß § 119 Abs. 1 Var. 2 zu.

c) Des Weiteren ist auch die **Anfechtungsfrist des § 121** gewahrt.

d) Zudem ist die Anfechtung nicht gemäß § 144 ausgeschlossen.

e) Mithin hat K ihr Angebot erfolgreich nach § 119 angefochten, sodass der Kaufvertrag gemäß § 142 Abs. 1 von Anfang an nichtig ist.

II. Darüber hinaus dürfte der Schadensersatzanspruch auch nicht nach **§ 122 Abs. 2** ausgeschlossen sein. Mangels Kenntnis bzw. grob fahrlässiger Unkenntnis des E von der Anfechtbarkeit ist dies der Fall.

III. Somit hat K dem E gemäß § 122 den Schaden zu ersetzen, den er dadurch erleidet, dass er auf die Gültigkeit der Erklärung vertraut **(negatives Interesse)**, jedoch nicht über den Betrag des Interesses hinaus, welches er an der Gültigkeit der Erklärung hat **(positives Interesse)**. Der im Vertrauen auf die Wirksamkeit des Rechtsgeschäfts getäuschte Erklärungsempfänger kann letztlich also alle Nachteile, die ihm durch das Vertrauen auf die Gültigkeit der Erklärung entstanden sind, nach § 122 ersetzt verlangen. Dieser sog. **Vertrauensschaden** umfasst sowohl die aufgewandten Kosten, die im Vertrauen auf die Gültigkeit des Geschäfts erbrachten Leistungen als auch die Nachteile durch das Nichtzustandekommen eines möglichen anderen Geschäfts.[126]

1. Hätte E nicht auf den mit K geschlossenen Kaufvertrag über die schwarze Bluse vertraut, hätte er die Bluse für 75 € an V verkaufen können. Da das Geschäft mit K aufgrund der wirksamen Anfechtung gescheitert ist und auch das an sich mit V mögliche Geschäft nicht zustande gekommen ist, konnte er die Bluse nun gar nicht verkaufen. Er erleidet mithin einen Nachteil in Höhe der Differenz zwischen dem von V angebotenen Kaufpreis i.H.v. 75 € und dem mit K vereinbarten Kaufpreis in Höhe von 45 €, also einen Vertrauensschaden aus einem möglichen, aber unterlassenem Alternativgeschäft i.H.v. 30 € (negatives Interesse).

2. Der Schadensersatzanspruch ist jedoch nach § 122 Abs. 1 durch das positive Interesse des E an dem angefochtenen Geschäft begrenzt. Hätte E die schwarze Bluse für 45 € wirksam an K verkauft, hätte er 20 € Gewinn gemacht (positives Interesse). Dieser Betrag liegt unter dem negativen Interesse. Der Schadensersatzanspruch ist somit auf die 20 € begrenzt, § 122 Abs. 1.

3. Der Anspruch könnte ferner nach § 254 Abs. 2 S. 1, Abs. 1 zu kürzen sein. Das ist der Fall, wenn E seine Schadensminderungspflicht verletzt hat. Er ist verpflichtet, den Schaden so gering wie möglich zu halten. Falls E nach der Anfechtung durch K die schwarze Bluse für mehr als 45 € an eine(n) beliebige(n) Dritte(n) hätte verkaufen können, wäre sein Vertrauensschaden geringer ausgefallen.

---

126 BGH NJW 1984, 1950 f.; Palandt/Ellenberger § 122 Rn. 4.

Für einen etwaigen Verkauf an Dritte sind hier keinerlei Anhaltspunkte gegeben, sodass E schon deshalb seiner Schadensminderungspflicht nach § 254 Abs. 2 S. 1 nachgekommen sein dürfte.
Unabhängig davon stellt § 254 aber auch nur eine Billigkeitsregelung dar, sodass es im Ergebnis darauf ankommt, ob E nach den mit K gemachten Erfahrungen zuzumuten war, weiterhin nach Kunden Ausschau zu halten, die mehr als 45 € für die schwarze Bluse zahlen. Bei Verbrauchs- und Alltagsgegenständen, wie Lebensmittel oder Bekleidung, ist es aber der absolute Ausnahmefall, dass Kunden mehr als den ausgezeichneten Preis zu zahlen bereit sind. Daher wäre es E schon von vornherein nicht zuzumuten, sich weiterhin um geschäftliche Kontakte zu bemühen, die mehr als 45 € für die schwarze Bluse zu zahlen bereit sind.

Somit greift auch die Billigkeitsregelung des § 254 nicht zugunsten der K ein; es besteht für E keine Schadensminderungspflicht. Mithin bleibt es bei dem zuvor ermittelten ersatzfähigen Vertrauensschaden des E i.H.v. 20 €, sodass der Anspruch aus § 122 entstanden ist.

B. Mangels Einwendungen oder Einreden der E ist der **Anspruch** auch **nicht untergegangen** und zudem **durchsetzbar**.

Somit hat E gegenüber K einen Anspruch auf Schadensersatz i.H.v. 20 € aus § 122.

Fall 40: Anfechtung wegen arglistiger Täuschung nach § 123 Abs. 1 Var. 1

K kaufte von V einen gebrauchten Pkw. Bei den Verhandlungen verschwieg V dem K, dass der Pkw infolge eines Verkehrsunfalls mit einem neuwertigen Austauschmotor versehen war und gab statt des tatsächlichen Kilometerstandes von 200.000 km einen Kilometerstand von 100.000 km an, um K „einen größeren Kaufanreiz" zu geben. Nachdem K bei einer routinemäßigen Inspektion noch im Jahr des Kaufs von diesen Umständen erfuhr, unternahm er zunächst nichts. Er überlegte hin und her, was er machen sollte und verdrängte die ganze Angelegenheit. Letztlich entschloss er sich aber doch gegen V vorzugehen und erklärte noch vor Ablauf eines Jahres die Anfechtung des Kaufvertrages gegenüber V. Sodann verlangte er den in bar an V gezahlten, aber mittlerweile von diesem auf sein Bankkonto eingezahlten, Kaufpreis zurück.

Zu Recht?

K könnte gegenüber V einen Anspruch auf Rückzahlung des Kaufpreises aus §§ 812 Abs. 1 S. 1 Var. 1, 818 Abs. 2 haben.

I. Zunächst müsste V **etwas erlangt** haben.
Unter „etwas" ist jeder vermögenswerte (rechtliche) Vorteil zu verstehen.
V erlangt Eigentum und Besitz an den von K gezahlten Geldscheinen und -stücken und damit einen Vermögensvorteil in diesem Sinne.
Folglich hat V etwas erlangt.

II. Ferner müsste V diesen Vermögensvorteil auch **durch Leistung des Anspruchstellers** K erlangt haben.
Unter einer „Leistung" ist bei § 812 Abs. 1 S. 1 Var. 1 jede bewusste und zweckgerichtete Mehrung fremden Vermögens zur Erfüllung einer, wenn auch nur vermeintlich bestehenden, Verbindlichkeit zu verstehen.
K mehrt bewusst und zweckgerichtet das Vermögen des V zur Erfüllung seiner Verbindlichkeit aus dem Kaufvertrag nach § 433 Abs. 2, sodass V den Vermögensvorteil durch Leistung des K erlangt.

III. Ferner müsste die Leistung von K **ohne rechtlichen Grund** erfolgt sein. Das ist der Fall, wenn der mit der Leistung bezweckte Erfolg verfehlt worden ist. Dies wiederum ist jedenfalls dann der Fall, wenn das der Leistung zugrunde liegende Vertragsverhältnis nicht besteht.

1. Das der Leistung von K zugrunde liegende Vertragsverhältnis ist vorliegend der mit V geschlossene Kaufvertrag gemäß § 433, der durch die **Einigung** zwischen K und V zustande gekommen ist.

2. Fraglich ist jedoch, ob der Kaufvertrag auch **wirksam** ist.
Dem könnte eine wirksame Anfechtung der von K abgegebenen Willenserklärung gemäß **§ 142 Abs. 1** entgegenstehen.

a) Dazu müsste K die Anfechtung gemäß **§ 143 Abs. 1 i.V.m. Abs. 2** gegenüber V zunächst **erklärt** haben. Aufgrund der ausdrücklichen Anfechtungserklärung des K gegenüber V ist dies hier der Fall.

b) Ferner müsste ein **Anfechtungsgrund** des K vorliegen.

Zunächst kommt ein **Eigenschaftsirrtum** des K nach **§ 119 Abs. 2** in Betracht.
Eigenschaften einer Person oder Sache i.S.v. § 119 Abs. 2 sind neben den auf der natürlichen Beschaffenheit beruhenden Merkmalen auch tatsächliche oder rechtliche Verhältnisse und Beziehungen zur Umwelt, soweit sie nach der Verkehrsanschauung für die Wertschätzung oder Verwendbarkeit von Bedeutung sind. Die Verkehrswesentlichkeit der Eigenschaft liegt in der Regel vor, wenn die Eigenschaft nach der Verkehrsanschauung einen nennenswerten Einfluss auf die Wertschätzung der Person oder Sache auszuüben pflegt. Die tatsächlich gefahrenen Kilometer eines Fahrzeugs sind unabhängig von der Kilometerleistung des eingebauten Motors entscheidend für die Bestimmung seines Erhaltungsgrades und die noch zu erbringende Laufleistung. Insofern kennzeichnet der Kilometerstand die Sache unmittelbar und ist demnach ein wertbildender Faktor, der auch verkehrswesentlich ist.
Indem V den K glauben lässt, das Fahrzeug sei anstelle von 200.000 km erst 100.000 km gefahren worden, irrt K über die tatsächlich gefahrenen Kilometer und unterliegt somit einem Eigenschaftsirrtum nach § 119 Abs. 2.

Einer Anfechtung wegen dieses Anfechtungsgrundes könnte jedoch das vorrangig anwendbare Gewährleistungsrecht der §§ 434 ff. entgegenstehen. Das kann indes dahinstehen, wenn die Anfechtung wegen eines Eigenschaftsirrtums aus anderen Gründen scheitert.

c) K müsste insbesondere auch die **Anfechtungsfrist** des § 121 Abs. 1 S. 1 gewahrt haben.
K müsste also „unverzüglich" und damit ohne schuldhaftes Zögern, d.h. innerhalb einer nach den Umständen des Einzelfalls zu bemessenden Prüfungs- und Überlegungsfrist,[127] angefochten haben.
Als K von dem Irrtum erfuhr, besaß er alle notwendigen Informationen, um seine Rechte gegenüber V geltend zu machen. Ein sachlicher Grund für sein Abwarten nach Entdeckung des Irrtums ist nicht erkennbar. Insofern verzögerte er die Anfechtung schuldhaft, und handelte somit nicht „unverzüglich" i.S.d. § 121.
Folglich hat K die Anfechtungsfrist des § 121 Abs. 1 S. 1 nicht gewahrt.

d) Mithin ist K nicht nach § 119 Abs. 2 zur Anfechtung berechtigt.

e) Den K könnte zur Anfechtung jedoch eine **arglistige Täuschung** des V gemäß **§ 123 Abs. 1 Var. 1** berechtigen.

aa) Dann müsste zunächst eine Täuschungshandlung des V vorliegen. Eine Täuschungshandlung ist jedes Verhalten, durch das falsche Tatsachen vorgespiegelt, entstellt oder unterdrückt werden. Dies kann durch positives Tun oder Unterlassen der gebotenen Aufklärung geschehen.

(1) Mit der **Angabe des falschen Kilometerstandes** täuscht V den K durch positives Tun.

(2) Im **Verschweigen des Unfalls** könnte zudem eine Täuschung durch Unterlassen liegen, sofern V eine Aufklärungspflicht traf. Eine allgemeine Aufklärungspflicht besteht nicht, denn jeder ist grundsätzlich selbst für die

---

127 BGH NJW 2005, 1869; Palandt/Ellenberger § 121 Rn. 3.

Beschaffung seiner Informationen verantwortlich.[128] Ausnahmsweise kann jedoch aus Gesetz, Vertrag oder vorvertraglichem Schuldverhältnis eine Aufklärungspflicht folgen. Dies ist unter Berücksichtigung von Treu und Glauben und nach der Verkehrsauffassung gemäß § 242 in der Regel dann gegeben, wenn die betreffenden Umstände für den Geschäftspartner erkennbar von großer Bedeutung sind. Über einen erheblichen Unfallschaden muss daher in der Regel ungefragt aufklärt werden.[129] Sicher hätte K hier über die Unfalleigenschaft des Fahrzeugs informiert werden wollen. Insofern traf V eine Aufklärungspflicht, sodass auch eine Täuschung durch Unterlassen vorliegt.

(3) Zudem könnte im **Verschweigen des Austauschmotors** eine Täuschung durch Unterlassen liegen, sofern V eine Aufklärungspflicht traf. Jedoch bedeutet der Einbau eines Austauschmotors eine Wertsteigerung und keine Wertminderung, sodass zur Aufklärung hierüber keine Pflicht besteht, die Täuschung hierüber unbeachtlich ist.

(4) Mithin liegt eine Täuschung über den Kilometerstand und über den Unfall vor.

bb) Ferner muss die Täuschungshandlung auch **widerrechtlich** sein. Die Täuschungshandlung ist nur dann widerrechtlich, wenn sie mit der Rechtsordnung nicht in Einklang steht. Es ist kein sachlicher Grund ersichtlich, der die Täuschung des V rechtfertigen könnte, sodass die Täuschungshandlung auch widerrechtlich ist.

Entgegen des Wortlauts von § 123 muss nach ganz h.M. nicht nur die Drohung, sondern auch die arglistige Täuschung widerrechtlich sein.

cc) Ferner müsste ein **Irrtum** beim Anfechtungsgegner K entstanden sein. Unter Irrtum versteht man das Hervorrufen oder Verstärken von Fehlvorstellungen beim Getäuschten. K macht sich falsche Vorstellungen über den Kilometerstand und die Unfalleigenschaft des Fahrzeugs, sodass ein Irrtum vorliegt.

dd) Des Weiteren müsste zwischen Täuschungshandlung und Irrtum Kausalität bestehen. Das ist nach der auch im bürgerlichen Recht anwendbaren **Äquivalenztheorie** der Fall, wenn die Täuschung nicht hinweggedacht werden kann, ohne dass der Irrtum entfiele **(conditio sine qua non)**. Wenn V den K nicht getäuscht hätte, hätte K sich nicht geirrt. Durch die erregten Fehlvorstellungen ist K zur Abgabe seiner Willenserklärung bestimmt worden, sodass vorliegend Täuschungshandlung und Irrtum auch äquivalent kausal sind.

ee) Darüber hinaus müsste V auch **arglistig** gehandelt haben. Arglist erfordert Vorsatz, aber keine Absicht. V hat arglistig gehandelt, indem er die Umstände bewusst vorgespiegelt bzw. die Aufklärung unterlassen hat.

Bedingter Vorsatz genügt für die Arglist; er ist gegeben, wenn der Handelnde, obwohl er mit der möglichen Unrichtigkeit seiner Angaben rechnet, **„ins Blaue hinein"** unrichtige Behauptungen aufstellt.

f) Ferner müsste K die **Anfechtungsfrist des § 124** gewahrt haben. Die Anfechtungsfrist beträgt ein Jahr; sie beginnt gemäß § 124 Abs. 2 mit der Entdeckung des Irrtums. Hier hat K zwar nach der Entdeckung seines Irrtums, aber noch vor Ablauf der Jahresfrist aus § 124 seine, auf den Abschluss des Kaufvertrages gerichtete, Willenserklärung angefochten und somit die Anfechtungsfrist des § 124 gewahrt.

128 Staudinger/Singer § 123 Rn. 10; Büchler JuS 2009, 976.

129 BGHZ 74, 383, 391; Büchler JuS 2009, 976.

g) Ferner dürfte die **Anfechtung nicht ausgeschlossen** sein.
Ein Ausschluss bei arglistiger Täuschung ist nach § 123 Abs. 2 S. 1 insbesondere dann gegeben, wenn ein Dritter die Täuschung verübt hat und der Adressat der Willenserklärung die Täuschung weder kannte noch kennen musste.
Mangels Beteiligung einer dritten Person am Vertragsabschluss ist § 123 Abs. 2 nicht einschlägig. Da auch weitere Ausschlussgründe nicht ersichtlich sind, ist die Anfechtung ausgeschlossen.

Dritter i.S.d. § 123 Abs. 2 S. 1 ist nur ein am Geschäft völlig Unbeteiligter. Kein Dritter ist, wer im Lager des Erklärungsempfängers steht (sog. **Lagertheorie**), d.h. mit dessen Wissen und Wollen in die Vertragsverhandlungen eingeschaltet war.

h) Somit liegen die Voraussetzungen des § 123 Abs. 1 vor, sodass die auf den Abschluss eines Kaufvertrages mit V gerichtete Willenserklärung des K und damit auch der ganze Kaufvertrag gemäß § 142 Abs. 1 von Anfang an als nichtig anzusehen sind.

Mithin fehlt ein rechtlicher Grund i.S.d. § 812 Abs. 1 S. 1 Var. 1.

IV. Somit muss V den Kaufpreis, den er bar von K erlangt und bereits auf sein Bankkonto eingezahlt hat, im Wege des Wertersatzes nach § 818 Abs. 2 an K Zug um Zug gegen Rückgabe des Pkw (Gegenanspruch des V gegen K aus § 812 Abs. 1 S. 1 Var. 1) gemäß §§ 812 Abs. 1 S. 1 Var. 1, 818 Abs. 2 zurückzahlen. Eine Entreicherung des V nach § 818 Abs. 3 ist nicht gegeben, da das „erlangte Etwas" wertmäßig als Guthaben auf dem Bankkonto noch bei ihm vorhanden ist.

Somit hat K gegenüber V einen Anspruch auf Rückzahlung des Kaufpreises Zug um Zug gegen Rückgabe des Pkw aus §§ 812 Abs. 1 S. 1 Var. 1, 818 Abs. 2.

Fall 41: Anfechtung wegen arglistiger Täuschung nach § 123 Abs. 1 Var. 1 bei verschwiegener Schwangerschaft

(BAG, Urt. v. 15.10.1992 – 2 AZR 227/92; NZA 1993, 257 ff.)

A benötigte für seinen kaufmännischen Betrieb eine Ersatzkraft. Auf die offene Stelle bewarb sich neben anderen Frauen und Männern auch B, die im Rahmen des Vorstellungsgesprächs die ihr gestellte Frage nach einer bei ihr bestehenden Schwangerschaft verneinte, obwohl sie wusste, dass sie in Wahrheit doch schwanger war. A schloss daraufhin mit B einen Arbeitsvertrag auf unbestimmte Zeit, aufgrund dessen die B als kaufmännische Angestellte tätig werden sollte. Nach Aufnahme ihrer Arbeit informiert sie A, dass sie im fünften Monat schwanger ist. A reagiert empört und ficht den Arbeitsvertrag „aus allen in Betracht kommenden Gesichtspunkten, u.a. wegen Täuschung, Irrtums" an, weil B beim Einstellungsgespräch die Schwangerschaft verschwiegen habe. B hingegen verlangt Zahlung des Arbeitslohns.

Zu Recht?

B könnte gegen A einen Anspruch auf Entrichtung des Arbeitslohns aus § 611 i.V.m. dem Arbeitsvertrag haben.

I. Dazu müssten A und B zunächst einen **Arbeitsvertrag** geschlossen haben.
Ausweislich des Sachverhalts haben A und B einen (privatrechtlichen) Vertrag in Form eines Dienstvertrags i.S.v. § 611 zur Erbringung unselbstständiger Dienste, also einen Arbeitsvertrag, geschlossen.

II. Ferner müsste der Arbeitsvertrag auch **wirksam** sein. Der Arbeitsvertrag könnte hier durch Anfechtung gemäß **§ 142 Abs. 1** von Anfang an (ex tunc) als nichtig anzusehen sein.

1. Dann müsste A gemäß § 143 Abs. 1 i.V.m. Abs. 2 Hs. 1 die Anfechtung gegenüber B **erklärt** haben.
A erklärt ausdrücklich die Anfechtung „des Arbeitsvertrags" aus allen in Betracht kommenden Gesichtspunkten gegenüber B.

2. Es müsste ferner ein Anfechtungsgrund vorliegen.

a) Ein **Eigenschaftsirrtum i.S.d. § 119 Abs. 2** kommt hier nicht in Betracht. Die Schwangerschaft der B ist als bloß vorübergehender Zustand jedoch keine verkehrswesentliche Eigenschaft der Frau.[130]

b) Als Anfechtungsgrund kommt jedoch eine arglistige Täuschung der B gemäß § 123 Abs. 1 Var. 1 in Betracht.

aa) Dann müsste zunächst eine **Täuschungshandlung** der B vorliegen.

Eine Täuschungshandlung ist jedes Verhalten, durch das falsche Tatsachen vorgespiegelt, entstellt oder unterdrückt werden. Dies kann durch positives Tun oder Unterlassen der gebotenen Aufklärung geschehen. Ein Unterlassen ist jedoch nur dann einschlägig, wenn auch eine Rechtspflicht zur Aufklärung bestand. Dies ist der Fall, wenn nachgefragt wird oder erkennbar besonders wichtige Umstände dies bedingen.

---

130 Vgl. BAG NJW 1962, 74; BAG NJW 1992, 2173.

B hat es hier unterlassen, A über ihre Schwangerschaft aufzuklären, obwohl aufgrund der diesbezüglichen Nachfrage des A für sie erkennbar war, dass eine Rechtspflicht zur Aufklärung bestand. Sie hat ferner aktiv die entsprechende Frage des A unwahr beantwortet.

Somit hat B eine Täuschungshandlung begangen.

bb) Ferner müsste die Täuschungshandlung auch **widerrechtlich** sein.

Die Täuschungshandlung ist nur dann widerrechtlich, wenn sie mit der Rechtsordnung nicht in Einklang steht. Es liegt insofern keine Widerrechtlichkeit vor, wenn ein Arbeitnehmer solche Fragen falsch beantwortet, die der Arbeitgeber ihm unzulässigerweise stellt **(„Recht zur Lüge")**.

Zweifelhaft ist jedoch, ob die Frage nach einer bestehenden Schwangerschaft beim Einstellungsgespräch bzgl. eines unbefristeten Arbeitsverhältnisses zulässig ist.

(1) Früher differenzierte das BAG[131] und erachtete die Frage nach einer bestehenden Schwangerschaft für zulässig, wenn Bewerber nur Frauen waren, da dann keine geschlechtsspezifische Benachteiligung vorliegen könne. Die Frage sei aber unzulässig, wenn Bewerber Männer und Frauen waren, da dann ein Verstoß gegen das geschlechtsbezogene Diskriminierungsverbot aus § 7 Abs. 1 i.V.m. § 1 AGG vorliege.

Dieser Ansicht nach war die Frage des A nach der Schwangerschaft der B aufgrund der Beteiligung von Männern und Frauen an der Bewerbung unzulässig und damit die Täuschung nicht widerrechtlich.

(2) Nach einer Entscheidung des Europäischen Gerichtshofs,[132] der – zumindest im Hinblick auf unbefristete Arbeitsverhältnisse – die arbeitsgerichtliche Rspr.[133] und auch die Lit.[134] gefolgt sind, sei hingegen die Frage nach einer Schwangerschaft generell unzulässig. Dies gelte unabhängig davon, ob sich Männer und Frauen um die Stelle bewerben. Denn es handele sich bei der Ablehnung im Hinblick auf eine bestehende Mutterschaft um eine unmittelbare Diskriminierung aufgrund des Geschlechts, da sie sich auf einen Vorgang beziehe, der ausschließlich weibliche Arbeitnehmer treffe.

Dieser Ansicht nach war die Frage des A nach der Schwangerschaft der B somit von vornherein unzulässig und damit die Täuschung nicht widerrechtlich.

(3) Beide Ansichten kommen zum gleichen Ergebnis, sodass eine **Streitentscheidung entbehrlich** ist. A steht folglich kein Anfechtungsrecht nach § 123 Abs. 1 Var. 1 zu und mangels anderweitiger Anfechtungsgründe ist der Arbeitsvertrag damit auch insgesamt wirksam. Somit ist der Anspruch der B gegenüber A auf Entrichtung des vereinbarten Arbeitslohns aus § 611 i.V.m. dem Arbeitsverhältnis entstanden.

Somit hat B gegenüber A einen Anspruch auf Entrichtung des Arbeitslohns aus § 611 i.V.m. dem Arbeitsvertrag.

---

131 BAG BB 1986, 1852 ff.; NJW 1987, 397 ff.
132 EuGH BB 1991, 692 ff.
133 BAG NZA 2003, 848 ff. = RÜ 2003, 433 ff.
134 Palandt/Ellenberger § 123 Rn. 6.

Fall 42: Anfechtung wegen widerrechtlicher Drohung nach § 123 Abs. 1 Var. 2

Die renitenten Fahrradfahrer A und B waren in der Innenstadt von Münster mit ihren Fahrrädern zusammengestoßen. Da jeder dafür die Schuld beim anderen suchte, wollte A die ganze Sache am liebsten durch die Polizei klären lassen. In Befürchtung eines für ihn ungünstigen Ausgangs forderte er B auf niederzuschreiben, dass B die Alleinschuld am Unfall trage und für alle Kosten aufkomme. Wenn B dem nicht zustimme, würde er sofort die Polizei holen. Da B dazu neigte, gegenüber Amtsträgern schnell die Beherrschung zu verlieren, und er bei einem ähnlichen Fall die Polizei schon einmal als „Trachtengruppe" diffamiert hatte, gab er A nach, um nicht erneut mit der Polizei aneinander zu geraten. Als A wegen der ihm entstandenen Schäden gegen B aus dem Anerkenntnis vorgehen will, ficht B die Erklärung vom Unfalltage an.

Kann A von B Schadensersatz auf Grundlage des Anerkenntnisses verlangen?

A könnte gegen B einen Anspruch auf Schadensersatz nach § 781 haben.

I. Dazu müssten A und B einen **Vertrag gemäß § 781** geschlossen haben, durch den das Bestehen eines Schuldverhältnisses anerkannt wird.

Indem B gegenüber A schriftlich erklärt, dass er die Alleinschuld am Unfall trage und für alle Kosten aufkomme und A diese Erklärung akzeptiert hat, haben beide zulasten des B ein Schuldanerkenntnis vereinbart.

II. Ferner müsste die Einigung **wirksam** sein.

1. Eine **Formnichtigkeit nach § 125 S. 1** kommt vorliegend nicht in Betracht. Die gesetzliche Formvorschrift des § 781 S. 1 ist gewahrt.

2. Jedoch könnte das Schuldanerkenntnis des B durch Anfechtung gemäß **§ 142 Abs. 1** von Anfang an (ex tunc) nichtig sein.

a) B ficht ausdrücklich gegenüber A an, sodass eine **Anfechtungserklärung** des Anfechtenden gegenüber dem Anfechtungsgegner gemäß § 143 Abs. 1 i.V.m. Abs. 2 Hs. 1 vorliegt.

b) Als Anfechtungsgrund kommt eine widerrechtliche Drohung nach § 123 Abs. 1 Var. 2 in Betracht.

aa) Dann müsste gemäß § 123 Abs. 1 Var. 2 eine Drohung des A vorliegen.

Unter **Drohung** ist das Inaussichtstellen eines künftigen Übels zu verstehen, auf dessen Eintritt der Drohende Einfluss zu haben vorgibt.[135] Als **Übel** genügt jeder Nachteil. Es kann sich auf den Bedrohten beziehen, aber auch auf eine andere Person. Letztlich soll der Bedrohte in eine psychische Zwangslage versetzt werden, die ihm die Abgabe der Willenserklärung als das geringere Übel erscheinen lässt.[136]

---

135 BGHZ 2, 287, 295; Palandt/Ellenberger § 123 Rn. 15.

136 BGHZ 25, 217, 221; BGH NJW 1988, 2599, 2601.

Die Ankündigung des A, die Polizei zu holen, wenn B kein Anerkenntnis abgebe, stellt für B einen Nachteil in Aussicht. Auf diesen Nachteil gibt A vor, Einfluss zu haben und hat ihn letztlich auch.

Folglich liegt eine Drohung des A vor.

bb) Ferner müsste die Drohung gemäß § 123 Abs. 1 Var. 2 auch widerrechtlich sein.

Die Widerrechtlichkeit kann sich aus dem angedrohten Mittel, dem mit der Drohung erstrebten Zweck oder aber der Zweck-Mittel-Relation ergeben.

Hier sind weder der Zweck der Drohung (Sicherung von Schadensersatzansprüchen gegenüber B) noch das Mittel der Drohung (Anruf bei der Polizei, ggf. Strafanzeige) widerrechtlich.

Fraglich ist aber, ob die Verbindung von Zweck und Mittel, die **Zweck-Mittel-Relation**, **widerrechtlich** war.

Bei Drohung mit einem an sich erlaubten Mittel (Klage, Strafanzeige, Kündigung, etc.) ist die Widerrechtlichkeit grundsätzlich ausgeschlossen, wenn der Drohende einen Rechtsanspruch auf den erstrebten Erfolg hat. Anders macht nicht schon das Fehlen eines Rechtsanspruchs die Drohung rechtswidrig. Entscheidend ist, ob der Drohende an der Erreichung des verfolgten Zwecks ein berechtigtes Interesse hat und die Drohung nach Treu und Glauben noch als ein angemessenes Mittel zur Erreichung dieses Zwecks anzusehen ist.[137] Zwar hatte A keinen Rechtsanspruch auf die Abgabe eines Schuldanerkenntnisses des B, aber er glaubte, seine Rechte nur so sichern zu können. Dies genügt hier gleichwohl nicht, um aus seiner Sicht ein berechtigtes Interesse am Erhalt eines Schuldanerkenntnisses zu bejahen. Schließlich befürchtete auch A einen für sich ungünstigen Ausgang der Aufklärung des Unfallhergangs. Die Aufklärung war aber ohne die Polizei gar nicht möglich und daher die Drohung nach Treu und Glauben noch ein angemessenes Mittel zur Erreichung seines legitimen Zwecks.

Mithin war die Drohung nicht widerrechtlich.

cc) Somit besteht für B kein Anfechtungsgrund nach § 123 Abs. 1 Var. 2 und damit ist das Schuldanerkenntnis i.S.d. § 781 von ihm nicht wirksam angefochten worden.

Folglich ist der Schadensersatzanspruch des A gegenüber B aus dem Schuldanerkenntnis i.S.d. § 781 entstanden.

Somit hat A gegenüber B einen Anspruch auf Schadensersatz nach § 781.

---

137 BGHZ 2, 287, 297; Büchler JuS 2009, 976, 978.

Fall 43: Anfechtung wegen widerrechtlicher Drohung nach § 123 Abs. 1 Var. 2 bei Verlangen einer Zahlung als Voraussetzung für den Abschluss eines Nachfolgemietvertrags

(BGH, Urt. v. 12.07.1995 – XII ZR 95/93; NJW 1995, 3052 ff.)

Der Zahnarzt H hatte von B Räume zum Betrieb einer Zahnarztpraxis gemietet. Im Mietvertrag heißt es u.a.: „Der Vermieter gestattet dem Mieter den Verkauf seiner Praxis unter der Voraussetzung, dass die Bonität des Nachmieters gewährleistet ist." Nach dem Tod des H veräußerte die K, die Witwe und Alleinerbin des H, die Zahnarztpraxis an den bisherigen Praxisvertreter, den Zahnarzt W. Mit W schloss sodann B einen (Nachfolge-)Mietvertrag über die Praxisräume. Zuvor hatte K dem B auf sein Verlangen aufgrund einer entsprechenden Vereinbarung zwischen den beiden „als verlorene Risikoabgeltung für die nach Auffassung des B nicht ausreichend nachgewiesene Bonität des Zahnarztes W" einen Betrag von 50.000 € überwiesen. Kurz darauf focht K die Vereinbarung wegen widerrechtlicher Drohung des B an und forderte B zur Rückzahlung der 50.000 € auf. Sie machte geltend, B habe sie vor Abschluss des Mietvertrags mit W unabhängig von dessen Bonität dazu gedrängt, dass sie ihm, dem B, zuvor entweder 25.000 € „schwarz" oder 50.000 € gegen Rechnung zahle. B lehnte eine Rückzahlung mit der Begründung ab, K habe keinen ausreichenden Bonitätsnachweis für den Nachfolgemieter W erbracht.

Steht der K der Rückzahlungsanspruch zu?

K könnte gegenüber B einen Anspruch auf Rückzahlung von 50.000 € aus § 812 Abs. 1 S. 1 Var. 1 haben.

I. Zunächst müsste B **etwas erlangt** haben.

Unter „etwas" ist jeder vermögenswerte (rechtliche) Vorteil zu verstehen. Indem B von K den Geldbetrag i.H.v. 50.000 € überwiesen bekommt, erlangt er einen Auszahlungsanspruch gegenüber seiner Bank und somit einen Vermögensvorteil im rechtlichen Sinne.
Folglich hat B etwas erlangt.

II. Ferner müsste V diesen Vermögensvorteil auch **durch Leistung der Anspruchstellerin** K erlangt haben.

Unter einer „Leistung" ist bei § 812 Abs. 1 S. 1 Var. 1 jede bewusste und zweckgerichtete Mehrung fremden Vermögens zur Erfüllung einer, wenn auch nur vermeintlich bestehenden, Verbindlichkeit zu verstehen.
Hier mehrt K bewusst und zweckgerichtet das Vermögen des B zur Erfüllung ihrer Verbindlichkeit aus der getroffenen Vereinbarung i.S.d. § 311 Abs. 1.
Somit liegt eine Leistung der K an V vor.

III. Ferner müsste die Leistung der K **ohne rechtlichen Grund** erfolgt sein.

Das ist der Fall, wenn der mit der Leistung bezweckte Erfolg verfehlt worden ist. Dies wiederum ist jedenfalls dann der Fall, wenn das der Leistung zugrunde liegende Vertragsverhältnis nicht besteht.

1. K und B haben zur Risikoabgeltung bei nicht ausreichend nachgewiesener Bonität des W eine **vertragliche Vereinbarung i.S.d. § 311** getroffen.

2. Diese Einigung i.S.d. § 311 müsste auch **wirksam** sein.

Dem könnte jedoch eine wirksame Anfechtung der von K abgegebenen Willenserklärung gemäß **§ 142 Abs. 1** entgegenstehen.

a) Dafür müsste die Anfechtung zunächst **gemäß § 143 erklärt** worden sein.

K ficht ausdrücklich gegenüber B an, sodass eine Anfechtungserklärung des Anfechtenden gegenüber dem richtigen Anfechtungsgegner gemäß § 143 Abs. 1 i.V.m. Abs. 2 Hs. 1 vorliegt.

b) Ferner müsste K ein Anfechtungsgrund zustehen. Dieser könnte sich vorliegend aus § 123 Abs. 1 wegen widerrechtlicher Drohung ergeben.

aa) Zunächst müsste gemäß § 123 Abs. 1 Var. 2 eine Drohung des B vorliegen.

Drohung ist die Ankündigung eines künftigen Übels, das aus der Sicht des Bedrohten vom Willen des Drohenden abhängig ist und den Bedrohten in eine Zwangslage versetzt. K lief Gefahr, dass der Mietvertrag über die Praxisräume zwischen B und W – ohne die von B verlangte Zahlung – nicht zustande kam und deshalb der beabsichtigte Praxisverkauf scheiterte. Das wiederum barg die weitere Gefahr, dass mit zunehmendem Zeitablauf und sinkender Patientenzahl der Wert der Praxis für einen Verkauf an einen anderen Nachfolger sank. Zudem konnte K nicht davon ausgehen, dass B einem Nachfolgemietvertrag mit einem anderen Interessenten zustimmen würde, ohne von ihr ebenfalls eine entsprechende Abstandszahlung zu verlangen.

Somit lag eine Drohung des B gemäß § 123 Abs. 1 Var. 2 vor.

bb) Ferner müsste die Drohung **widerrechtlich** sein.

Widerrechtlich ist die Drohung dann, wenn die Abgabe der Willenserklärung unter Anwendung rechtswidriger Mittel erzwungen worden, der mit der Willenserklärung verfolgte Zweck verwerflich oder die Verknüpfung dieses Mittels zur Erreichung dieses Zwecks anstößig ist. Für die Rechtswidrigkeit des Mittels – unabhängig vom verfolgten Zweck – ist maßgebend, ob mit einem rechts- bzw. vertragswidrigen Verhalten gedroht wird.[138] Die Widerrechtlichkeit der Drohung wäre daher zu bejahen, wenn B die K unter Bruch des mit ihrem verstorbenen Ehemannes geschlossenen Mietvertrags dazu bestimmt hat, ihm einen Betrag von 50.000 € vertraglich zuzusagen und zu zahlen. Nach dem Mietvertrag war Voraussetzung für den von B „zu gestattenden" Verkauf der Zahnarztpraxis, d.h. für den Abschluss eines Nachfolgemietvertrags mit dem Ersatzmieter, dass „die Bonität des Nachmieters gewährleistet" war. Die Bonität musste also objektiv gegeben sein und ein entsprechender Nachweis musste vorliegen. In welcher Form dieser zu erbringen war, ist der vertraglichen Regelung nicht zu entnehmen. Zur Absicherung des B gegen ein etwaiges Mietausfallrisiko, auf das dieser sein Zahlungsverlangen in der Vereinbarung gestützt hat, kamen verschie-

138 RGZ 108, 104; BGH WM 1983, 1017, 1019.

dene Möglichkeiten in Betracht, und zwar neben der Übernahme einer Mithaftung der K insbesondere eine (von ihr beizubringende) selbstschuldnerische Bankbürgschaft oder die Hinterlegung einer Kaution in Höhe einer oder mehrerer Jahresmieten. Da die ursprünglichen Mietvertragsparteien hierzu keine nähere Regelung getroffen haben, bedurfte es – bei sinngemäßer Auslegung des Mietvertrags – einer entsprechenden Einigung zwischen K und B. Auch wenn dies nicht erfolgt ist, hatte B nicht das Recht, nach seinem Belieben von dem vertraglich vorgesehenen Bonitätsnachweis Abstand zu nehmen und stattdessen „als verlorene Risikoabgeltung" eine Zahlung der K zu verlangen.

Somit ist K durch die widerrechtliche Drohung des B, den für sie wirtschaftlich bedeutsamen Nachfolgemietvertrag mit W nicht abzuschließen, dazu bestimmt worden, B einen Betrag von 50.000 € vertraglich zuzusagen und zu zahlen, auf den er unter den gegebenen Umständen keinen Anspruch hatte.

cc) Ferner müsste die Drohung auch **kausal** für die Abgabe der Willenserklärung der K geworden sein.

K hätte die Willenserklärung, die zum Abschluss der Vereinbarung mit B gemäß § 311 führte, ohne die Drohung nicht oder jedenfalls mit einem anderen Inhalt abgegeben, sodass die Drohung auch kausal für die Abgabe der Willenserklärung geworden ist.

dd) Des Weiteren müsste B auch vorsätzlich gehandelt haben.

B hatte auch subjektiv den Willen, K zur Abgabe einer Willenserklärung zu bestimmen und somit Vorsatz.

Mithin liegt zugunsten der K ein Anfechtungsgrund gemäß § 123 Abs. 1 Var. 2 (widerrechtliche Drohung) vor.

c) Des Weiteren ist mangels entgegenstehender Anhaltspunkte auch die **Anfechtungsfrist** gemäß § 124 Abs. 1 i.V.m. Abs. 2 eingehalten worden.

d) Ferner ist die Anfechtung nicht ausgeschlossen; insbesondere die Vorschriften des § 123 Abs. 2 S. 1 und des § 144 greifen nicht ein.

e) Daher ist die Vereinbarung gemäß § 142 Abs. 1 als von Anfang an nichtig anzusehen, sodass die zum Zwecke ihrer Erfüllung geleistete Zahlung der K an B ohne rechtlichen Grund i.S.v. § 812 erfolgt ist.

IV. Der Anspruch könnte jedoch wegen **Kenntnis von der Nichtschuld gemäß § 814** ausgeschlossen sein.

Jedoch setzt die Kenntnis von der Nichtschuld positives Wissen vom Fehlen der Leistungsverpflichtung im Zeitpunkt der Leistung voraus. Nicht ausreichend ist die Kenntnis der Tatsachen, aus denen sich die Unwirksamkeit der Verpflichtung ergibt; der Leistende muss vielmehr auch eine im Ergebnis zutreffende rechtliche Schlussfolgerung gezogen haben. Zahlt ein Schuldner hingegen, wie K im vorliegenden Fall, zwar in Kenntnis der Nichtschuld, jedoch nur unter Druck oder unter Zwang, so greift § 814 nicht ein (§ 814 gilt also nur für freiwillige Leistungen).

Somit ist der Anspruch nicht nach § 814 ausgeschlossen.

V. Mangels entgegenstehender Anhaltspunkte ist der Anspruch auch nicht gemäß § 817 S. 2 (analog) ausgeschlossen.

VI. Folglich ist ein Anspruch des B gegenüber der K auf Wertersatz i.H.v. 50.000 € für den seinem Konto gutgeschriebenen Geldbetrag gemäß §§ 812 Abs. 1 S. 1 Var. 1, § 818 Abs. 2 entstanden.

Folglich hat K gegenüber B einen Anspruch auf Rückzahlung von 50.000 € aus §§ 812 Abs. 1 S. 1 Var. 1, 818 Abs. 2.

6. Teil: Zustimmung, §§ 182 ff.

1. Abschnitt: Die vorherige Zustimmung (Einwilligung)

Fall 44: Einziehungsermächtigung als Einwilligung des Berechtigten gemäß § 185 Abs. 1 zu einer Verfügung

V hat K sein altes Auto für 1.200 € verkauft, um mit dem Geld den noch offenen Restbetrag von 1.000 € aus einem zuvor bei G getätigten Neuwagenkauf zu begleichen. Da K sich jedoch mit der Zahlung Zeit lässt und V nicht imstande ist, die 1.000 € anderweitig aufzutreiben, erklärt sich G bereit, anstelle der vereinbarten Barzahlung, die Abtretung der Kaufpreisforderung von V gegenüber K zur Begleichung der Kaufpreisschuld des V zu akzeptieren. Von der Abtretung soll jedoch niemand erfahren, da V befürchtet, an Ansehen zu verlieren, wenn sich im Freundes- und Bekanntenkreis herumspricht, dass er die 1.000 € nicht in bar zahlen kann. Daher will V – mit Einverständnis des G – seine ursprüngliche Forderung gegen K weiterhin in eigenem Namen geltend machen und nach Zahlung des K das Geld dann bei G abliefern.

Kann V von K Zahlung des Kaufpreises in Höhe von 1.200 € verlangen?

V könnte gegen K einen Anspruch auf Zahlung des Kaufpreises i.H.v. 1.200 € aus § 433 Abs. 2 haben.

I. Aufgrund des wirksamen Kaufvertragsabschlusses zwischen Käufer K und Verkäufer V nach § 433 ist V Inhaber einer Kaufpreisforderung aus § 433 Abs. 2 gegenüber K geworden und somit ist der Anspruch auf Zahlung des Kaufpreises entstanden.

II. V könnte die Kaufpreisforderung **durch Abtretung nach § 398** an G **verloren** haben.

Die **Abtretung i.S.d. § 398** ist ein **„Verfügungsgeschäft"**. Etwaige Mängel des Kausalgeschäfts lassen ihre Wirksamkeit unberührt **(Abstraktionsprinzip)**. Beide Geschäfte können nach § 139 zusammengefasst werden.

Eine Abtretung ist ein Vertrag zwischen dem bisherigen Gläubiger (Zedent) und dem neuen Gläubiger (Zessionar), durch den der Zedent die Forderung auf den Zessionar überträgt. Mit Abtretung der Kaufpreisforderung gemäß § 398 S. 1 von V an G, ist G gemäß § 398 S. 2 als neuer Gläubiger an die Stelle des alten Gläubigers V getreten und damit Forderungsinhaber geworden.
Somit hat V die Kaufpreisforderung gegenüber K aus § 433 Abs. 2 durch die Abtretung an G verloren.

III. Jedoch könnte G den V **zur Einziehung der Kaufpreisforderung ermächtigt** haben.

Eine **Einziehungsermächtigung** verschafft dem Nichtberechtigten die Ermächtigung, über ein fremdes Recht in eigenem Namen wirksam zu verfügen. Indem G dem V gestattet, auch weiterhin als Forderungsinhaber gegenüber K aufzutreten und von ihm die Zahlung des Kaufpreises zu verlangen, hat G dem V eine Ermächtigung zur Einziehung erteilt.

Fraglich ist jedoch, ob eine solche Einziehungsermächtigung überhaupt rechtlich zulässig ist.

1. Nach einer Ansicht[139] stellt eine **Einziehungsermächtigung eine zulässige Einwilligung zu einer Verfügung i.S.v. § 185 Abs. 1** dar, sodass Inhaberschaft und Ausübung dieses Rechts voneinander getrennt werden können.

Dies wird u.a. damit begründet, dass eine derartige Trennung durchaus üblich sei. Denn jede Forderung enthalte zwei Ansprüche des Gläubigers: Den Anspruch aus §§ 194, 241 Abs. 1 S. 1, 2 (das Recht, die Leistung von dem Schuldner zu verlangen) und den Anspruch gegenüber Dritten, Verfügungen des Gläubigers über das Recht nicht zu stören. Daher könne der Gläubiger über den Anspruch aus §§ 194, 241 Abs. 1 S. 1, 2 auch getrennt verfügen. Außerdem sei die Abtretung als Übertragung eines vollen Rechts nach § 398, (§ 413) gesetzlich zulässig, sodass die Einziehungsermächtigung als Übertragung nur eines Teils davon, nämlich dessen Ausübung, als Minus auch zulässig sein müsse.

Hiernach ist also die Einziehungsermächtigung des G rechtlich zulässig.

2. Nach anderer Ansicht[140] ist die **Einziehungsermächtigung gerade keine Einwilligung zu einer Verfügung i.S.v. § 185 Abs. 1**, sodass Inhaberschaft und Ausübung des Rechts auch nicht voneinander getrennt werden können.

Dies wird damit begründet, dass die Einziehungsermächtigung gesetzlich nicht geregelt und daher gegenüber der Abtretung kein Minus, sondern ein aliud sei. Außerdem widerspreche diese Erweiterung der Schuldnerpflichten den abschließend geregelten Schuldnerschutzvorschriften nach §§ 406 ff. Zudem sei weder für den Schuldner noch für den Dritten erkennbar, wem nun das Recht zustehe, sodass die Einziehungsermächtigung letztlich die Rechtssicherheit gefährde. Daher bestehe zumindest für eine Erwerbsermächtigung kein Bedürfnis, da für den Erwerb von Forderungen § 328 eine ausreichende Regelung bringe.

Hiernach ist daher die Einziehungsermächtigung des G unzulässig.

3. Gegen die erstgenannte Ansicht spricht zwar, dass es nach dem Gesetz möglich ist, im Wege der Stellvertretung oder Treuhand zu handeln, und daher kein echtes Bedürfnis für eine derartige Einziehungsermächtigung besteht. Aber gleichwohl besteht dann ein praktisches Bedürfnis, wenn z.B. – wie hier – eine Abtretung aus gesellschaftlichen Gründen geheim bleiben soll. Darüber hinaus erfolgt auch die Zwangsvollstreckung wegen Geldforderungen in Forderungen durch Pfändung dieser Forderung (§ 803 Abs. 1 S. 1 ZPO) und Überweisung an den Schuldner (§ 835 Abs. 1 ZPO). Und eben diese Überweisung ersetzt nach § 836 Abs. 1 ZPO die förmlichen Erklärungen des Schuldners, von denen nach den Vorschriften des bürgerlichen Rechts die Berechtigung zur Einziehung der Forderung abhängig ist. Also geht § 836 Abs. 1 ZPO letztlich davon aus, dass man nach dem BGB zur Einziehung einer Forderung berechtigt sein kann, ohne zugleich Inhaber der Forderung zu sein.

---

139 RGZ 53, 416 f.; BGHZ 82, 283, 288; 125, 196, 205; 131, 274, 283 f.; Wolf/Neuner, BGB AT, § 54 Rn. 29; Rüssmann JuS 1972, 169, 172 f.

140 Medicus/Petersen, BGB AT, Rn. 1007; Köhler, Findet die Lehre von der Einziehungsermächtigung im geltenden bürgerlichen Recht eine Grundlage? (1953), 54 ff.

Mithin ist der ersten Ansicht zu folgen, sodass die Einziehungsermächtigung rechtlich zulässig ist.

Somit hat der Inhaber der Forderung G (als Berechtigter) den V (als Nichtberechtigten) wirksam ermächtigt, über ein fremdes Recht in eigenem Namen zu verfügen

Folglich können Inhaberschaft und Ausübung eines Rechts auseinanderfallen, sodass hier – kraft der Einziehungsermächtigung des G – der V in eigenem Namen den K auf Kaufpreiszahlung gemäß § 433 Abs. 2 in Anspruch nehmen kann.

Hinzu kommt, dass bislang keine Leistung des K mit befreiender Wirkung zum Zwecke der Erfüllung an den Dritten G gemäß §§ 362 Abs. 2, 185 Abs. 1 vorliegt.

Die Leistung mit befreiender Wirkung folgt auch aus § 407, der bei der Abtretung daher lex specialis zu §§ 362 Abs. 2, 185 Abs. 1 ist.

Mithin hat V gegen K einen Anspruch auf Zahlung des Kaufpreises i.H.v. 1.200 € aus § 433 Abs. 2.

2. Abschnitt: Die nachträgliche Zustimmung (Genehmigung)

Fall 45: Unterscheidung von Einwilligung und Genehmigung

Der 13-jährige M sieht in einem Schaufenster ein Plakat: „Braun Tassimo/Kaffee- und Kakaoaufbereitung für nur 49 €. Die Kunst des perfekten Genusses." Er geht in den Laden und fragt den Verkäufer V nach den Vorzügen der Maschine, die er – allein schon wegen ihres Preises – zu kaufen beabsichtigt. V erwidert im Laufe des Gesprächs, dass er sich bei der Preisauszeichnung verschrieben habe und die Maschine tatsächlich 149 € koste. Daraufhin erwidert M, dass er soviel Geld gerade nicht dabei habe. Er will aber später wiederkommen, die Maschine bezahlen und mitnehmen. Zu Hause erzählt er seinem Vater davon. Sein Vater ist begeistert und gibt M sofort das Geld und einen Zettel, auf dem er sein Einverständnis erklärt. Als M in das Geschäft zurückkehrt, will V ihm das Gerät nicht mehr verkaufen. Denn kurz zuvor hatte V Besuch von einem Vertreter der Braun GmbH, mit dem er sich so gar nicht verstanden hat. Deshalb will V nun keine Braun Geräte mehr vertreiben.

Kann M dennoch die Übergabe und Übereignung der Maschine Zug um Zug gegen Zahlung des Kaufpreises verlangen?

M könnte gegen V einen Anspruch auf Übergabe und Übereignung der Maschine Zug um Zug gegen Zahlung des Kaufpreises aus § 433 Abs. 1 S. 1 haben.

I. Dazu müssten sich M und V zunächst i.S.d. § 433 geeinigt, also einen Kaufvertrag geschlossen haben.

Eine **Einigung** besteht aus zwei übereinstimmenden, empfangsbedürftigen Willenserklärungen in Form eines Angebots und einer inhaltlich damit übereinstimmenden Annahme, §§ 145 ff.

1. Mit dem **Plakat** wollte V die Maschine nicht anbieten, sondern nur für sie werben.

Bei Plakaten kann nie ausgeschlossen werden, dass das beworbene Produkt nicht mehr verfügbar ist. Insofern fehlt V der Rechtsbindungswille, sodass lediglich eine **invitatio ad offerendum** vorliegt.

2. Indem M sich nach den Vorzügen der Maschine erkundigt, die er auf dem Plakat gesehen hat und die er zu kaufen beabsichtigt, signalisiert er seine Kaufbereitschaft. Eine an §§ 133, 157 orientierte Auslegung ergibt daher, dass **M** ein **Angebot** dahingehend abgegeben hat, die Maschine für 49 € zu kaufen.

3. Die Bereitschaft des V, dem M die Maschine zu verkaufen, wenn auch nur für 149 €, stellt gemäß **§ 150 Abs. 2** keine Annahme, sondern eine Ablehnung, verbunden mit einem neuen Antrag dar. V hat lediglich den Preis geändert.

4. Indem M gegenüber V deutlich macht, dass er später wiederkommen, die Maschine bezahlen und mitnehmen will, nimmt M das neue Angebot gegenüber V auch ausdrücklich an.

Somit liegt ein Kaufvertrag von V und M über die Braun Tassimo Maschine zum Kaufpreis in Höhe von 149 € vor.

II. Ferner müsste die Einigung i.S.d. § 433 auch wirksam sein.
Das ist der Fall, wenn ihr keine Nichtigkeitsgründe entgegenstehen. Im Hinblick darauf, dass M als 13-Jähriger gemäß § 106 i.V.m. § 2 noch minderjährig und in seiner Geschäftsfähigkeit beschränkt ist, beurteilt sich die Wirksamkeit seiner Willenserklärung nach § 107.

1. Hier könnte die Willenserklärung des M wegen **§ 107** wirksam sein, wenn er die **Einwilligung** seines gesetzlichen Vertreters für eine Erklärung, die ihm nicht lediglich einen rechtlichen Vorteil bringt, gehabt hätte. Die von M abgegebene Willenserklärung müsste also zunächst nicht lediglich rechtlich vorteilhaft sein. Das ist jedenfalls dann der Fall, wenn sie den Minderjährigen zu einer Geldzahlung verpflichtet (*vgl. zum Begriff des lediglich rechtlich vorteilhaften Geschäfts Fall 21*). M würde hier gemäß § 433 Abs. 2 zur Zahlung des Kaufpreises verpflichtet, sodass die Erklärung nicht lediglich rechtlich vorteilhaft ist. Jedoch könnte M die Einwilligung seines gesetzlichen Vertreters besessen haben. Gemäß §§ 1626, 1629 sind die Eltern gesetzliche Vertreter des Kindes. Vorliegend war der Vater begeistert und gab M sofort das Geld nebst eines Zettels mit seiner Einverständniserklärung. Dies müsste eine Einwilligung i.S.d. § 107 gewesen sein. Nach der **Legaldefinition in § 183** ist eine Einwilligung die vorherige Zustimmung. Hier hat der Vater aber erst nachher zugestimmt. Die Willenserklärung ist also nicht gemäß § 107 wirksam.

2. Der Vertragsschluss könnte aber gemäß **§ 108 Abs. 1** wirksam geworden sein. Das setzt nach § 108 voraus, dass ein Minderjähriger einen Vertrag ohne die erforderliche Einwilligung des gesetzlichen Vertreters abgeschlossen hat und der gesetzliche Vertreter den Vertrag genehmigt hat. Der vorliegende Vertrag ist von V und M ohne (vorherige) Einwilligung des Vaters geschlossen worden. Nach der **Legaldefinition des § 184** ist die nachträgliche Zustimmung eine Genehmigung. Hier hat der Vater nachträglich zugestimmt, er hat den Vertrag also genehmigt. Dies wirkt gemäß § 184 auf den Zeitpunkt des Rechtsgeschäftsschlusses zurück. Der Vertrag ist also durch die Genehmigung des Vaters wirksam zwischen M und V zustande gekommen.

3. Jedoch könnte der Kaufvertrag gemäß § 142 Abs. 1 durch wirksame Anfechtung von Anfang an (ex tunc) nichtig sein, wenn er wirksam angefochten worden ist.

a) Für eine wirksame Anfechtung bedarf es zunächst einer **Anfechtungserklärung** gemäß § 143 des Anfechtenden gegenüber dem Anfechtungsgegner. Als Anfechtender kommt hier nur V in Betracht. Ob V jedoch gegenüber M als Anfechtungsgegner gemäß § 143 Abs. 2 die Anfechtung überhaupt erklärt hat, kann dahinstehen, wenn schon kein Anfechtungsgrund vorliegt.

b) Anfechtungsgrund könnte hier ein Irrtum des Verkäufers über den Inhalt seiner Erklärung gemäß § 119 Abs. 1 Var. 1 sein. Über den Inhalt seiner Erklärung hat V sich allerdings nicht geirrt. Er hat vielmehr genau das erklärt, was er erklären wollte, nämlich die bestimmte Maschine zu dem bestimmten Preis verkaufen zu wollen. Dass er die Maschine nur deswegen nicht verkaufen will, weil er sich mit dem Vertreter der Braun GmbH nicht versteht, ist kein Irrtum über den Inhalt, sondern über das Motiv des Verkaufes. Ein solcher Motivirrtum ist aber unbeachtlich. Folglich besteht für V kein Anfechtungsgrund.

c) Somit ist der Kaufvertrag auch nicht gemäß § 142 Abs. 1 durch wirksame Anfechtung von Anfang an (ex tunc) nichtig.

Mithin sind keine Nichtigkeitsgründe für die Einigung ersichtlich. Die Einigung ist also wirksam zustande gekommen.

Somit hat M gegen V einen Anspruch auf Übergabe und Übereignung der Maschine Zug um Zug gegen Zahlung des Kaufpreises aus § 433 Abs. 1 S. 1.

7. Teil: Verjährung, §§ 214 ff.

Fall 46: Gegenstand und Dauer der regelmäßigen Verjährung, §§ 194 ff.

Am 22.01.2014 kauft A bei B einen neuen „iPod touch" zum Archivieren und Abspielen seiner Lieblingsmusik. Er bezahlt den iPod sofort, möchte ihn aber erst in drei Wochen geliefert bekommen, da er zuvor seine Prüfung ohne jegliche Ablenkung zu Ende bringen will. Auf dem Weg zur Prüfung wird A bei einer Verkehrskontrolle mit einem gesuchten Einbrecher verwechselt, kurz darauf verurteilt und inhaftiert. Erst am 01.12.2017 wird der Irrtum im Rahmen der „Weihnachtsamnestie" für Häftlinge bemerkt und A sofort freigelassen. A meldet sich bei B und bittet ihn um Lieferung des iPod. B beruft sich auf Verjährung.

Zu Recht?

A könnte gegen B einen Anspruch auf Übergabe und Übereignung des „iPod touch" aus § 433 Abs. 1 S. 1 haben.

A. Der **Anspruch** aus § 433 Abs. 1 S. 1 ist mit Abschluss eines wirksamen Kaufvertrags zwischen A und B **entstanden**.

B. Mangels Einwendungen des B ist der **Anspruch nicht untergegangen**.

C. Ferner müsste der **Anspruch** des A auch **durchsetzbar** sein.

Das ist dann nicht der Fall, wenn B ein Leistungsverweigerungsrecht zusteht. B könnte hier gemäß **§ 214 Abs. 1** wegen Eintritts der Verjährung zur Verweigerung der Leistung berechtigt sein.

I. Dazu müsste B die Verjährungseinrede des § 214 Abs. 1 zunächst erhoben haben. Dies ist hier der Fall.

Verjährung ist eine sog. **rechtshemmende Einwendung**, die den Schuldner nach § 214 zur Verweigerung der Leistung berechtigt, aber im Prozess nicht von Amts wegen berücksichtigt wird. Daher ist die Verjährung eine sog. Einrede („Über Einreden muss man reden!").

II. Ferner müsste die Verjährung eingetreten sein.

1. Ansprüche aus § 433 Abs. 1 S. 1 auf Übergabe und Übereignung verjähren mangels anderweitiger spezieller Regelungen nach der **regelmäßigen Verjährungsfrist des § 195** in drei Jahren.

2. Die regelmäßige Verjährungsfrist **beginnt** gemäß **§ 199 Abs. 1** mit dem Schluss des Jahres, in dem der Anspruch entstanden ist **und** der Gläubiger von den den Anspruch begründenden Umständen und der Person des Schuldners Kenntnis erlangt hat oder ohne grobe Fahrlässigkeit erlangen musste.

Die regelmäßige Verjährung beginnt also mit dem Schluss des Jahres, in dem die letzte der beiden Voraussetzungen nach § 199 Abs. 1 Nr. 1 und 2 eingetreten ist.

Ein Anspruch ist dann nach § 199 Abs. 1 Nr. 1 entstanden, wenn er erstmalig geltend gemacht und notfalls im Wege der Klage durchgesetzt werden kann.[141] Dafür genügt regelmäßig die Möglichkeit, Feststellungsklage zu erheben.[142] Die nach § 199 Abs. 1 Nr. 2 erforderliche Kenntnis von den den

141 BGHZ 73, 363, 365; Palandt/Ellenberger § 199 Rn. 3; Blasche Jura 2009, 481, 482.

142 BGHZ 73, 363, 365; Blasche Jura 2009, 481, 482.

Anspruch begründenden Umständen und der Person des Schuldners liegt dann vor, wenn dem Gläubiger die Erhebung einer Klage, sei es auch nur in Form der Feststellungsklage, erfolgversprechend, wenn auch nicht risikolos, möglich ist.[143]

Der Anspruch auf Lieferung des iPod ist grundsätzlich mit Abschluss des Kaufvertrags am 22.01.2014 sofort **fällig** und daher i.S.d. § 199 Abs. 1 Nr. 1 entstanden (vgl. § 271). Hier wird der Anspruch aufgrund der Fälligkeitsvereinbarung jedoch erst drei Wochen später fällig, also am 12.02.2014. Zu diesem Zeitpunkt hatte A als Gläubiger auch von den den Anspruch aus § 433 Abs. 1 S. 1 begründenden Umständen und der Person des Schuldners B Kenntnis.

Mithin beginnt mit dem Schluss des Jahres 2014 die Verjährungsfrist.

3. Die dreijährige Verjährungsfrist endet gemäß § 188 Abs. 2 mit Ablauf desjenigen Tages, welcher durch seine Zahl dem Tage entspricht, auf den das Ereignis (hier: Beginn der Verjährungsfrist) fällt.

Somit endigt die Verjährungsfrist hier am 31.12.2017.

4. Mangels entsprechender Anhaltspunkte ist die Verjährung auch nicht gemäß **§ 209** gehemmt oder hat gemäß **§ 212** erneut zu laufen begonnen.

III. Folglich ist zum Zeitpunkt der Haftentlassung am 01.12.2017 das Ende der Verjährungsfrist (31.12.2017) noch nicht erreicht und damit die Verjährung nicht eingetreten.

Mithin steht B kein Leistungsverweigerungsrecht aus § 214 Abs. 1 zu, sodass der Anspruch auch durchsetzbar ist.

Damit hat A gegen B einen Anspruch auf Übergabe und Übereignung des iPod touch aus § 433 Abs. 1 S. 1.

143 BGH ZIP 2008, 1268, 1272; Blasche Jura 2009, 481, 482.

Fall 47: Unwirksamkeit des Rücktritts, § 218

Briefmarkensammler D bestellt für seine Sammlung bei der Deutschen Post AG (P-AG) das Marken-Set „75 Jahre Gewinn des Blauen Bandes durch den Dampfer Bremen" zum Preis von 11 €, das ihm am 13.08.2015 geliefert wird. Zunächst kann D sich an der Darstellung des Dampfers vor der stilisierten Skyline von New York erfreuen, doch dann verblassen langsam die Farben der Briefmarken. Dies ist auf eine falsche Farbauswahl bei der Herstellung der Marken-Sets durch die P-AG zurückzuführen. Anfang Januar 2017 ist auf den Marken kaum noch etwas zu erkennen. Da D mittlerweile pensioniert ist und sich mehr um seine Sammlung kümmert, ruft er am Montag, dem 14.08.2017 beim Service der P-AG an und verlangt die Lieferung eines neuen Marken-Sets. Dies lehnt man bei der P-AG jedoch rigoros ab. Als D daraufhin den Rücktritt vom Kaufvertrag erklärt und sein Geld wieder haben will, beruft man sich bei der P-AG auf Verjährung. Gänzlich unbeeindruckt schickt D das Marken-Set an die P-AG zurück und verlangt die Rückzahlung des Kaufpreises.

Zu Recht?

D könnte gegen die P-AG einen Anspruch auf Rückzahlung des Kaufpreises aus §§ 346 Abs. 1 i.V.m. 437 Nr. 2, 323 Abs. 1 Var. 2 haben.

Vertragliche Rückabwicklungsansprüche aus §§ 346 ff. sind lex specialis zu Bereicherungsansprüchen aus §§ 812 ff.

I. Dazu müsste der Rücktritt gemäß **§ 349** zunächst erklärt worden sein. Hier hat D gegenüber der P-AG den Rücktritt vom Kaufvertrag erklärt.

II. Dann müsste für D ein Rücktrittsgrund bestehen.

1. Ein **vertraglicher Rücktrittsgrund** scheidet mangels entsprechender vertraglicher Vereinbarung aus.

2. Jedoch kommt der **gesetzliche Rücktrittsgrund** der §§ 437 Nr. 2, 323 Abs. 1 Var. 2 aus kaufrechtlicher Gewährleistung in Betracht.

a) Dann müssten die **Voraussetzungen des § 437** vorliegen.

aa) Nach § 437 müssten D und die P-AG zunächst einmal einen wirksamen Kaufvertrag gemäß § 433 geschlossen haben. D kauft bei der P-AG ein Marken-Set für seine Sammlung, sodass beide einen Kaufvertrag gemäß § 433 geschlossen haben.

bb) Ferner müsste nach § 437 die Kaufsache mangelhaft sein.

Hier kommt nur ein Sachmangel i.S.d. § 434 bei Gefahrübergang, hier also bei Übergabe i.S.d. § 446, in Betracht.
Briefmarken, deren Farben soweit verblassen, dass Motive, Zahlen und Währung nicht mehr erkennbar sind, eignen sich nicht für die gewöhnliche Verwendung (Frankieren und Sammeln) und weisen keine Beschaffenheit auf, die bei Sachen der gleichen Art üblich ist und die der Käufer nach der Art der Sache erwarten kann, sodass sie einen Sachmangel gemäß § 434 Abs. 1 S. 2 Nr. 2 aufweisen. Der Sachmangel ist auf eine fehlerhafte Herstellung zurückzuführen und lag daher gemäß § 446 auch schon bei Übergabe, also bei Gefahrübergang, vor.

Somit ist die Kaufsache bei Gefahrübergang gemäß § 434 Abs. 1 S. 2 Nr. 2 sachmängelbehaftet.

b) Des Weiteren müssten die **Voraussetzungen des § 323 Abs. 1 Var. 2** vorliegen.

aa) Ein wirksamer gegenseitiger Vertrag i.S.d. § 323 Abs. 1 ist mit dem Kaufvertrag gegeben.

bb) Ferner müsste die P-AG eine ihr (mögliche) fällige und durchsetzbare Schuldnerpflicht gemäß § 323 Abs. 1 Var. 2 nicht vertragsgemäß erbracht haben.
Die P-AG liefert D vorliegend sachmängelbehaftete Briefmarken (§ 434 Abs. 1 S. 2 Nr. 2) und verstößt damit gegen die ihr mögliche und zum Zeitpunkt der Lieferung auch fällige und durchsetzbare Schuldnerpflicht aus § 433 Abs. 1 S. 2 (synallagmatische Hauptleistungspflicht aus dem Kaufvertrag) zur Lieferung einer mangelfreien Sache.
Somit hat die P-AG eine (mögliche) fällige und durchsetzbare Schuldnerpflicht nicht vertragsgemäß erbracht.

cc) Ferner müsste D der P-AG gemäß § 323 Abs. 1 Var. 2 eine angemessene Frist zur Nacherfüllung gesetzt haben.
Zwar hat D der P-AG keine diesbezügliche Frist gesetzt, aber hier war eine Fristsetzung gemäß § 323 Abs. 2 Nr. 1 seitens des D entbehrlich, da die P-AG die Nacherfüllung rigoros abgelehnt und damit ernsthaft und endgültig verweigert hat.
Somit liegt ein gesetzlicher Rücktrittsgrund aus §§ 437 Nr. 2, 323 Abs. 1 Var. 2 i.V.m. Abs. 2 Nr. 1 vor.

III. Ferner ist das Rücktrittsrecht nicht gesetzlich, nicht vertraglich und auch nicht durch allgemeine Geschäftsbedingungen ausgeschlossen.

Rücktritt ist ein Gestaltungsrecht und kann nicht verjähren. Nur Ansprüche i.S.d. § 194 können verjähren. Deshalb gibt es für den Rücktritt die Regelung des § 218.

IV. Der Rücktritt könnte **gemäß § 438 Abs. 4 S. 1 i.V.m. § 218 unwirksam** sein.

Danach ist der Rücktritt im vorliegenden Fall unwirksam, wenn der Anspruch auf Nacherfüllung verjährt ist und der Schuldner sich auf die Verjährung beruft.

1. Zunächst müsste sich die P-AG als Schuldnerin des Nacherfüllungsanspruchs aus §§ 437 Nr. 1, 439 gegenüber D auf die Verjährung berufen haben. Das ist hier ausdrücklich geschehen.

2. Ferner müsste der von D am 14.08.2017 geltend gemachte Nacherfüllungsanspruch aus §§ 437 Nr. 1, 439 verjährt sein.

a) Der Nacherfüllungsanspruch des D aus §§ 437 Nr. 1, 439 verjährt gemäß **§ 438 Abs. 1 Nr. 3** in zwei Jahren.

b) Die Verjährungsfrist beginnt gemäß **§ 438 Abs. 2** mit der Ablieferung der Sache, hier also mit Ablieferung des Marken-Sets bei D am 13.08.2015.

c) Die zweijährige Verjährungsfrist endet gemäß § 188 Abs. 2 mit Ablauf desjenigen Tages, welcher durch seine Zahl dem Tage entspricht, auf den das Ereignis (hier: Beginn der Verjährungsfrist) fällt. Demnach endet die Verjährungsfrist hier grundsätzlich mit dem Ablauf des 13.08.2017. Der 13.08.2017 war jedoch ein Sonntag. Nach **§ 193** tritt ausnahmsweise an die Stelle eines Sonntags der nächste Werktag, wenn innerhalb einer Frist eine Willenserklärung abzugeben ist und eben der letzte Tag der Frist auf den Sonntag fällt. D musste hier innerhalb der Verjährungsfrist von zwei Jahren die Nacherfüllung erklären, sodass innerhalb einer Frist eine Willenserklärung abzugeben war. Mithin endete die Verjährungsfrist hier ausnahmsweise nicht mit Ablauf von Sonntag, dem 13.08.2017, sondern am nächsten Werktag, also mit Ablauf von Montag, dem 14.08.2017.

d) Die Verjährung könnte gemäß § 209 gehemmt sein oder gemäß § 212 erneut begonnen haben. Mangels Vorliegen eines Hemmungs- oder Neubeginntatbestandes ist das hier jedoch nicht der Fall.

3. Folglich ist der von D am 14.08.2017 geltend gemachte Nacherfüllungsanspruch aus §§ 437 Nr. 1, 439 noch nicht verjährt, sodass der Rücktritt des D nicht gemäß § 438 Abs. 4 S. 1 i.V.m. § 218 unwirksam ist.

V. Somit sind gemäß § 346 Abs. 1 die empfangenen Leistungen zurückzugewähren, d.h. der Kaufvertrag gestaltet sich in ein Rückabwicklungsschuldverhältnis um. Mithin muss die P-AG aufgrund der bereits erfolgten Rücksendung der Briefmarken durch D nun Wertersatz i.H.v. 11 € für den empfangenen Kaufpreis nach § 346 Abs. 1 i.V.m. Abs. 2 Nr. 1 zahlen.

Folglich ist der Anspruch auf Rückzahlung des Kaufpreises i.H.v. 11 € aus §§ 346 Abs. 1 i.V.m. 437 Nr. 2, 323 Abs. 1 Var. 2 entstanden.

Daher hat D gegen die P-AG einen Anspruch auf Rückzahlung des Kaufpreises aus § 346 Abs. 1 i.V.m. §§ 437 Nr. 2, 323 Abs. 1 Var. 2.

Fall 48: Hemmung der Verjährung bei Verhandlungen, § 209 i.V.m. § 203
(Vgl. BGH, Urt. v. 28.11.1984 – VIII ZR 240/83, BGHZ 93, 64 ff.)

Am 10.03.2014 mietete B bei der K, zu deren Geschäftsbetrieb auch die Vermietung von Kränen gehört, einen Kran. Kurz nach dem Eintreffen auf der Baustelle am 11.03.2014 stürzte der Kran auf der Baustelle des B um. Über die Ursache hierfür herrschte Uneinigkeit.

Mit Schreiben vom 15.04.2014 forderte K den B auf, den Schaden zu begleichen, und fügte einen Schadensbericht des von ihr eingesetzten Kranführers bei. In dem Schreiben wies sie darauf hin, dass sie ein Gutachten über die Höhe des entstandenen Schadens in Auftrag gegeben habe.

B übersandte der K daraufhin am 15.05.2014 einen Fragenkatalog bzgl. Wartung und Pflege des Krans, den K auch schriftlich beantwortete.

Erst am 15.12.2014 erhielt K das in Auftrag gegebene Gutachten. Da nach dem Gutachten eindeutig ein schuldhaftes Verhalten des B zum Umsturz des Krans geführt hatte, forderte K den B in der Folgezeit mehrfach auf, den Schaden zu begleichen. Da B hierzu nicht bereit war, erhob K am 05.01.2018 Zahlungsklage. Im Prozess berief sich B auf Verjährung.

Hat K gegenüber B einen deliktischen Schadensersatzanspruch?

K könnte gegen B einen Anspruch auf Schadensersatz aus § 823 Abs. 1 haben.

A. Der **Anspruch** aus § 823 Abs. 1 ist **entstanden**, wenn B durch ein ihm zurechnbares, kausales Verhalten vorsätzlich oder fahrlässig ein deliktisch geschütztes Recht oder Rechtsgut des K widerrechtlich verletzt hat.

I. Zunächst müsste also eine **Rechts(gut)verletzung** i.S.d. § 823 Abs. 1 vorliegen. Hier kommt eine Eigentumsverletzung des K in Betracht
Der Kran ist infolge des Umsturzes beschädigt worden, sodass eine Eigentumsverletzung des K in Form der Substanzverletzung gegeben ist.

II. Dies müsste ferner auch auf einem **Verhalten, das dem Anspruchsgegner B zurechenbar** ist, beruhen.
Ausweislich des Gutachtens liegt ein dem B zurechenbares Verhalten vor, das zur Eigentumsverletzung geführt hat.

III. Ferner müsste das Verhalten des B die Rechtsverletzung **rechtswidrig** herbeigeführt haben.
Infolge der tatbestandsmäßigen Eigentumsverletzung durch den B ist die Rechtswidrigkeit indiziert.

IV. Darüber hinaus müsste B auch **schuldhaft**, also gemäß § 823 Abs. 1 vorsätzlich oder fahrlässig, gehandelt haben.
Dies ist hier laut Gutachten der Fall.

V. Mithin muss B der K den aus der Eigentumsverletzung äquivalent und adäquat kausal entstandenen **Schaden** gemäß §§ 249 ff. ersetzen.

B. Der **Anspruch** ist auch **nicht untergegangen**.

C. Fraglich ist jedoch, ob der **Anspruch** der K auch **durchsetzbar** ist.

Dies ist dann nicht der Fall, wenn B ein Leistungsverweigerungsrecht (= Einrede) zusteht. B könnte hier gemäß **§ 214 Abs. 1** wegen des Eintritts der Verjährung zur Verweigerung der Leistung berechtigt sein.

I. Dazu müsste B die **Verjährungseinrede** des § 214 Abs. 1 zunächst **erhoben** haben. B hat sich im Prozess auf Verjährung berufen, sodass dies hier der Fall ist.

II. Ferner müsste die Verjährung eingetreten sein.

1. Fraglich ist zunächst, wann Ansprüche aus § 823 Abs. 1 auf Ersatz des entstandenen Schadens verjähren.

Die Höchstfristen nach § 199 Abs. 2–4 gelten nur, falls keine Kenntnis oder grob fahrlässige Unkenntnis von den den Anspruch begründenden Umständen und der Person des Schuldners, teilweise auch falls keine Entstehung des Anspruchs, vorliegen.

Schadensersatzansprüche unterliegen grundsätzlich der regelmäßigen **Verjährungsfrist** des § 195 und verjähren daher in drei Jahren. Unabhängig von der in § 199 Abs. 1 für den Beginn der Verjährungsfrist geforderten Kenntnis bzw. grob fahrlässigen Unkenntnis, teilweise auch unabhängig vom Entstehen, verjähren Schadensersatzansprüche nach § 199 Abs. 2–4 ausnahmsweise in zehn oder 30 Jahren. Erforderlich ist insoweit die Kenntnis (grob fahrlässige Unkenntnis) der anspruchsbegründenden Tatsachen **(Tatsachenkenntnis)**. Dazu gehört bei Schadensersatzansprüchen auch die Pflichtverletzung oder gleichstehende Handlung, der Eintritt eines Schadens und Kenntnis von der eigenen Schadensbetroffenheit.[144]

Vorliegend hat K zwar bereits am 10.03.2014, mit Abschluss des Mietvertrags über den Kran gemäß § 535, von der Person des B Kenntnis erlangt, aber erst mit Vorlage des Gutachtens am 15.12.2014 kennt sie die anspruchsbegründenden Tatsachen und weiß, dass B auch der richtige Schuldner des Anspruchs ist.

Somit kommen die Regelungen des § 199 Abs. 2–4 hier nicht zum Tragen und der Schadensersatzanspruch verjährt nach dem Grundsatz des § 195 in drei Jahren.

2. Die regelmäßige Verjährungsfrist beginnt gemäß § 199 Abs. 1 mit dem Schluss des Jahres, in dem der Anspruch entstanden ist **und** der Gläubiger von den, den Anspruch begründenden, Umständen und der Person des Schuldners Kenntnis erlangt hat oder ohne grobe Fahrlässigkeit erlangen musste.

Mit Blick auf obige Ausführungen zur Kenntnis von den den Anspruch begründenden Umständen und zur Person des Schuldners beginnt die Verjährung hier am Schluss des Jahres 2014, also mit Ablauf des 31.12.2014.

3. Die dreijährige Verjährungsfrist des § 195 endet gemäß § 188 Abs. 2 mit Ablauf desjenigen Tages, welcher durch seine Zahl dem Tage entspricht, auf den das Ereignis (hier: Beginn der Verjährungsfrist) fällt. Somit endet die Verjährungsfrist hier mit Ablauf des 31.12.2017.

4. Die Verjährung könnte jedoch gemäß **§ 209** gehemmt sein.

Als Hemmungstatbestand kommt hier **§ 203** in Betracht. Danach ist die Verjährung gehemmt, solange zwischen den Parteien **Verhandlungen**

144 BGH NJW 1996, 117 f.

über den Anspruch oder die den Anspruch begründenden Umstände schweben. Der Begriff der Verhandlung ist weit auszulegen. Der Gläubiger muss zunächst klarstellen, dass er einen Anspruch geltend macht und worauf er ihn im Kern stützen will. Anschließend genügt jeder Meinungsaustausch über den Anspruch oder seine tatsächliche Grundlage, wenn nicht sofort erkennbar die Verhandlung abgelehnt wird.[145]

K hat mit Schreiben vom 15.04.2014 B aufgefordert, den entstandenen Schaden zu begleichen und zugleich einen Schadensbericht des von ihr eingesetzten Kranführers beigefügt. Damit hat K klargestellt, dass sie einen Anspruch geltend macht und worauf sie ihn im Kern stützt. Spätestens mit Übersendung des Fragenkatalogs am 15.05.2014, den K auch schriftlich beantwortete, fand dann ein Meinungsaustausch über den Anspruch statt. Insoweit durfte K jedenfalls bis zur Vorlage des Gutachtens am 15.12.2014 darauf vertrauen, dass ihre Ansprüche befriedigt bzw. mit sachlichen Einwänden bekämpft werden. In der Zeit danach war aufgrund der Verweigerungshaltung des B Klage geboten.

Mithin schwebten im Zeitraum vom 15.05. bis 15.12.2014, also sieben Monate, Verhandlungen über den Anspruch bzw. die den Anspruch begründenden Umstände. Folglich war die Verjährung für sieben Monate gehemmt, sodass die Verjährungsfrist gemäß § 209 nicht mit Ablauf des 31.12.2017, sondern eigentlich erst mit Ablauf des 31.07.2018 endet.

Demzufolge ist der Anspruch aus § 823 Abs. 1 zum Zeitpunkt der Erhebung der Zahlungsklage am 05.01.2018 noch nicht verjährt.

Folglich steht B kein Leistungsverweigerungsrecht aus § 214 Abs. 1 zu, sodass der Schadensersatzanspruch auch noch durchsetzbar ist.

Somit hat K gegenüber B einen Anspruch auf Schadensersatz aus § 823 Abs. 1.

---

145 BGHZ 93, 64, 66 f.; Blasche Jura 2009, 481, 483.

Fall 49: Neubeginn der Verjährung, § 212

Detektiv D ist gut im Geschäft und hat stets viel zu tun. Daher kommt er nur in unregelmäßigen Abständen dazu, seine säumigen Schuldner zur Zahlung aufzufordern. Im Dezember 2017 stellte er bei Durchsicht seiner Unterlagen fest, dass Ehemann E die aus der Observation seiner Ehefrau resultierende Rechnung vom 07.11.2014 noch nicht beglichen hatte.

Daraufhin forderte D den E mit Schreiben vom 15.12.2017 zur Zahlung auf. Im Antwortschreiben vom 19.12.2017 bat E den D, ihm den Betrag bis kurz nach Weihnachten zu stunden, da er seiner treuen Ehefrau zu Weihnachten wieder ein schönes Geschenk machen wolle und daher im Moment zahlungsunfähig sei.

Als die Zahlung ausblieb, reichte D am 03.01.2018 Zahlungsklage ein. Im Prozess berief sich E auf Verjährung.

Kann D von E die Zahlung des Honorars noch verlangen?

D könnte gegenüber E einen Anspruch auf Zahlung des Honorars aus § 611 Abs. 1 haben.

A. Damit der **Anspruch** auf Zahlung des Honorars **entsteht**, müssten D und E sich zunächst i.S.d. § 611 geeinigt, also einen Dienstvertrag abgeschlossen haben.

Die Tätigkeit eines Detektivs, insbesondere bei Observation von Personen, stellt einen Dienst dar, der in persönlicher, wirtschaftlicher und sozialer Unabhängigkeit geleistet wird.

Folglich haben E und D einen Dienstvertrag i.S.d. § 611 geschlossen.

Ferner war die Einigung wirksam.

Mithin ist der Anspruch des D gegenüber E auf Zahlung des Honorars aus § 611 Abs. 1 entstanden.

B. Des Weiteren ist der **Anspruch** mangels rechtsvernichtenden Einwendungen des E **nicht untergegangen**.

C. Des Weiteren müsste der **Anspruch** des D auch **durchsetzbar** sein.

Dies ist dann nicht der Fall, wenn E ein Leistungsverweigerungsrecht (rechtshemmende Einrede) zusteht.

E könnte hier gemäß § 214 Abs. 1 wegen des Eintritts der Verjährung zur Verweigerung der Leistung berechtigt sein.

I. Dazu müsste E die **Verjährungseinrede des § 214 Abs. 1** zunächst einmal erhoben haben.

Vorliegend hat E sich im Prozess auf Verjährung berufen, sodass dies hier der Fall ist.

II. Ferner müsste die Verjährung eingetreten sein.

1. Ansprüche aus § 611 Abs. 1 auf Gewährung der vereinbarten Vergütung verjähren mangels anderweitiger spezieller Regelungen nach der regelmäßigen Verjährungsfrist des § 195 in drei Jahren.

2. Die regelmäßige Verjährungsfrist beginnt gemäß § 199 Abs. 1 mit dem Schluss des Jahres, in dem der Anspruch entstanden ist **und** der Gläubiger von den den Anspruch begründenden Umständen und der Person des Schuldners Kenntnis erlangt hat oder ohne grobe Fahrlässigkeit erlangen musste.

Der Anspruch auf Entrichtung der vereinbarten Vergütung aus § 611 Abs. 1 ist mit Abschluss des Dienstvertrags entstanden (vgl. § 271). Dem Sachverhalt ist zwar nicht zu entnehmen, wann genau E und D den Dienstvertrag geschlossen haben. Jedoch reicht es für die Anspruchsentstehung aus, auf den späteren Zeitpunkt der Rechnungsstellung abzustellen. Die Rechnungserteilung ist gleichwohl keine Fälligkeitsvoraussetzung, auch dann nicht, wenn der Schuldner nach der Verkehrssitte (§§ 157, 242) einen Anspruch auf eine spezifizierte Rechnung hat.[146] Also hatte D als Gläubiger des Vergütungsanspruchs jedenfalls ab dem 07.11.2014 von den den Anspruch aus § 611 Abs. 1 begründenden Umständen und der Person des Schuldners E Kenntnis.

Mithin beginnt mit dem Schluss des Jahres 2014, also mit Ablauf des 31.12.2014, die Verjährungsfrist.

3. Die dreijährige Verjährungsfrist endet gemäß § 188 Abs. 2 mit Ablauf desjenigen Tages, welcher durch seine Zahl dem Tage entspricht, auf den das Ereignis (hier: Beginn der Verjährungsfrist) fällt. Somit endet die Verjährungsfrist hier mit Ablauf des 31.12.2017.

4. Die Verjährung könnte jedoch nach § 209 gehemmt sein oder aber nach § 212 neu (zu laufen) begonnen haben.

a) Als **Hemmungstatbestand** kommt hier **§ 204 Abs. 1 Nr. 1** in Betracht. Nach § 204 Abs. 1 Nr. 1 müsste D Klage auf Leistung, Feststellung des Anspruchs, auf Erteilung der Vollstreckungsklausel oder auf Erlass des Vollstreckungsurteils erhoben haben. Am 03.01.2018 hat D Zahlungsklage erhoben. Dies geschah jedoch erst nach Ende der Verjährungsfrist (31.12.2017) und konnte daher die Verjährung nicht mehr hemmen. Die bloße Mahnung des E mit Schreiben vom 15.12.2017 ist nach § 204 Abs. 1 Nr. 1 nicht ausreichend. Auch andere Hemmungstatbestände sind nicht einschlägig.

Somit ist die Verjährung nicht gehemmt.

b) Für einen **Neubeginn** der Verjährung kommt hier der Tatbestand des **§ 212 Abs. 1 Nr. 1** in Betracht. Dann müsste der Schuldner dem Gläubiger gegenüber den Anspruch durch Abschlagszahlung, Zinszahlung, Sicherheitsleistung oder in anderer Weise anerkannt haben. Für ein solches Anerkenntnis ist keine rechtsgeschäftliche Erklärung, erst recht kein Schuldanerkenntnis i.S.d. § 781 erforderlich. Vielmehr genügt ein tatsächliches Verhalten des Schuldners, aus dem sich eindeutig sein Bewusstsein vom Bestehen des Anspruchs ergibt.[147] Die Bitte um Stundung stellt ein Anerkenntnis „in anderer Weise" dar.[148]

---

146 BGHZ 79, 176, 178; Palandt/Grüneberg § 271 Rn. 7.
147 BGHZ 58, 103 f.; Palandt/Ellenberger § 212 Rn. 3.
148 BGH NJW 1978, 1914 ff.; Palandt/Ellenberger § 212 Rn. 4.

Indem E den D mit Schreiben vom 19.12.2017 um Stundung der Honorarzahlung gebeten hat, hat E den Anspruch des D gemäß § 212 Abs. 1 Nr. 1 in anderer Weise anerkannt. Mithin begann die Verjährung gemäß § 212 Abs. 1 Nr. 1 erneut.

Das bedeutet, dass die dreijährige Verjährungsfrist am 19.12.2017 im Ganzen neu zu laufen beginnt und zwar gemäß § 187 Abs. 1 mit dem auf das Anerkenntnis folgenden Tag.

Somit ist der Anspruch aus § 611 Abs. 1 zum Zeitpunkt der Zahlungsklage am 03.01.2018 jedenfalls noch nicht verjährt.

Folglich steht E kein Leistungsverweigerungsrecht aus § 214 Abs. 1 zu und demnach ist der Zahlungsanspruch auch noch durchsetzbar.

Somit hat D gegenüber E einen Anspruch auf Zahlung des Honorars aus § 611 Abs. 1.

STICHWORTVERZEICHNIS

Die Zahlen verweisen auf die Seiten.